U0907959

盐池内源脱贫样本

YANCHI
NEIYUAN TUOPIN
YANGBEN

徐晓军　陆汉文　◎等著

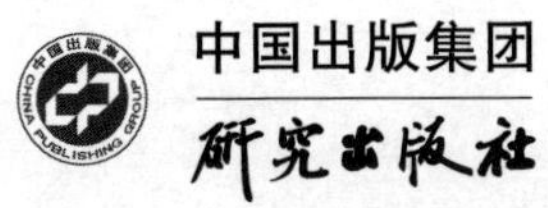

中国出版集团
研究出版社

图书在版编目 (CIP) 数据

盐池 : 内源脱贫样本 / 国务院扶贫办
组织编写 . -- 北京 : 研究出版社 , 2020.11
ISBN 978-7-5199-0752-5

Ⅰ . ①盐… Ⅱ . ①国… Ⅲ . ①扶贫 – 研究 – 盐池县
Ⅳ . ① F127.434

中国版本图书馆 CIP 数据核字 (2019) 第 184504 号

盐池：内源脱贫样本
YANCHI：NEIYUAN TUOPIN YANGBEN

国务院扶贫办　组织编写

责任编辑：陈侠仁

研究出版社 出版发行
（100011　北京市朝阳区安华里 504 号 A 座）

河北赛文印刷有限公司　　新华书店经销

2020 年 12 月第 1 版　2020 年 12 月北京第 1 次印刷
开本：710 毫米 ×1000 毫米　1/16　印张：22.5
字数：288 千字

ISBN 978 – 7 – 5199 – 0752 – 5　定价：51.00 元

邮购地址 100011　北京市朝阳区安华里 504 号 A 座
电话（010）64217619　64217612（发行中心）

“中国扶贫书系”编审指导委员会

《盐池：内源脱贫样本》编写组

主　　编：徐晓军　陆汉文

编写人员：江立华　刘　飞　范长煜　彭扬帆　李胜蓝
　　　　　张楠楠　徐伟清

目　录

概 要

盐池县隶属于宁夏回族自治区吴忠市，地处陕西、甘肃、宁夏、内蒙古四省（自治区）交界地带，西与灵武市、同心县连接，北与内蒙古鄂托克前旗相连，东与陕西省定边县接壤，南与甘肃省环县毗邻。全县南北长110千米，东西宽66千米，总面积达8522.2平方千米，是宁夏回族自治区面积最大的县，约占宁夏回族自治区总面积的10%。古代作为边陲用武之地，素有“关中要冲”之称。盐池县既是那时的军事重地与商贸通道，又是游牧民族聚居区，因而具有重要影响力。作为国定贫困县，2014年盐池县精准识别贫困村74个，贫困人口11203户32998人，贫困发生率为23%。

“中国革命大后方在陕北、在延安，而陕北的大后方就在盐池。”宁夏回族自治区盐池县曾经是陕甘宁边区的经济中心、西北门户、前哨阵地和文化重镇。陕甘宁边区的红色血脉造就了老区盐池的红色基因，赋予了盐池浓厚的红色文化底蕴。红色盐池是延安精神的一个缩影。盐池人民用实际行动诠释了自力更生、艰苦奋斗的延安精神，以红色文化助力脱贫攻坚，秉承革命老区特有的红色基因，激活老区群众的红色记忆，拓宽老区人民的脱贫富民之路。

盐池县拥有得天独厚的资源禀赋，其自然资源十分优越。地下有石油、煤炭、天然气“三大资源”和白云岩、石灰石、石膏“三小资源”；地上有草原、光热、风能三大资源；同时，盐池还是著名的“中国滩羊之乡”

和“中国甘草之乡”。由于地处毛乌素沙漠南缘，盐池生态环境极为脆弱，加之对丰富资源的不当开发，生态持续恶化，导致全县境内60%的草原沙化。盐池县的工业增长主要依靠高耗能、高投入、高污染的粗放型模式，农业则长期处于以传统型为主的自然经济状态，加剧了当地的贫困程度，贫困发生率一度高达75%，大部分农村人口长期陷于贫困泥潭之中。

为了解决人民群众的贫困和致富问题，盐池县委县政府坚持以宏观经济体制和发展战略为中心，以经济建设为目标，先后经历了“三西”农业建设阶段、宁夏“双百”扶贫攻坚阶段、千村扶贫开发阶段和百万贫困人口扶贫阶段，特别是当前的精准扶贫、精准脱贫方略的施行。这个过程不仅是盐池县脱贫摘帽的完整过程，也是当前中国贫困地区、贫困人口摆脱落后与贫穷的时代缩影。因此，研究盐池县脱贫攻坚的经验，对于透视中国的脱贫攻坚、总结中国脱贫攻坚经验，具有重要的理论与政策意义。为此，课题组于2018年12月至2019年4月多次深入盐池县开展调查工作，同盐池县的有关部门负责同志、扶贫一线干部以及广大群众进行了广泛深入的交流，收集了丰富的第一手资料。

一、盐池县脱贫攻坚的顶层设计

盐池县作为宁夏回族自治区9个贫困县中率先脱贫的“先行者”，关键之处便是其在国家扶贫政策方针的指导下，始终以脱贫攻坚工作统揽全县经济社会发展全局，以全面建成小康社会和乡村振兴为前进目标。同时，集全县干部群众的智慧，厘清工作思路，使脱贫攻坚工作开展有序、环环相扣，以保证脱贫攻坚任务的高效完成。回顾过去，盐池县在脱贫攻坚之前，农业基础薄弱、经营性收入低下，且贫困人口数量多、占比大。突出表现为产业发展落后，规模化集约化程度低；发展资金短缺，持续发展支撑力弱；健康风险巨大，致贫返贫现象明显。因此，无论是自然环境与传统生产方式对区域经济发展上的客观局限，还是贫困人口内生动力不足的主观约束，都使盐池县脱贫攻坚势在必行。

盐池县在贯彻实施脱贫攻坚的基本方略中，按照宁夏回族自治区脱贫富民战略要求和吴忠市脱贫攻坚工作部署，把脱贫作为底线，将富民作为目标，紧扣因时、因地制宜原则，聚焦当地主导产业弱、资金缺乏以及健康兜底不足等问题，重点突出“创新”“精准”“可持续”三个关键词，以产业富民提质增效强支撑、以金融利民扩面提标增动力、以健康惠民扶贫扶弱促保障来打赢这场脱贫攻坚战。一方面，脱贫攻坚的基本方略、政策体系和具体举措，分别从经济发展、社会治理、文化建设、生态改善等方面改善贫困地区的经济社会发展全局。另一方面，贫困地区在解决自身发展面临的瓶颈和问题时，又使得经济社会发展全局各个方面与脱贫攻坚方略之间有效衔接，形成适合盐池县以脱贫攻坚统揽经济社会发展全局的思路与举措。

为了确保全县农村贫困人口全部按时脱贫，早日实现与全国同步建成全面小康社会目标，盐池县聚焦贫困村和 11203 户 32998 名建档立卡贫困户，层层分解落实脱贫攻坚责任，因人因地施策，提高扶贫实效。盐池县不断创新工作思路、完善政策体系，以宏观层面的“产业富民”“金融利民”“健康惠民”三个脱贫工程为引领，并将三大工程转化为精神扶志、基础设施脱贫、健康扶贫、社会帮扶脱贫四大行动，遵循发展生产、易地搬迁、生态补偿、教育培训、社会保障五大脱贫路径，并坚持以新型工业、特色农业、生态建设为抓手，创新扶贫开发机制。开展因地制宜、精准施策、独具盐池特色的扶贫开发工作，逐步带动群众走上脱贫致富之路。盐池县在自治区和吴忠市两级党委、政府的坚强领导和大力支持下，将脱贫作为底线任务，将富民作为奋斗目标，严格落实“五个一批”

要求，确保各项指标均达到贫困县脱贫退出标准，于2018年9月29日成功实现脱贫“摘帽”。可以说，盐池县脱贫攻坚工作的完成真正做到了“啃硬骨头”，确保了“能人干事”“有钱办事”，实现了“两不愁三保障”、“五通八有”和“三率一度”，成功打赢了精准脱贫攻坚战。

盐池县坚持以习近平新时代中国特色社会主义思想为指导，认真贯彻党的十八大、十九大精神和习近平总书记关于扶贫工作的重要论述，坚持精准扶贫、精准脱贫基本方略，使全县脱贫攻坚工作取得了决定性进展，成效显著。同时，推动了县域经济的高质量发展，提升了政府工作效率和治理能力，促进了集体意识形塑和基层政权巩固，加速了乡村振兴步伐，推动了东西区域协作，提高了乡村信用观念与诚信体系，实现了生态与经济双赢等多个目标。盐池县不仅高标准、高质量地完成了脱贫攻坚目标任务，而且以深化脱贫攻坚统揽经济社会发展全局，使政治、经济、文化和生态文明建设等多领域全方位得到了发展。

二、盐池县脱贫攻坚的路径与成效

盐池县实施“精准扶贫”工作以来，依托资源禀赋，深挖区域特色和产品价值，扩大品牌影响力，聚合政府有形之手、市场无形之手、群众勤劳之手，将财政扶贫资金与金融产品、富民主导产业有效嫁接，构筑了以绿色高端滩羊产业为主导的现代农业产业体系，走出了一条“依靠产业发展带动贫困群众增收、依托金融创新推动产业持续发展、借助健康托底守护群众幸福底线”的特色富民、利民、惠民之路。

一是产业富民工程。盐池县的产业选择不是“另起炉灶”，而是基于地域资源禀赋，寻找与国家战略的契合点，从而在精准定位的优势产业上锲而不舍、久久为功。2003年5月，盐池县开始全面实施封山禁牧，从恢复生态环境入手，大力发展牧草、中药材、柠条的种植，提高植被覆盖率。同时，将这些农作物作为滩羊舍饲养殖饲料供给的主要来源。根据区域实际情况，盐池县构建了以滩羊为全县头号产业，中药材、小杂粮、牧草、黄花菜为支柱，适合家庭经营的小品种为补充的“1+4+X”现代农业产业体系。2017 年滩羊饲养量达到 310 万只左右，滩羊肉价格在 52 元 / 千克以上，盐池县在破解难题的过程中逐渐实现了以滩羊为头号致富产业助推打赢脱贫攻坚战。同时，因势利导、顺势而为，同步实现了牧草、中药材等多个产业的发展，打造了“中国滩羊之乡”“中国甘草之乡”“中国荞麦之乡”三大“国字号”品牌。为进一步拓宽市场，盐池县积极构建“政府 + 电商 + 企业 + 农户”的发展模式，成立电商联盟“抱团作战”。截至 2018 年年底，盐池县已经建成 1 个县级电商综合运营服务中心、8 个“一乡一品”电商旗舰店和 9 个村级服务站，完善了县乡村组四级仓储分拣中心和物流配送体系。通过一系列举措，实现了从培育到种养、到销售的一条龙体系。在精准安排项目的基础上，他们在延长扶贫产业链、提高附加值上下功夫，真正增强贫困地区、贫困群众的“造血”功能，实现持续稳定发展，不仅保护好了当地珍贵的资源，而且实现了县域整体生态和经济的协调发展。

二是金融利民工程。在贫困地区，资金缺、贷款难是阻碍农村贫困人口脱贫致富的“拦路虎”。盐池县大胆创新突破，在前期互助社资金的基础上，形成了包括互助资金、千村信贷、资金捆绑、企业参与、评级授信、惠民小贷、融资担保和保险保障的全方位立体式金融扶贫体系，解决了贷款难、利息高的深层次问题，开创了以“信用建设 + 产业基础 + 金融支撑”三位一体金融扶贫的“盐池模式”，为全县脱贫攻坚注入了强劲的资金动力。盐池县 2006 年开展“村级发展互助资金”试点工作，2010 年被自治区列入“村级发展互助资金”整县推进试点示范县，十多年来，盐池县以贫困村互助资金试点项目为依托，创新开展了“互助资金、千村信贷、小额信贷、融资担保”等多种金融扶贫模式，形成了政、银、企、社、民“五位一体”的扶贫开发新格局，互助资金全面推行、运行稳健，贫困户银行信贷快速增长，扶贫保险承保积极、理赔到位。全县互助资金稳稳扎根，金融创新别开生面，进一步推动了全县优势特色产业的发展，互助资金使经济、社会及扶贫效益明显。2015 年和 2016 年连续两年全国扶贫小额信贷培训班在盐池县举办，金融扶贫“盐池模式”在全国推广。2016 年国务院对盐池县金融扶贫工作给予表扬，并享受“免督查”和六项激励措施。2018 年荣获全国脱贫攻坚组织创新奖。

三是健康惠民工程。2016 年盐池县将“健康促进县”创建工作纳入国民经济和社会发展规划，全县以保障“全民健康”为中心，创新建立了“四保障、四救助”体系，即在城乡基本医疗保险、大病保险、大病补充保险、家庭综合意外保险的基础上，进一步实施城乡医疗救助、民政临时救助、慈善救助、卫生发展基金救助。构筑了农村群众因病因意外伤害致贫的 8 道保障网，将建档立卡贫困户年内住院个人合规医疗费用支出控制在 10% 以下，或当年住院自付费用累计不超过 5000 元范围之内。通过各项健康扶贫举措的扎实推进，真正使贫困户“看得起病、看得好病、少得病”，帮助群众完善从“看不起病”到“看得起病”的基本保障，再进一步上升到“不影响生活”的质的飞跃。其间，同步实现从建档立卡贫困户为重点、兼顾非建档立卡贫困户的“特惠”，再过渡到覆盖全县农村人口的“普惠”，从而推进包括县域内所有农村人口在内的系统化全方位的制度设计和部署安排，建立起政府主导、上下联动、部门协作、多方参与的健康扶贫长效管理机制。从根本上阻断因病致贫、因病返贫，趟出了一条革命老区健康扶贫的精准之路。

三、“盐池经验”的特色与乡村振兴的对接

盐池县在脱贫攻坚的过程中，走出了一条独具特色的创新之路：一是在理念上，树立了融合发展的治贫理念与格局，走出了一条兼具中央精神与盐池特色的扶贫道路。二是在组织上，遵循因地制宜的贫困治理逻辑，将县乡村上下联动机制嵌入产业发展全链条。三是在机制上，以建设贫困地区融资担保平台和风险防控机制等为内核，创新了金融扶贫机制。四是在政策上，建构了一套乡村社会的诚信体系和信用规范，最大限度地降低了风险与交易成本。五是在模式上，激活了“脱贫单元”治理模式，高效地处理好了经济与生态、内生动力与外部支持的关系。

盐池县在脱贫摘帽后，马上跟进实施了巩固、提升脱贫成果的措施。在基础设施、产业培育、金融扶贫、健康扶贫、教育扶贫、精神文明、社会帮扶、精准扶贫八大工程稳步推进的同时，推进建设生态宜居新乡村、打造绿色富民产业链、用好金融富民助推器、筑牢群众健康保障网、树立教育扶贫风向标、激发乡风文明新动力、构建合力攻坚新格局以及实现稳定脱贫新成效等目标。特别是盐池县积极探索乡村振兴战略的提前布局与联动工作，在对接乡村振兴方面做出了有益的尝试。一是通过贯彻城乡融合发展的基本理念，实现乡村生活富裕目标。二是持续产业扶持与金融改革步伐，推进乡村振兴进程。三是大力发展乡村教育和乡风治理，引导贫困群众精神脱贫，助力脱贫长效内生动力。四是将“生态宜居”理念融入脱贫攻坚工作，建设“美丽乡村”。五是提升基层治理水平和乡村组织建设，稳固乡村振兴的保障机制。六是重视健康风险的防控，为乡村振兴战略打下坚实基础。

第一章 革命老区盐池县的峥嵘岁月

自然资源、生产方式、历史文化、区域条件等因素决定了一定地区的社会经济发展状况。盐池虽是中国共产党走向革命全面胜利大后方的大后方，是当时延安和陕甘宁边区的重要经济支柱和富源，但由于盐池地处北方游牧文化和中原农耕文化交汇地带，传统农牧业思想根深蒂固，生产方式落后，再加上地处毛乌素沙漠南缘，水资源极度匮乏，自然环境非常恶劣，属于老少边穷地区，被认定为国家级贫困县，这些都成为制约盐池脱贫攻坚的瓶颈问题。独特的地域状况，一方面预示着无论是现在还是将来，建设好盐池对促进宁夏乃至全国的发展有着深远的历史意义和现实意义；另一方面，在习近平新时代中国特色社会主义思想的引领和全面落实党中央、国务院及宁夏回族自治区党委政府、吴忠市委市政府决策部署下，盐池县实现脱贫摘帽，对于其他同样资源匮乏贫困县的精准扶贫、精准脱贫工作，具有启示意义。本章通过对盐池古代、近代的重要战略地位，新中国成立后对丰富资源的无序开发导致的贫困恶化，以及盐池的扶贫开发史的梳理，简要介绍了盐池脱贫攻坚工作的开展背景，将盐池脱贫攻坚置于新时代的历史背景下，利于深刻领会其丰富内涵和时代意义。

盐池县地势南高北低，海拔1295—1951米，北接毛乌素沙漠，属鄂尔多斯台地，南靠黄土高原，属黄土丘陵沟壑第五副区。南北分为黄土丘陵和鄂尔多斯缓坡两大地貌单元。地理位置上自南向北由黄土高原向鄂尔多斯台地过渡。盐池县内无险峰峻岭和大江大河，最大的河是西部的苦水河，水量很小，流向西北注入黄河。盐池县是一个以汉族为主的多民族地区和农业大县，下辖4镇4乡1个街道办事处，102个村民委员会666个自然村，9个社区。全县总人口为17.2万。其中以回族为主的少数民族4500余人，占全县总人口的2.7%，而农业人口高达14.3万，约占全县总人口的83%。

盐池县古代为边陲用武之地，境内有隋朝和明朝4道250千米的长城遗址，被誉为“关中要冲”。在近代是陕甘宁边区的经济中心、西北门户和前哨阵地，陕甘宁边区的红色血脉造就了老区盐池的红色基因，赋予了盐池浓厚的红色文化底蕴。红色文化不仅是中华民族先进文化的有机组成部分，而且是地方经济社会建设的重要内容。毛主席在盐池县成立城区消费合作社，党中央在陕甘宁革命根据地开展的各种政治、经济文化运动无一不体现着延安精神，所以说红色盐池是延安精神的一个缩影。延安精神说到底就是为人民服务的思想，自力更生、艰苦奋斗的作风，理论联系实际的精神。盐池人民要用这种精神、这种红色文化助力脱贫攻坚，广大党员干部秉承革命老区特有的红色基因，发扬延安精神，以红色文化建设助推脱贫攻坚，激活老区群众的红色记忆，拓宽老区人民的脱贫富民路，从而提升老区群众的获得感。

一、边陲要邑：古时的军事重地与商贸通道

盐池县历史悠久，设县已有两千余年，县址位于今宁夏回族自治区东

部，因其战略地位重要，可“羽翼陕北，控扼朔方”，所以素有“平固门户”“环庆襟喉”之称。

盐池县历史上的多数时期为游牧民族聚居区。夏、商时期，盐池一带为鬼方之地，先后居住过獯鬻、羌族、眴衍戎等游牧民族。盐池在西周为猃狁（又称西戎）之地。猃狁部族过着“随畜而徙”的游牧生活。春秋时期，秦穆公三十七年（公元前623年）“益国十二，辟地千里，遂霸西戎”。大约从这一时期开始，秦国的势力发展到包括今盐池地区在内的广大西戎之地。秦惠文王于更元五年（公元前320年）“北游戎地至河上”。

秦始皇统一六国，实行郡县制，于今盐池县境设立眴衍县，隶属北地郡。眴衍县是盐池历史上最早的名称，也是宁夏最早的县置。秦亡汉兴，汉承秦制。西汉仍置眴衍县，隶属北地郡。西汉末年，连年战争，人丁大减，到东汉时，废除眴衍县，将其地并入灵州，仍属北地郡。三国时，盐池一带成为汉人与匈奴、羌民杂居之地。西晋初年，属五部都尉管辖区。西晋末年，司马皇室南迁，北方进入十六国时期，今盐池县境先后属前赵、后赵、前秦、后秦。南北朝时，北魏置西安州大兴郡，辖今盐池县境。西魏废帝三年（554年）始有盐州之名，改西安州为盐州，改大兴郡为五原郡，其地遂属五原郡。

盐州，因盛产食盐而得名。隋朝废五原郡，改称盐川郡，下辖五原一县，今盐池县境遂属五原县。唐初改盐川郡为盐州，领五原、兴宁二县，今盐池县大部分地区属盐州五原县。据《唐书》记载，盐州有乌池、白池、细项池、瓦窑池等盐湖，诸池中以乌池、白池最大，产盐最多。贞观二年、贞元九年，经历了梁师都割据、吐蕃之乱，今盐池县惠安堡一带划归灵州温池县，其余部分仍属盐州五原县。宋朝仍置盐州，因盐州有池盐之利，北宋朝廷与党项羌首领争夺甚烈。咸平五年（1002年），党项羌首领李继迁攻陷灵州，改称西平府。仁宗宝元元年（1038年），李元昊在兴庆府（今银川）称帝，建立西夏国，盐州归属西夏。元朝废盐州，其地并入环州，隶属甘肃行省。盐州所出食盐曾经是西夏对宋朝贸易的主要物产。李元昊时，数州之地的各项财用均由盐州食盐收入承担。明正统八年（1443 年），朝廷为阻击鞑靼入塞，在盐池一带筑边驻兵，加强军事防御，置花马池营。弘治十五年（1502 年），改置花马池守御千户所。今所属盐池县全境分属花马池、兴武营、灵州三个守御千户所。正德元年（1506 年），改千户所为宁夏后卫，隶属陕西都司宁夏镇。清朝废卫所改称州、县，废宁夏后卫，今盐池县境改属灵州。雍正八年（1730 年），于灵州之下增设花马池分州，隶属甘肃行省宁夏道。

沧海桑田，世事变迁。盐池县饱经忧患和苦难，承载着厚重的历史。千百年来，盐池人民反侵略、反压迫、争自由，浴血奋斗，前赴后继。1911 年 11 月 17 日，盐池县狼洞沟人高登云在灵州（今灵武）领导农民起义，响应反帝反封建的辛亥革命。义军迅速发展到 1000 多人，号称“灵州复汉军”，高登云任大元帅。1913 年，花马池从灵州分出，正式成立县制，更名盐池县。1926 年冬，冯玉祥率国民革命军进驻宁夏，并派部驻守盐池县。该部中的中国共产党组织在盐池宣传革命，发展党员，建立起第一个党支部。1928 年后，刘志丹、谢子长等革命先驱曾来盐池和派人来盐池做革命宣传，发动群众。1929 年宁夏省成立，盐池县改属宁夏省。

二、红色热土：抗战时期的战略要地

“中国革命大后方在陕北、在延安，而陕北的大后方就在盐池。”盐池作为久负盛名的革命老区，是中国共产党在宁夏建立的第一个县级红色政权。1936 年 6 月 21 日，中国工农红军西征部队之七十八师攻克盐池，解放了盐池县大片土地，建立了中国共产党领导的县苏维埃政府，属陕甘宁边区政府领导。同时，民国盐池县政府迁居惠安堡，“红白”两县并立。1947年盐池县城失陷，民国县政府又迁入盐池县城。1949年8月盐池解放。1949年10月1日中华人民共和国成立，在宁夏省设立人民政府，盐池县隶属宁夏省。1954年8月宁夏省制撤销，盐池改隶甘肃省，1955年归吴忠回族自治州所辖。1958年，宁夏回族自治区成立，盐池县直属宁夏回族自治区。今属宁夏回族自治区吴忠市管辖。

盐池曾经是陕甘宁边区的经济中心，是中国共产党早期重要的财政来源地之一，同时也是中国共产党开展宁夏工作的桥梁和解放宁夏的干部培训基地、后勤保障基地。红色盐池凭借其特殊的地理位置，在公开和隐蔽两条战线上开展斗争，为革命胜利做出了重要贡献。盐池成为中国共产党在宁夏建立的唯一经历过土地革命、抗日战争、解放战争3个历史时期的县份。

（一）陕甘宁边区的“西大门”

盐池县过去是宁夏军阀马福祥、马鸿宾、马鸿逵盘踞多年的地方。1936年6月21日红军西征解放盐池后将其纳入陕甘宁边区革命根据地。抗日战争期间，虽然蒋介石的大部分兵力都被调往正面战场，但仍将嫡系胡宗南的30万装备精良的部队留在西北，与马步芳部队从南面对陕甘宁边区实行封锁。宁夏的国民党马鸿逵、马鸿宾则在西南部一线布置重兵，对边区形成长达200多里的封锁线。盘踞在惠安堡、灵武、金积、吴忠、中宁及银川等地的宁夏马家军阀，直接威胁着陕甘宁边区的安危和盐池县红色政权的存在。盐池县的地理位置决定了它是陕甘宁边区“西大门”的地位，对边区起着“桥头堡”和前哨阵地的作用，在保卫陕甘宁边区斗争中发挥着重要的作用。只有守住盐池县这块阵地，才能保证陕甘宁边区西部的安全。

（二）抗战大后方的经济支柱

1941年，毛主席在《国民党向陕甘宁边区进攻的近况》中指出："定（边）盐（池）是边区的经济中心""定（边）盐（池）失则边区失去了西北门户"。这里说的"定"是指与盐池为同一专区的定边县，但此处的"定盐中心"的中心还是在盐池。盐池自古有三宝：咸盐、皮毛、甜甘草。盐池三宝在陕甘宁边区极端困难的时候，对经济困难起到了极大的缓解作用。

食盐历来与经济和战争关系十分密切，盐池县境内有几个大盐湖，食盐堆积如山。当国民党实行经济封锁时，毛主席在提出"自己动手，丰衣足食"伟大号召的同时，首先想到了"到盐池驮盐去"。盐池的食盐，不仅遍销陕甘宁边区，而且远销国统区，以等价交换、以盐易货等形式，换来边区军民急需的棉花、布匹、粮食等物资。1937—1945年，陕甘宁边区政府工商税的主要来源为盐池县的食盐，食盐税收占到陕甘宁边区政府工商税的46.6%。其中1937年陕甘宁边区政府工商税全部来源于食盐。中华人民共和国成立后，盐池县的盐业生产曾经历过一段缓慢发展时期，到20世纪90年代中期，由于受品质和生产工艺限制，慢慢淡出市场。

盐池县地广人稀，以畜牧业为主，羊毛羊皮的产量极为丰富。在边区布、棉、麻断绝的情况下，皮毛成为必不可少的原材料。开明人士靳体元开办元华工厂，为边区干部和前方将士制作毛毡、毛袜、手套等毛纺织品几十万件。盐池县也是"中国甘草之乡"，甘草的产量较大。在大生产运动中，挖甘草也是军民生产的一项主要任务。在艰苦的革命战争年代，盐池三宝为抗日战争和解放战争提供了很大物资保障。

（三）统一战线的前哨阵地

盐池县毗邻绥远、内蒙古及宁夏的灵武、吴忠、金积、惠安堡等国统区。自古以来，盐池就和这些地区有着频繁的民间往来，它们之间经常进行民间商旅贸易、通婚联姻、交朋结友等。陕甘宁边区和盐池县革命根据地利用这种有利的地理位置和社会关系，向国统区派遣工作人员开展情报工作和抗日民族统一战线工作。开展统一战线的方式有多种，一种方式是由边区和盐池县党政军人员通过拉亲戚关系、交朋友等方式对在地方有影响力的人进行教育分化，使其加入到抗日民族统一战线上来。另一种方式是通过深入国统区的情报工作人员，对可能被争取的对象利用各种关系进行接触，进而进行说服教育工作，争取让他们站到抗日民族统一战线上来。那时候的情报工作被称为“外勤工作”，情报人员被称为“外勤力量”。盐池县是向周边地区派遣和发展“外勤力量”的重要阵地，陕甘宁边区保安处、三边分区、盐池县等各级党政部门的保安组织都通过它来壮大“外勤力量”，从 1939—1940 年就发展了 78 人。其统战工作不仅限于周边的灵武、吴忠、金积、惠安堡等地，还深入中宁、中卫、银川甚至内蒙古、绥远等地，发展了许多统战对象。作为陕甘宁边区抗日统一战线的前哨阵地，盐池县起到了一定的作用。

三、金色之城：丰富资源的无序和过度开发

为了摆脱落后状况、改善生活条件，人们一度依靠盐池县丰富的自然资源恢复经济发展。由于所处的地理位置，盐池县长期以来受干旱、风沙等自然环境影响。加上滥垦、滥挖、滥牧致使本就脆弱的生态环境长期处于承载力超负荷状态，进而导致生态环境逐年恶化，对于农业生产基础条

件原本就相对较差的盐池县而言更是“雪上加霜”，农业经济发展逐渐缓慢。盐池县由于大面积开耕荒地、毁草种田，造成了“农田挤草原，风沙吃农田”的恶劣环境状况，全县境内60%的草原沙化。据统计，1961年盐池县沙漠化面积占全县土地面积的15%，到2000年占到了全县土地面积的45%。

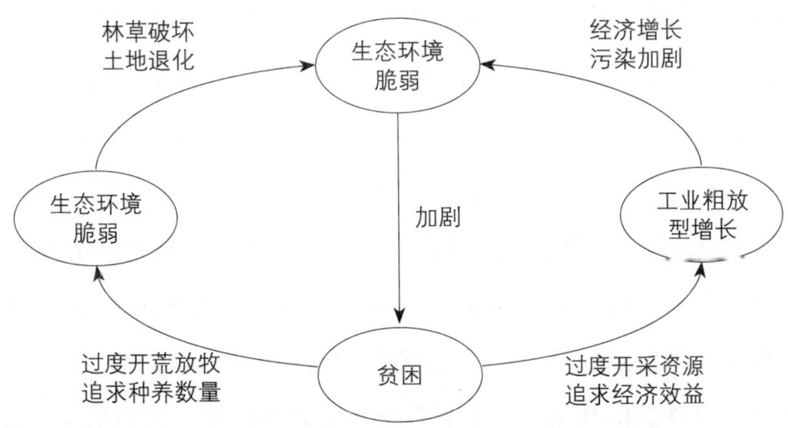

图 1–1　盐池县“生态脆弱—贫困”的恶性循环

脆弱的生态环境难以满足人们“问地索取”的发展需求，盐池县由此陷入“生态脆弱—贫困”的困境。由于盐池县地处毛乌素沙漠南缘，生态环境极为脆弱，再加之“贫困—过度开垦—生态环境破坏—加剧贫困”的恶性循环（见图 1–1），盐池县贫困发生率一度高达75%以上。

（一）得天独厚的资源禀赋

盐池县耕地、草地、林业资源和矿产资源十分丰富。全县有可利用草原714万亩[①]，耕地133万亩，盛产小麦、荞麦、豌豆、杂豆、糜子、谷

① 一亩合666.7平方米。

子、马铃薯和玉米等农产品，是优质小杂粮的集中产地。天然草场面积约为 835 万亩，平均覆盖率约为 50%，亩产鲜草 100 千克。作为三北防护林体系的重点县，盐池县内林地面积达 425 万亩，林木资源以柠条和白刺等抗旱类灌木为主，其覆盖率高达 31%。

盐池县地下、地上资源富集，地下有石油、煤炭、天然气“三大资源”和白云岩、石灰石、石膏“三小资源”，地上有草原、光热、风能三大资源。已探明的矿产资源储量中，石油 4500 吨（预测总资源量 2.5 亿吨）、煤炭 82.5 亿吨、石灰岩 11 亿立方米、石膏 4.5 亿立方米和白云岩 3.2 亿立方米。此外，还有石英砂、沙砾石、池盐、芒硝、铜和铁等矿产资源。天然气输气管道距县城 1.5 千米，在县里预留输气管口，每天可保证为县里提供 10 万立方米天然气，总资源量约 8000 亿立方米（含煤层气 2000 亿立方米）。风能资源总储量约为 300 万千瓦，年太阳总辐射在 5740 兆焦 / 平方米。

盐池县是著名的滩羊产区和甘草之乡。自古以来，盐池地区以畜牧为主，以产盐为资。历史上，盐池也是盛产良马之地，官府设立了养马机构，获利不少。近代，以滩羊（亦称绵羊）为主的畜牧业大为发展。宁夏有五宝：红（枸杞）、黄（甘草）、蓝（贺兰石）、黑（发菜）、白（滩羊、裘皮），盐池的滩羊、裘皮也被奉为上品。盐池滩羊吃的是中草药（甘草等），喝的是矿泉水（沟泉水），特殊的生存环境使得滩羊个大体壮，皮毛洁白。母羊年产羔一至二胎，羔出生四五十天，当毛长度达 10.5 厘米时就称为二毛，其皮就是二毛裘皮。二毛皮颜色洁白，毛穗花美，有“九道十三弯”，经人工硝熟，可制作成各种皮。大量的滩羊皮、毛是缝制御寒皮衣、皮褥，织地毯、毛衣，擀毛毡的上好原料。其他农产品如荞麦面、小米、白豌豆、马铃薯淀粉、蜂蜜、胡麻油等小杂粮油农副产品也具有良好的开发前景。

（二）贫困与脆弱生态的博弈

虽然盐池县拥有得天独厚的资源禀赋，但长期以来，盐池县一直被列为扶贫开发工作重点县，其根本原因在于，为了摆脱贫困，人们在脆弱生态环境中，对资源的不科学过度开采。盐池县工业增长主要依靠高耗能、高投入、高污染的粗放型模式，农业长期以传统粗放型为主，导致生态环境持续恶化，使农民很难脱贫致富。

1.“富了工”但环境严重污染

一段时间以来，在盐池县境内，上马建设了一大批新煤炭、铁矿等企业，同时，衍生出许多洗煤厂、焦化厂等，严重破坏了盐池县内以及周边地区的生态环境，大量排放废气、废渣、废水的工业“三废”污染物，造成了盐池县的空气、土壤、水资源环境明显恶化。

2.“穷了农”且大片植被毁坏

盐池县工业虽然有所发展，但对农业和农村的贡献较小，农民生活主要依靠农牧业。史料记载，盐池县“靠近蒙疆，居民咸赖畜牧”。宽广的地域环境和丰富的草地资源，使盐池县具备了发展畜牧业的客观条件，以滩羊为主的畜牧业在经济中占有非常重要的地位。盐池县农民群众对农牧业的依赖，也常用“地是聚宝盆，羊是摇钱树”来做比喻。盐池县一带老百姓受“一亩地、两头牛，老婆孩子热炕头”的传统小农思想影响，只知道在田地里“刨食”，不愿意去外面“捞金”，家庭主要收入靠农业和畜牧业生产维持。养羊是盐池县的传统产业，同时也是农民的主要收入来源之一。

过度放牧造成草原植被进一步沙化，生态环境极度恶化，表现为“风吹沙子跑，抬脚不见踪”，风沙灾害日益严重。风沙为盐池县自然灾害之首，危害农牧业生产最为严重。每到冬春季节，风起沙扬，摧苗打禾，吹蚀地表，农田草原沙漠化程度不断加重。遇此情况，农户播种数次不能保苗，常因此而一再推迟播种，贻误农时和影响农作物生长。

盐池县被誉为“中国甘草之乡”，甘草品质优良，资源较为丰富。过去由于受甘草价格因素的影响，加上生活极度困难，宁夏同心县、海原县的部分农民几乎每年都要到盐池县马儿庄一带采挖甘草，人数最多时达到一两千名。据调查统计，人工每挖 1 斤甘草毁坏的草原在 6 平方米左右，即每年因挖甘草造成的沙化面积达 3858 平方米。连续多年的过度采挖，甘草的蓄量和质量大幅度下降，采挖甘草对草原的破坏力也随之上升。

随着人口数量的不断增加，为了解决人畜饮水问题，人们开始打井。开发地下水，导致地下水位急骤下降，地下水上部湿土层的上限也在下移。遇到干旱年份，地表的干土层越来越厚，使得蓑草等原来一些防沙性能好、饲养价值高、生命力较强的“名贵”植物灭绝。地下水的过度开采导致地表干燥，增加所有植物的成活和生长难度，加剧了土地荒漠化的程度。

（三）生态持续恶化引发大面积贫困

贫穷是自然资源退化的催化剂，自然资源退化进一步加重贫困。盐池县地处生态环境脆弱的地区，农户生计活动很容易引起资源环境的恶化。盐池县在经济水平落后、技术资金缺乏等条件约束下，贫困的发生与环境资源禀赋状况及开发利用的难度直接相关，因此不可避免地陷入困境。

1. 水土流失严重，经济发展乏力

从 20 世纪六七十年代开始，由于积沙覆盖，致使草原退化，沙化面积每年约以 18 万亩的速度递增。盐池县沙漠化程度可分为几个等级：沙丘和厚的浮沙地占 10%—30% 者为二级沙化，有 69 万亩；沙丘和厚的浮沙地占 30%—50% 者为三级沙化，有 22 万亩；沙丘和厚的浮沙地占 50%

以上者为四级沙化，有 394 万亩；五级沙化又称农田沙化，有 73 万亩。土地沙化导致沙尘暴增多，极端的记录是能见度仅为 14 米。风沙足以把农户的房屋给掩盖了，因此人们常说“出门不见家，上屋不用梯”，意为直接踩着沙土就可以爬上屋顶。

长期干旱、沙害加重、洪灾频发以及乱垦乱占耕地和过度采挖甘草，造成全县大面积水土流失。水土流失使土地资源中宝贵的“水”和“肥土”日渐稀少，扩大延长沟壑，对当地农业生产危害极大。与此同时，大量的泥沙注入黄河，也给更大范围地区造成了灾害。

由于干旱少雨，年降水量只有 296.5—352 毫米，沙漠化的加剧导致蒸发越发强烈，地下水严重缺乏，人均水资源量仅为全国平均水平的十七分之一。青壮年劳动力为了满足家庭用水的基本生活需求，不得不到几千米外去“拉水”“挑水”；为了避开取水的高峰期，农户需要半夜十二点起来直到第二天中午十二点才能把水取回家。如此艰辛的取水过程占用了家庭中的主要劳动力，给农村家庭生活带来了极其不利的影响，降低了家庭总收入。

2. 环境污染引发健康危机，导致普遍贫穷落后

盐池县由于特殊的地理位置，原本就水资源贫乏、水质较差，由于生态环境的持续恶化，水中含氟量逐渐上升，氟病发病率较高，不仅导致患者丧失劳动能力、家庭收入减少，而且看病的医疗费用加大了家庭支出。

总体来看，盐池县水资源短缺，地处黄河水系和内陆水系分水岭地区，无客水入境，全靠降水形成地下水。水资源总量约 3979.26 万立方米 / 年，其中地表水 1925 万立方米 / 年，地下水开采储量 2054.26 万立方米 / 年。可利用水总量 2252.89 万立方米 / 年，其中可利用地表水 198.63 万立方米 / 年，可利用地下水 2054.26 万立方米 / 年。

受到盐池县工业的废气、废渣、废水的“三废”污染，富含氟化物的废物不加处理地肆意排放，导致附近的空气、土壤、河流等大面积污染。

加上干旱少雨导致盐池县大部分地区水质矿化程度高，含氟量超过人畜饮用标准。多数地下水、地表水的含氟量在 1.5 毫克 / 升以上。氟病在盐池县大部分地区均有发生。20 世纪七八十年代，盐池县中北部地区患上被称作“大骨节病”的人特别多。患者不但丧失劳动能力，而且发作起来撕心裂肺的疼痛令人无法忍受。这种“大骨节病”在医学上称作氟骨病，是由于长期饮用高氟水引起的。在苦咸水、高氟水分布的地区，有从 30 岁开始就瘫痪在炕上的老人，也有双腿变形、蹒跚行走的中年人，至于牙齿带有黄锈的村民、儿童更是不计其数。即使是现在，很多人的牙齿都还带着黄锈，落下了很多病根。

四、砥砺奋进：盐池县扶贫开发史

解决人民群众的贫困和致富问题，一直是各级党委、政府的中心任务，也是广大盐池人民群众的迫切期望。党的十一届三中全会后，盐池县委县政府积极以经济建设为中心，对促进国民经济发展的产业进行“调整、改革、整顿、提高”。1979 年确立了“以牧为主，大力种草种树恢复植被，调整生态平衡”的工作方针。1983 年，盐池县被国务院列入“三西”农业建设县。1984 年 7 月 20 日，中共盐池县委第七次党代会确定了“以经济建设为中心”的总方针，提出“一改二靠”（加快改革步伐，靠政策、靠科学）、“两建”（建好小型水利、人畜饮水工程）和“两包”（南部山区包小流域治理、中北部地区包治沙）发展思路；农业推广“两法种植”；畜牧业推广“以草定畜”和“三高一快”；积极推动深化农村、深化城市经济体制改革。

中国作为世界上最大的发展中国家，一直在和贫困做斗争。随着宏观经济体制和发展战略的变化，中国的扶贫开发经历了漫长的历程。基于国家扶贫开发政策的演变，在精准扶贫、精准脱贫全面实施阶段前，盐池县经历了“三西”农业建设解决温饱、宁夏“双百”扶贫攻坚、千村扶贫开发、百万贫困人口扶贫开发等重要的扶贫攻坚阶段。

（一）“三西”农业建设阶段

1982 年 12 月，《中央财经领导小组讨论加快甘肃省河西商品粮基地和中部干旱地区农业建设问题的纪要》中，决定成立“三西”（定西、河西、西海固）地区农业建设领导小组，并规定连续 10 年，每年拨专项基金 2 亿元，实行以工代赈、吊庄移民等开发式手段改变贫困地区的面貌。“三西”地区扶贫建设的分阶段实施目标是：“三年停止破坏，五年解决温饱，十年二十年改变面貌。”1983 年，盐池县被列入“三西”扶贫建设县。在“三西”农业建设时期，盐池县以“停止破坏”和解决温饱为前期目标。

1. 农、林、牧多业并举创富路

盐池县为加快农村经济发展和农民脱贫致富步伐，实行农林牧多业并举，综合开发。1984 年，盐池县临时成立了扶贫工作领导小组，各乡（区）也相应建立扶贫组织。随后开始组织各乡对贫困户进行摸底调查，找出重点扶持对象，因地制宜采取相应措施帮扶贫困户。政府各部门筹集资金解决贫困户资金短缺问题，投资让贫困户种树种草、打水窖等。1985 年 7 月，盐池县委紧紧围绕以牧为主的商品经济开展“治穷致富”大讨论活动，从而找出致穷根源和治穷致富的举措。大讨论活动后，全县工农业生产总值得到明显提高，退耕还林还牧 40 万亩，实有林面积达到 140 万亩，人工种草保存面积达到 30 万亩，羊只的饲养量也得到明显提高，最高时达到 70 万只。盐池县相继提出兴建滩羊、油料、甘草、蔬菜、柳编、苹果六个小型商品基地的经济发展思路，出台相关政策促进个体、民营企业尤其是农村个体户进一步加快发展步伐。

2. 推广农村节能技术，恢复草原生态环境

自盐池县被列入“三西”扶贫建设县起，按照“三年停止破坏”的要求，改变传统的农村烧柴取暖的生活方式和对草原的依赖，先后投资66.72万元，以民办公助、国家扶持、地方配套、用户自筹的办法，大力开展农村节能改灶工作。盐池县按照“因地制宜、多能互补、综合利用、讲求实效”的推广方针，组织节能灶、节能火炕和太阳能暖房的推广应用。先后多次组织技术人员到各地参加技术培训，研制出“煨洞式”“炉子式”“架空式”等节能火炕，农户可以根据经济条件选择不同的节能炕型。此外，利用当地丰富的风能资源，集中安装了一批风力发电机，解决了部分偏远地区农村的生活用电问题。1984年，《盐池县林草管理细则》的出台明确了今后林草建设和经济发展的主要方向和任务。正确处理好农林牧三者的关系，紧紧把握住保护植被、植树造林、发展畜牧、多种经营、治穷致富的方向，逐步把盐池县建成滩羊生产和灌木林基地，恢复草原生态环境。“三西”农业建设时期，盐池县在加强草原管护和生态建设的同时，积极配合各大研究所开展科技扶贫工作，其科研成果使全县农业经济由单一封闭形式向全面开放的商品经济转化，一大批治沙绿化先进模范涌现出来。

3. 加快基础设施建设，发挥政府、社会帮扶作用

1983年，盐池县在国家扶贫资金的支持下，开始在生活用水含氟量较高的地区进行病区改水工作。到1985年，先后完成了马儿庄、南海子等地的引水工程，铺设供、引水管线153.7千米；建水窖15926眼，解决了17539人和57000头牲畜的饮水问题；为各乡或农户打机井386眼，全县井灌面积发展到10655亩。此外，利用“以工代赈”项目，建成了县城至冯记沟全长54千米的县级公路，并采取“以工代赈”的形式，用粮、棉、布、中低档工业品投入贫困地区加大扶贫建设力度。“三西”农业建

设时期，盐池县委县政府在县直机关抽调干部到全县的乡（区）、村队蹲点扶贫，有效发挥了政府和社会的帮扶作用。

（二）“双百”扶贫攻坚阶段

1994 年，以《国家八七扶贫攻坚计划》为标志，中国扶贫开始进入攻坚阶段，向贫困全面宣战。1995 年开始，盐池县先后制定了“六个一”“八个一”扶贫到户措施。在盐池县“双百”扶贫攻坚期间，继续解决“温饱”问题外，还开始向水、电、路、教育卫生文化事业和生态建设诸多方面全面推进。

1. 明确工作思路，加快脱贫步伐

1994 年，盐池县确定了“一二三三三”的经济发展思路，具体为：建设好一个扬黄灌区，抓好羊只育肥和药材种植两个基地建设，建立畜牧业、药材业、乡镇企业三个支柱产业，改造完善县城、大水坑、惠安堡三个集贸市场，开发畜产品加工、制药、建材三个系列。1995 年，盐池县认真贯彻执行《国家八七扶贫攻坚计划》和《宁夏“双百”扶贫攻坚计划》，将扶贫政策、人才、物资、技术等向重点村和贫困户转移。麻黄山、后洼、萌城 3 乡 21 个重点村获得打生产窖补助 5.6 万元；吊庄移民获得建房低息贷款 100 万元。县各部门向重点村和贫困户投资捐物，加快脱贫步伐。1997 年，根据自治区党委领导要求“盐池县当年基本解决温饱”的指示，盐池县提出全县要在 1997 年实现基本脱贫，经过两到三年的巩固提高，分期分批逐步实现小康。为实现目标，盐池县委提出了“吃饭必抓水，花钱靠养羊，生存要治沙”的发展思路，走抓水增粮、治沙促牧、开放开发、脱贫致富的路子。在“双百”扶贫期间，盐池县大力推动产业基地建设，优化经营环境，带动了全县个体民营经济的繁荣发展。

2. 落实定点帮扶工作，持续加快林草建设

“双百”扶贫攻坚阶段，盐池县坚决落实定点帮扶、攻坚克难、持续加快林草建设、改善生态生存环境的决策。1994 年，盐池县决定对后洼、麻黄山、苏步井 3 个贫困乡和 21 个行政村实行县级机关定点帮扶责任制，一包 3 年，不脱贫不脱钩。1997 年盐池县确定为“扶贫攻坚年”，共派出 24 名处级干部和 300 名机关干部组成 56 个工作组，帮扶 19 个贫困村、61 个空壳村。帮扶干部积极开展扶贫工作，为老百姓干实事，盐池县在宁南山区率先脱贫。按当时贫困标准，1999 年全县贫困户减少到 687 户，贫困面下降到 3.1%。1999 年、2000 年盐池县连续两年被自治区政府表彰为增加农民收入先进县。盐池县在做好帮扶工作的同时，持续加快林草建设，截至 1996 年，全县累计造林保存面积达 156 万亩，人均有林面积 10.6 亩、补播草原 150 万亩，使 150 万亩沙化土地和流动沙丘得到治理，100 万亩退化草原基本恢复植被，实现了生态良性循环的历史跨越。

（三）千村扶贫开发阶段

2001—2010 年，宁夏开始步入千村扶贫开发阶段，对主要分布在干旱、半干旱和半阴深土石山区等生存条件比较差的 1026 个行政村，集中人力、物力和财力实施脱贫攻坚。盐池县被国务院扶贫办确定为全国扶贫开发工作重点县，县委县政府召开全县扶贫开发工作会议，安排部署新一轮农村扶贫开发工作。在千村扶贫开发阶段，盐池的扶贫开发以整村推进为中心，以结构调整为主线，加快项目推进和民生建设，努力提升扶贫开发的效果。

1. 分期分批整村推进小康社会建设

千村扶贫开发时期，盐池县稳步推进小康社会建设，分期分批整村推进。2002—2005 年，盐池县各帮扶单位按照《千村扶贫开发工程定点帮

扶工作实施意见》，全面贯彻落实党的十六大、党的十六届四中全会、党的十六届五中全会、中央农村工作会议精神，主动承担帮扶义务，履行好帮扶职责，为贫困群众谋利益，落实各类到村到户项目。各帮扶单位筹措的资金为贫困村发展生产、抗旱救灾、劳务输出发挥了积极作用。一方面，组织实施修村道、打井窖等基础设施建设，解决行路难等问题。另一方面，积极开展种植、养殖业，组织劳务输出等，有力地促进农民增产增收。2006—2010年，盐池县继续按照中央精神，通过积极召开各项会议为稳步推进小康社会做好工作部署。整村推进是新时期扶贫开发三大重点工程之一，从2005年开始，宁夏回族自治区对713个贫困落后行政村实行分期分批整村推进。盐池县第一批整村推进村有8个，第二批共计11个。2009年是盐池县实施第三批扶贫开发整村推进的第一年，县委县政府相继出台相关政策措施，推动全县扶贫开发工作的开展，确定柳条井、刘四渠等20个重点贫困村为整村推进村；全年组织实施了村道维修、集雨场修建、滩羊养殖、“雨露计划”、村级发展互助资金和务工移民搬迁等扶持项目。

2. 坚持“生态绿县”战略不动摇

盐池坚持“生态绿县”战略不动摇，加快生态建设步伐，区域环境得到明显改善。“十五”期间，先后实施了国家生态环境重点县项目、退耕还林还草工程、三北防护林四期项目、天然林保护工程、日援治沙项目、两期生态综合治理示范项目、小流域综合治理等一大批生态治理重点项目。盐池县在加快生态建设的同时不断加强农田水利基础设施建设。2007年7月15日，盐池县城西滩农业水源工程动工，建成后主要为城西滩2000亩日光温室种植示范园区提供水源。随后动员全县干部群众开展了以建设日光温室、大拱棚、节水补灌项目、水土保持综合整治和农田水利基本建设大会战，其主要内容是鱼鳞坑建设、扬黄灌区整治、“旱三田”

建设、设施农业建设、节水补灌项目建设等。这些农田水利设施的健全完善加快了盐池县人民脱贫致富的步伐。

3. 创新实践盐池“金融扶贫”模式

盐池县从1996年起就开展农村小额信贷业务，2001年成立了盐池县小额信贷服务中心，被称为“乡村穷人银行”。盐池县的小额信贷使得昔日企盼救济的农村妇女摒弃“等靠要”思想，踏上勤劳致富之路。在所有贷款户中，农村妇女占98%以上，据测算，每1000元贷款就能使贷款户年增收648元。2009年，盐池县村级发展互助资金试点工作取得成效。一方面，组织实施了村级发展互助资金项目，在继续做好第一、第二批8个贫困村村级发展互助资金试点工作的基础上，又积极争取738万元在全县29个村进行了试点。另一方面，组织实施贴息贷款项目，以整村推进为重点，安排贷款600万元、到户贴息资金30万元。“千村扶贫”阶段，盐池县的“金融扶贫”模式解决了贫困户资金短缺的问题。此外，盐池县继续做好保障居民群众最低生活保障工作，贫困人口健康保障和医疗救助措施也在有序地开展，人民群众生活水平得到不断提高。

（四）百万贫困人口扶贫阶段

按照《宁夏回族自治区扶贫开发“十二五”规划》的要求，宁夏计划从2011年起，用10年时间对全县具有发展条件的1118个贫困村进行新一轮的整村推进扶贫开发，每批实施期为两年，分5批完成。宁夏新一轮扶贫开发的重点是支持中部干旱带和南部山区生态环境恶劣、山大沟深、缺少发展条件的集中连片贫困地区、革命老区和回族聚集区的贫困乡（镇）、贫困村。盐池县认真落实《中国农村扶贫开发纲要（2011—2020年）》及中央和自治区扶贫工作会议精神，在“百万贫困人口扶贫”期间进行整村推进扶贫开发。

1. 落实“整村推进”试点工作

2011 年 8 月，盐池县被确定为“宁夏 2011 年中央专项彩票公益金支持革命老区整村推进试点县”，编制完成了全县“十二五”扶贫开发规划及 25 个村整村推进规划、六盘山片区县级区域发展与扶贫攻坚规划。盐池县着力加快发展步伐，实施整村推进各项工作，加快解决集中连片困难乡镇和村的具体贫困问题。加强贫困村基础设施建设，开展生态移民、劳务移民等各项重点工作，进一步优化农业产业结构，改善贫困群众生产生活条件。2015 年，盐池县委县政府重点围绕基础设施建设、特色优势产业培育、环境与生态建设等内容召开扶贫开发整村推进汇报会，积极探索“产业+网络”发展新模式、闽宁对口帮扶、整村推进与危窑危房改造等新模式。盐池县认真实施“整村推进”试点工作，把实施“双到”扶贫攻坚工程作为全县落实扶贫开发政策，成立专门领导小组，各单位、各乡镇成立组织机构，加强对“双到”工程的领导。2015 年，全县坚持以实施“四到”扶贫攻坚工程为抓手，15 个整村推进村整合各类扶贫资金 3.9 亿元，其中 10 个脱贫销号村整合扶贫资金达到 3.26 亿元。

2. 全面开展“金融扶贫”的盐池模式

2012 年 8 月 16 日，盐池县农村信用社服务三农“三大工程”启动。2013 年，盐池县有关部门积极争取村级发展互助资金，切实解决贫困群众贷款难问题，同时强化项目管理，做好 89 个互助社资金管理运行工作，对 89 个互助社理事长、会计分两期进行培训。2014 年 3 月 10 日，宁夏回族自治区第一期贫困村互助资金项目骨干培训班在盐池县举行，加强各互助社管理人员指导培训，重新整理建账，规范操作流程。全面开展“金融扶贫”的盐池模式，对村级互助社资金进行扩面、增量；将全县 89 个互助社全部纳入“千村信贷”金融扶贫机制，做好“小额信贷”和“裕丰昌合作社”金融创新试点扶贫工作。

3. 不断完善农村社会保障机制

2012 年，盐池县认真落实社会保障各项政策规定，启动实施了社会保障“一卡通”工程，新型农村和城镇居民社会养老保险工作受到自治区人民政府的表彰。2013 年 7 月，盐池县及时启动物价上涨联动机制，由财政部门一次性拨付城乡低保等 5 类人群 1—4 月的物价补贴共计 303.18 万元。2013 年 9 月，提高了全县城乡低保保障标准。2015 年 4 月 1 日起，提高了全县 80 岁以上高龄低收入老年人基本生活津贴。7 月，盐池县出台相关政策扶持社会力量开办养老服务机构，不断完善农村社会保障机制。盐池县农村群众健康需求得到进一步保障，新农合、城镇居民医疗保险和新农保个人筹资最低档部分被纳入县级财政预算。盐池县率先在宁夏回族自治区启动县内医疗联合体试点工作，逐步建立县乡村医疗卫生服务一体化格局，使广大农村群众在家门口就能享受到优质的医疗资源和服务。

第二章 盐池县经济社会发展全局中的脱贫攻坚战

自党的十八大、十九大以来，脱贫攻坚已经被作为治国理政的重点工程来抓。无论是“两个一百年”奋斗目标的设定，还是在推进“五位一体”总体布局、“四个全面”战略布局中，都将扶贫脱贫作为其中的重要内容来谋划。习近平总书记反复强调，脱贫攻坚贵在精准、重在精准，成败之举也在于精准。精准扶贫工作是一项庞大的系统工程，涉及方方面面、行行业业，面广量大、情况各异、任务艰巨，需要用更高的思维去思考、用更宽的眼界去谋划，厘出一个具体而清晰的思路，为全县精准扶贫工作的开展做好规划。盐池县之所以能在宁夏回族自治区9个贫困县中率先脱贫退出，最关键的就是其在国家的政策方针的指导下，集全县干部群众的智慧，厘清工作思路，使脱贫攻坚工作有序开展、环环相扣，以保证脱贫攻坚任务的高效完成。同时，始终以脱贫攻坚工作统揽全县经济社会发展全局，以全面建成小康社会和乡村振兴为前进目标，为今后的发展谋篇布局、打下基础。本章将对盐池县在贯彻落实精准扶贫攻坚战略中的工作思路和基本方略，以及盐池县以脱贫攻坚统揽经济社会发展全局的相关战略布局做系列说明。

一、盐池县的贫困之剧和治贫之迫

20世纪70年代，到宁夏盐池县考察的联合国专家，面对盐池县严峻的自然环境，作出了令人绝望的评价："这里不具备人类生存的条件。"[①]因此，进行大规模的扶贫开发，改善盐池贫困群众的生存环境和经济社会环境，使当地的贫困群众逐渐走上脱贫致富的道路迫在眉睫。

（一）盐池县脱贫攻坚前的贫困状况

在精准扶贫战略实施以前，盐池县的贫困状况可以从以下几个方面展开分析。

1. 贫困整体状况：农业基础薄弱、经营性收入低下

盐池县是农牧业大县，农牧业收入成为农村家庭收入来源的主要组成部分，农户的收入渠道比较单一，基本以家庭经营性收入为主且增长缓慢。由于盐池受当地自身的地理环境和自然生态影响，农业生产基础条件比较差，农业经济发展水平低下且速度缓慢。同时，盐池县长期受到恶劣自然条件的影响和约束，当地生态环境每况愈下，不利于农业持续生产和经营。

在精准扶贫、精准脱贫实施阶段前，针对2012年和2013年的数据进行分析，盐池县农村住户家庭经营性收入占纯收入的比重较高，分别为64.46%、64.29%，且纯收入的增长主要依靠家庭经营收入。如表2–1所示，2012年，盐池县农村住户家庭经营性收入为8324.3元，占人均总收入10047.22元的82.85%；人均纯收入中，家庭经营性收入为3089.47元，

① 王建宏：《盐池县：金融创新照亮脱贫路》，《光明日报》2018年12月1日，第3版。

占家庭纯收入 4792.53 元的 64.46%。2013 年，盐池县农村住户家庭经营性收入为 9631.04 元，占家庭人均总收入 11613.23 元的 82.93%；人均纯收入中，家庭经营性收入为 3549.19 元，占人均家庭纯收入 5520.67 元的 64.29%。上述数据对比说明，家庭经营性收入是影响家庭总收入和纯收入的主要因素。

表 2-1　盐池县农民家庭 2012 年、2013 年农牧业收入变化情况

	2012 年		2013 年	
	总收入	纯收入	总收入	纯收入
工资性收入（元）	952.66	952.66	1104.97	1104.97
家庭经营性收入（元）	8324.3	3089.47	9631.04	3549.19
财产性收入（元）	82.41	82.41	92.08	92.08
转移性纯收入（元）	687.85	667.99	785.14	774.43
合计（元）	10047.22	4792.53	11613.23	5520.67

此外，特殊的地理环境使得盐池县的自然灾害频发，主要有干旱、风沙、霜冻、冰雹、洪灾、热干风等灾害类型，其中干旱、风沙对农牧业生产危害最大。根据自然灾害的发生情况来看，大部分是由于盐池县自身的生态环境脆弱加上人为的不合理开发所造成的。如从 2010 年开始，几乎每年都会发生的洪灾，不仅对农业造成较大的危害，还对人们的生命财产安全带来威胁，对经济社会发展带来严重的阻碍（见表 2-2）。也就是说，盐池县人们无法摆脱恶劣的自然环境，但是为了生存又在不经意间破坏了环境，使得生存环境更加脆弱，进一步加剧了贫困状况。

表2-2　2010—2014年期间部分年份盐池县自然灾害情况

年份	灾害摘要说明	灾名
2010	4月24日夜间至25日，受内蒙古东移南压强冷空气影响，盐池县出现5—6级大风，瞬间最大风力达到9级，气温下降8℃左右，并伴有扬沙和沙尘暴天气。此次风冻天气过后，全县大拱棚棚体倒塌702座，棚膜破损842张；种苗受冻962亩，其中大田苗受冻500亩；秋覆膜损失3330亩，覆膜玉米损失100亩，造成直接经济损失259.66万元。7月18日，盐池县高沙窝镇突降暴雨和冰雹，致使贺庄子、郭记沟2个自然村受灾，农作物受灾面积2000亩，直接经济损失20余万元。8月10日，盐池县境内出现大范围降雨，花马池、大水坑、王乐井、青山、冯记沟等乡镇遭强雷阵雨袭击，致使农牧业、道路交通、水利工程不同程度受损。8月11日，盐池县普降大到暴雨，平均降雨量49.9毫米，最大降雨量148.8毫米，部分区域受灾严重，直接经济损失达1500万元。	风灾 洪灾
2011	8月21日，盐池县王乐井乡遭受特大暴雨袭击。全乡受灾荞麦2300亩、甘草220亩；冲毁郑家堡农渠1000米、斗渠15米，王吾岔平阳沟新农村3户被淹。8月22日，盐池县大水坑镇发生特大冰雹灾害，造成沙草湾、向阳、王兴庄、新泉井、宋堡子、新建6个行政村16个自然村1280户5120人受灾，直接经济损失670多万元；麻黄山乡局部地区遭受强降雨和冰雹灾害，降雨持续30分钟，造成该乡井滩子、何新庄、下高窑3个村的荞麦等1.82万亩农作物不同程度受损，其中荞麦绝产6400亩，马铃薯绝产1600亩，葵花绝产1200亩，玉米绝产100亩；下高窑村养殖园区30座养殖暖棚和何新庄村两道淤地坝受损严重，直接经济损失达623万元。	洪灾 冰雹
2012	6月2日下午4时，盐池县王乐井乡和青山乡部分村组遭受持续约半个小时的冰雹、暴雨袭击，受灾地区部分玉米、油葵、西甜瓜等农作物以及枣树、育苗松树等遭受到不同程度的损害。	冰雹 洪灾
2014	全年受灾总人口达168478人，其中因干旱受灾158915人，风雹受灾8263人，低温冷冻受灾1300人。因为干旱需生活救助人口150915人，其中因为干旱饮水困难需救助的人口87705人。农作物受灾面积100799.3公顷，其中因干旱受灾的就有98469公顷。农作物绝种面积394.3公顷。全年因为灾害造成直接经济损失18034万元，其中因干旱造成经济损失16798万元。	旱灾 风雹 低温 冷冻

总之，盐池县在脱贫攻坚以前，由于粗放的生产方式造成脆弱的生态环境进一步恶化，进而导致自然灾害频发，形成区域发展障碍明显的局面。这些因素使得盐池县整体性贫困状况严重。

2. 贫困人口数量多、占比大

盐池县在脱贫攻坚工作开展之前，必须全面掌握基层信息，具体到每一个贫困人口，为做好脱贫攻坚的工作部署和打赢脱贫攻坚战奠定基础。

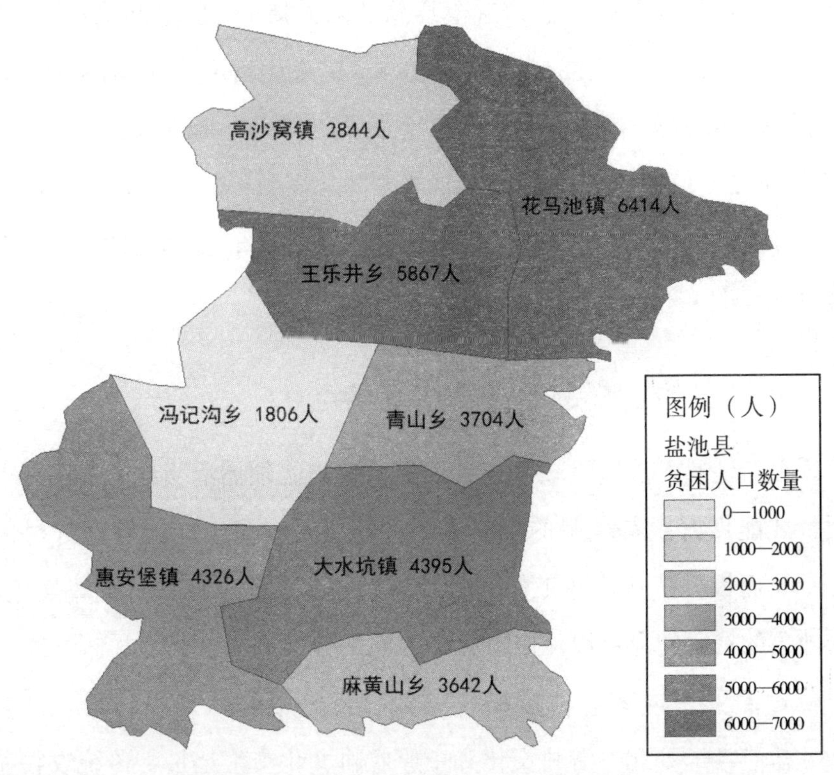

图 2-1　2012 年盐池县贫困人口分布

盐池县既是革命老区，也是边远山区，同时还是定级贫困县，属于宁夏中部干旱核心区。全县一共有 74 个贫困村，贫困人口 11203 户 32998 人分布在全县 4 乡 4 镇（见图 2-1），特困户占 15%，重点贫困户占 50%，一般贫困户占 35%，贫困发生率高达 23%。

全县贫困群众中，花马池镇 2320 户 6414 人，约占全县总贫困人口的 19%；大水坑镇 1321 户 4395 人，约占全县总贫困人口的 13%；惠安堡镇 1298 户 4326 人，约占全县总贫困人口的 13%；高沙窝镇 1098 户 2844 人，约占全县总贫困人口的 9%；王乐井乡 2084 户 5867 人，约占全县总贫困人口的 18%；冯记沟乡 664 户 1806 人，约占全县总贫困人口的 5%；青山乡 1153 户 3704 人，约占全县总贫困人口的 11%；麻黄山乡 1265 户 3642 人，约占全县总贫困人口的 11%。其中山区主要是南部麻黄山乡 13 个村、惠安堡 4 个村、大水坑 2 个村共 1591 户 4665 人，约占 14.14%，其余 9612 户 28333 人分布在中北部滩区。少数民族主要聚居在冯记沟乡回六庄行政村，该村共有贫困人口 109 户 292 人，全部为回族，占该乡总贫困人口的 16.17%。

（二）盐池县脱贫攻坚前的贫困特点

在盐池县开展脱贫攻坚行动以前，首先必须搞清当地的贫困特点及成因，才能做好脱贫攻坚的战略布局，使脱贫攻坚工作能够有针对性地展开，从而提升扶贫攻坚工作的效率。总的来看，精准扶贫战略实施以前，盐池县的贫困特点可以从以下几个方面来分析。

1. 产业发展落后，规模化集约化程度低

盐池县地处北方游牧文化和中原农耕文化交汇地带，传统农牧业思想根深蒂固。人们的收入主要是依靠发展农业和畜牧业，种植小麦、荞麦、豌豆、杂豆、糜子、谷子、马铃薯和玉米等农产品，畜牧业主要是养羊。在脱贫攻坚以前，盐池县产业发展落后，经济效益低下。主要表现如下：

一是产业发展缺乏规划。盐池县产业发展大多处于一种自发松散状态，产业发展未能实现规模化和集约化，产业布局不合理，缺乏有效的平台支撑，技术规范和技术标准不明晰，导致产业发展呈现“小、散、乱”现象，制约了产业的规模化发展和效益的提高。二是产业发展缺乏科技创新。盐池县在产业发展上缺乏产业技术服务支撑体系和产业创新平台，传统的产业发展模式居于主导地位，农产品种类繁杂、科技含量低、质量参差不齐，严重制约了产业规模化发展。产业链条短，抵御风险能力弱。产业在发展过程中缺少深加工、服务类产业。三是农牧产品加工业相对落后，市场认可程度较低，农民就业渠道不多。产、供、销基本上处于不对称的分离状态，严重影响产业的兴旺发展。盐池县在发展产业的时候没有打造出属于自己的品牌，没有形成品牌效应，影响力不足，由此导致产品的生产、加工、销售产业化程度不高、产品创新缓慢、产品附加值低，且没有形成公司、农户、基地、市场一体化发展模式，没有形成有规模的集散地，致使产业的市场竞争力不强。

2. 发展资金短缺，持续发展的支撑力弱

盐池县贫困的原因之一是缺乏资金，尤其缺少对农户信贷资产的投放，这里既有农户的影响因素，也有金融机构的因素。盐池县是一个农业大县，农业人口占全县人口的绝大多数，其总体发展基础较差，加上农业自身固有的“靠天吃饭”的特点决定了其具有高风险性。一方面，地区的经济环境问题及农业生产的特点成为金融机构不愿涉足的风险领域。另一方面，农民限于自身的“资源禀赋”缺少可供银行抵押担保的财产，农民即便有项目、有发展产业的念头、有获取资金的想法，也无法从金融部门获取资金支持。

此外，部分借款人的信用程度差，不能守约还贷，没有形成按时还贷、有贷有还、再贷不难的诚信意识。结果便是削弱了金融机构信贷投放的积极性，进一步加大了农户获取资金的难度。银行缺少适宜农村经济发展的信贷产品，有门槛高、程序繁杂、利率较高等限制。农户也因为缺乏资金从而无法扩大再生产积累财富，只能进行传统的小规模经营，自给自足，家庭收入很难有结余。一旦遇到自然灾害风险，就难以获得资金进行再生产和生活自救，生活普遍没有保障。尽管盐池县具备发展滩羊产业的优良条件，但是由于缺乏资金，最后只能望“羊”兴叹。

3. 健康风险巨大，致贫返贫情况突出

从世界范围看，重大疾病是导致贫困的主要原因之一，盐池县也不例外。从整体上看，盐池县人居环境较差，饮用水水质差，农村厕所未得到改善，大气污染、地表水环境污染等较为严重。由于疾病或健康状况不佳使农户家庭收入减少或收入能力下降，从而陷入贫困。当家庭成员患病时，最直接的影响就是家庭的经济状况。一方面表现为家庭支出的增加。过去的盐池县贫困落后，各种医疗、交通等基础设施较差，很多疾病在地方医院很难解决，导致贫困农户患病后需要几经周折到城里医院就诊，进一步增加了贫困家庭的医疗负担。另一方面表现为家庭收入的减少。盐池县农村家庭主要是以发展农牧业获得收入，对劳动力的需求较大，但由于健康得不到保障，劳动力减少导致家庭收入降低致贫。当家庭无力支付医疗费用、家庭生活得不到保障时，不仅会减少家庭的食物营养支出，降低对其他家庭成员的健康投资，增加其健康的脆弱性；也会相应减少家庭其他成员的教育投资等，严重影响家庭的长远发展能力，进而产生恶性循环，最终难以走出贫困的困境。

（三）治贫之迫：盐池县脱贫攻坚势在必行

贫困源于发展滞后，解决贫困根本要靠发展，同样扶贫也为发展拓展了新的增长空间。盐池县在脱贫攻坚以前，受生态环境脆弱、自然灾害多发、基础设施落后等客观不利因素，以及当地贫困人口内生动力不强、脱贫能力较弱的主观不利因素的共同影响，长期处于落后阶段。因此，脱贫攻坚势在必行。

1. 客观层面：自然环境和传统生产方式对区域经济发展的局限

自然资源、生产方式、历史文化、区域条件等因素决定了每个地区的

社会经济发展状况。盐池县在历史上的多数时期为游牧民族聚居区，地处北方游牧文化和中原农耕文化交汇地带，传统农牧业生产的观念根深蒂固。

一是传统农牧业生产方式对自然环境的破坏。根据统计数据，可看出土地沙化的面积随着人们不合理的生产方式呈逐年上升趋势。滥垦主要表现为土地的耕作方式破坏性严重，人们仅仅依靠土地原有的肥力种植庄稼，在植被最好的地方开荒种地，几年之后土地肥力下降，不利于生产庄稼就把它撂荒，转而继续开垦植被更好的地方。如此传统落后的耕作方式使盐池县不可避免地陷入贫困的旋涡。

二是自然灾害的频发对当地人居环境的威胁。传统落后的生产方式带来的对大自然的破坏最终以各种灾害“回报”给人们。由于自身的抗灾救灾能力较弱，受到自然灾害影响也更加严重，加剧了盐池县的贫困状况。盐池县的自然灾害主要有干旱、风沙、霜冻、冰雹、洪灾、热干风等，其中干旱、风沙对农牧业生产危害最大，霜冻危害次之。另外，虽说冰雹一般发生在局部地区，但一旦发生则危害严重。盐池县整体情况是干旱少雨，严重缺水，但是在丘陵地带及东部的过渡地带山地一旦降水量稍多，就容易引发洪灾，给农业带来极大的危害。近些年自然灾害的频繁侵袭使盐池原本脆弱的生态环境更加恶劣，加剧了其贫困状况。

三是区域发展的落后对县域经济社会发展的阻碍。盐池县北与毛乌素沙漠相连，属鄂尔多斯台地，南靠黄土高原，处于半干旱区向干旱区、草原向荒漠区、农区向牧区的过渡地带，这种地理位置上的过渡性决定了盐池县自然条件资源多样性和脆弱性的特征。在气候上属于温带大陆性气候，全年多风少雨，气候干燥，冬季漫长，夏季短暂。虽然白天日照充足，但夜晚却异常寒冷，昼夜温差大，尤其是在秋季，有“早穿皮袄午穿纱，晚上围着火炉吃西瓜”之说。盐池县经常刮大风，民间有“一年一场风，从春刮到冬”的说法。由于雨弱风强，沙尘暴灾害频发，生态环境极其脆弱，加大了治理难度。极端天气和气候事件等将减缓经济增长，进一步威胁粮食安全，加剧了盐池县的贫困状况。

2. 主观层面：贫困人口的结构性制约及其内生动力不足

盐池县贫困群体在年龄结构上呈现“两端”扶贫压力大、老少群体劳动能力弱的现象。普通劳动力贫困人口的就业渠道狭窄，劳动力状况较差，收入来源有限。盐池县大部分贫困人口健康状况欠佳，受教育水平程度低。健康的身体是摆脱贫困的最基本保证，教育不仅关系到贫困者本人的人力资本，而且关系到子女的人力资本投资水平，教育的缺失会使贫困群体在劳动力市场中处于劣势。

一是贫困人口“两端”扶贫压力大，即老龄化、低龄化程度严重。贫困人口大多数是不具备生产能力的老少群体，自我发展能力不足，因此，社会保障压力大。这部分群体普遍存在劳动技能较弱、就业困难的情况。二是受教育水平普遍较低，教育供给明显不足。农村贫困人口素质及文化程度的高低对农村经济发展起着至关重要的作用，而农户素质和文化水平则体现为农户的受教育程度。盐池县贫困人口受教育程度普遍偏低，文化程度低者一般是年龄较大的农民，限制了其就业的选择性。教育供给不足存在贫困代际传递风险，同时导致贫困人口脱贫致富后劲不足。三是健康状况不容乐观。盐池贫困人口的健康问题不容忽视，因病致贫的占贫困人口的 43%，其中患长期慢性病、大病和残疾的贫困人口占 25.62%。这些患病人群治疗疾病花了大量费用，加之大病之后劳动能力下降，造成因病致贫、因病返贫的现象大量存在。四是劳动力人口就业技能偏弱、收入不稳定且普遍较低。盐池贫困人口就业技能偏弱，而且这些贫困人口外出务工的渠道也少，主要集中在乡镇或者在县域内工作，收入普遍较低。多数家庭都是以农牧业为主要收入，受当地脆弱的生态环境及市场不稳定性等因素影响，收入极不稳定。他们收入渠道单一，几乎没有家庭经营性收入，应对风险能力弱，因此极易陷入贫困的泥潭。

对此，盐池县委县政府在宁夏回族自治区党委政府和吴忠市委市政府的领导下，在新阶段和新形势下，积极适应新常态下经济社会发展的新特点与新要求，将扶贫攻坚作为盐池县最大的发展机遇。盐池县深入贯彻习近平总书记关于扶贫工作的重要论述，以精准扶贫、精准脱贫为主攻方向，以实现贫困群众可持续发展为目标，紧紧围绕“五个一批”和“六个精准”扶贫的总体要求，按照“创新机制、精准施策，全力打赢脱贫攻坚战”的总体部署，精准锁定扶贫对象，全面实施产业扶贫、金融扶贫、健康扶贫等十大扶贫工程，走出了一条“依托金融创新推动产业发展、依靠产业发展带动贫困群众增收”的特色脱贫之路。

二、盐池县脱贫攻坚战的基本方略

盐池县在落实脱贫攻坚的基本方略中，聚焦主导产业弱、资金缺乏以及健康兜底不充分等问题，重点突出“创新”“精准”“可持续”三个关键词，脱贫不脱政策，巩固提升金融扶贫、健康扶贫等脱贫攻坚成果，扎实推进产业富民，引进一批农业产业化龙头企业，发展以滩羊为主的农产品精深加工，提高附加值、延长产业链、做大做强“1+4+X”特色优势产业，把资源优势有效转化为富民优势，形成贫困群众脱贫富民的长效机制。

（一）聚焦产业发展瓶颈，以产业富民提质增效强支撑

盐池县紧紧围绕产业发展发力，产业是扶贫攻坚的重中之重，一个地方再贫穷，有了产业支撑，就有了造血功能与内生动力，就能依靠自身努力和主动作为摆脱贫困，扶贫攻坚离开了产业支撑，就是无本之木、无源之水。

1. 在扶贫产业上体现精准度和收益率

盐池县实施“1+4+X”工程，提升产业扶贫精准度。坚持把产业扶贫与精准扶贫相结合，启动实施“1+4+X”工程。即以中部现代草畜、北部中药材和南部小杂粮 3 条特色产业带为核心区，实施“百村万户养殖”和“产业扶持”两项计划，形成滩羊主导产业和中药材、小杂粮及黄花菜、牧草 4 大新型特色种植业，精准扶持贫困村、贫困户发展产业，引导扶贫产业适度集中连片发展，尽快实现贫困村“村村都有致富主业、户户都有增收项目”。此外，盐池县加大力度发展农副产品深加工，提高产业扶贫收益率。通过启动建设盐池县农副产品加工产业园，引进培育整合一批精深加工企业，带动滩羊肉、中药材、小杂粮等农副产品精深加工，延长产业链条，提升产品附加值。鼓励更多企业与农户建立利益联结机制，采取保底收购、股份分红、利润返还等方式，让农户更多地分享农副产品收益，在推动农业增效、农民增收上迈出新步伐。

2. 在产业转型发展上体现质量和效益

全面提升传统产业、培育新兴产业，促进多产跨界融合发展，这既是中央提出的供给侧结构性改革应有之义，也是“十三五”期间盐池县面临的重大挑战。一要坚持把传统产业改造升级作为结构调整的首要任务，推动盐池县的产业层次由低到高、产业链条由短到长、产业关联由散到聚。针对滩羊等特色产业，要以龙头带动、品牌引领、基地支撑、高端突破为着力点，补链延链强链，提高附加值，打造全国高端羊肉生产基地和宁夏小杂粮标准化生产基地。油气化工要以精深加工、节能降耗为着力点，积极推进技改升级，实现上中下游一体化发展；煤炭开发要瞄准煤制油、煤制烯烃、煤电一体方向，打造承接宁东能源化工产业发展重要接续区；建材工业要促进石膏、水泥生产企业兼并重组，积极向循环、节能、环保方向发展，增强行业竞争力。二要坚持把加快发展新兴产业作为主攻方向，大力支持机械装备制造、新能源等具有比较优势的产业扩规模、上档次。盐池县要求装备制造要围绕石油煤炭开发、煤化工、光伏发电等产业，加快发展设备制造、维修等配套产业。盐池县的新能源要重点抓好中民投全球最大的单体光伏电站、上海晶澳电池组件等一批项目建设，打造国家级新能源产业示范基地。盐池县要大力发展生物制药、节能环保等产业。

3. 在产业格局上体现新载体和新路子

对盐池县这一革命老区和贫困地区而言，拥有“红色盐池”与“绿色盐池”两大特色，即革命历史传统文化以及生态优美的基础条件，要始终坚持把推动服务业升级作为结构调整的战略任务，以顺应新消费、满足新需求为目标，拓宽领域、提升层次，推动服务业发展迈上新台阶。盐池县需大力发展生产性服务，突出发展现代物流业，培育一批区域性和地区性物流节点，建设宁夏有影响力的综合交通物流枢纽。同时，盐池县还要加快发展金融业，壮大地方法人金融机构，培育多层次资本市场体系，扩大社会融资规模，满足多元化融资需求。盐池县不仅要加快推动互联网由消费领域向生产领域拓展，推进“互联网＋”模式和电子商务产业的发展，培育经济发展新动能。还需加快发展生态旅游业，整合旅游资源，建设一批精品景区、精品线路，打造全域旅游目的地。此外，要积极发展家政、养老、健康、大数据等产业。由此，盐池通过开发产业扶贫的新载体，开拓出产业扶贫新路子。

（二）聚焦解决资金难题，以金融利民扩面提标增动力

贷款难、贷款少、贷款贵，没有发展的本钱，是长期以来制约盐池县贫困群众脱贫致富的突出问题。盐池县的金融扶贫工作将以创建全国金融扶贫先进县为目标，进一步创新机制、提升服务、扩大容量、防范风险，

着力破解扶贫攻坚资金瓶颈。盐池县把金融扶贫小额信贷作为脱贫攻坚的第一抓手，以解决“穷人”贷款难这一世界性难题为突破口，坚持“党政主导、诚信支撑、产融结合、风险防控、保险跟进、改革创新”的总体思路，严格落实国家和自治区金融扶贫政策。在具体实践中，盐池县将国家扶持资金、财政扶贫资金与金融产品和富民主导产业有效嫁接，做到政府与市场、企业与农户、金融与产业有机结合，走出了一条“依靠金融创新推动产业发展，依托产业发展带动贫困群众增收”的可持续发展路子。

1. 用足互助资金“输血”

包括盐池县在内的很多贫困地区，原来实行的是给钱给物、打卡到户的帮扶模式，这种模式不仅容易滋生“等靠要”思想，而且真正落到贫困户手时容易“撒胡椒面”，很难实现可持续发展，不利于长效脱贫。从2014年起，盐池县委县政府在充分征求意见的基础上，改变过去“双到”资金直接发给贫困户的做法，将其注入互助社，作为贫困户的入社股金，互助社对贫困户给予借款优惠，生产发展资金仍不够用的，信用社再按一比十的比例放贷，并享受一定的利率优惠。机制创新使扶贫资金“四两拨千斤”，最大化地发挥了扶贫资金的杠杆作用。盐池县的这种做法不但缓解了贫困户发展资金短缺的问题，同时还引导他们走上了依靠发展产业实现稳定增收的路子。

2. 用活信贷资金“造血”

盐池县进一步整合财政扶贫资金，积极引进社会资金入股，壮大县级扶贫信用担保基金，扩大扶贫贴息贷款规模，不断增强贫困群众“造血”能力。县财政每年将新增收入的一部分用于扶贫开发，支持扶贫产业发展、互助资金扩面和基础设施建设。一方面，将互助资金不能满足发展的贫困户纳入“千村信贷”金扶工程，给予信用贷款用于发展特色产业，并享受利率优惠和财政贴息。另一方面，专门为贫困户量身打造了“富农卡”金融信贷产品，创造了评级授信模式。对持有“富农卡”的贫困户，实行“一次核定、随用随贷、周转使用、利率优惠”，有效缓解了贫困户贷款难、贷款贵的问题。此外，还要建立完善信用担保和风险补偿机制。探索农村大型农机具、林权、农村土地承包经营权、农民住房财产权抵押贷款，逐步扩大农村特色农业保险、扶贫小额贷款保险等的覆盖面。健全完善扶贫对象贷款评级授信机制，扩大“富农卡”惠农信贷发放范围，对有贷款意愿的评级授信贫困户做到应贷尽贷。

3. 用好产业基金“补血”

盐池县成立了盐池融盐扶贫信用担保公司，县财政拿出固定投入，积极引导龙头企业入股，形成规模上亿元的担保基金，可以撬动银行更多的信贷资金，定向、精准扶持贫困户发展滩羊等特色产业，为产业扶贫保驾护航。盐池县还要加强金融服务体系建设，支持引导各类金融机构在农村延伸服务网点、加大信贷投放、强化金融服务。农村信用社要增设村级金融便民服务站，最终实现村村全覆盖。同时，盐池县鼓励支持县内各大金融机构在有条件的乡镇设立分支机构，延伸服务触角。

（三）聚焦健康兜底不足，以健康惠民保贫扶弱促保障

为了有效解决贫困群众看病难、看病贵的问题，盐池县分别从民生保障兜底、社会保障能力以及基层公共卫生服务体系三方面着手，打造健康惠民工程。

1. 打造兜底性民生保障工程

针对因病致贫返贫较高的问题，盐池县制定了健康扶贫实施方案和中长期规划，全县每个村的卫生室都必须实现标准化并且配齐村医，逐步建立和完善“四保障、四救助”体系，从而为全面构筑健康扶贫八道保障网做好准备，保证建档立户在区内住院个人合规医疗费用支出控制在5000

元以内，一般农户在区内住院个人合规医疗费用支出控制在10%以下。这样既兜住了盐池县贫困群众因病、因灾、因意外致贫返贫底线，也确保了贫困群众在脱贫路上“零风险”。同时，为了扎实推进“五险合一”，盐池县还全面实施了城乡居民大病、慢病保险制度，认真落实残疾人保障各项政策，鼓励引导社会力量投入养老事业和养老产业，织就密实的民生保障网。

2. 着眼于增强社会保障能力

盐池县为进一步增强贫困群众脱贫致富信心，兜住意外返贫底线，在宁夏回族自治区率先推行“2+X”扶贫保。同时，将大病补充保险的保费、报销比例以及报销额度提高；并且设立“扶贫保”风险分散补偿金，建立盈亏互补机制，提高保险额度、降低保险费率、拓宽保障范围，实现所有农户“扶贫保”全覆盖。此外，盐池县还将身体残疾、智力障碍、丧失劳动能力、自身无力脱贫的救助型贫困户，从精准扶贫对象中剥离出来，全部纳入低保、五保范围，由政府兜好最低保障、特困供养、专项救助、临时救助“四条保障线”，逐步提高农村低保补助标准和低保覆盖面，将大病、大灾以及安全事故等突发情况导致的贫困户，纳入政府救助基金和大病统筹基金予以救助，并逐年提高贫困户大病救助比例，帮助其渡过生活难关，尽早脱贫致富。

3. 完善基层公共卫生服务体系

盐池县以基层为重点，以改革创新为动力，扎实推进健康盐池建设。树立大卫生、大健康的观念，坚定不移地贯彻以预防为主的方针，把以治病为中心转变为以人民健康为中心，加强疾病防控、妇幼保健、健康教育等公共卫生服务，最大限度地降低人群患病率。同时，盐池县还建立健全健康教育体系，深入开展爱国卫生和健康促进行动，争创全国健康促进县，推动全民健身和全民健康深度融合。

三、盐池县以脱贫攻坚统揽经济社会发展全局的思路与举措

习近平总书记在中央扶贫开发工作会议上讲到“坚持以脱贫攻坚统揽经济社会发展全局”，脱贫工作必须树立全局观念和“一盘棋”思想。一方面，脱贫攻坚的基本方略、政策体系和具体举措，分别从经济发展、社会治理、文化建设、生态改善等方面改善贫困地区的经济社会发展全局。另一方面，贫困地区在解决自身发展面临的瓶颈和问题时，又使得经济社会发展全局各个方面与脱贫攻坚方略之间形成配合。因此，以脱贫攻坚统揽经济社会发展全局是一种科学的、可持续的发展理念，将为贫困地区的脱贫富民工程、乡村振兴战略和迈入小康社会发挥重要力量。盐池县的脱贫攻坚战之所以赢得胜利也恰恰证明了脱贫攻坚与经济社会发展全局两者之间互融互促的紧密关系。下面从六个方面对盐池县脱贫攻坚战略的思路进行具体阐述。

（一）将脱贫攻坚放在突出位置，牵引县域经济发展方向

经济基础决定上层建筑，要打好这场脱贫攻坚战，就必须将脱贫攻坚摆在县域经济发展的突出位置，县域经济的发展都应紧紧围绕脱贫攻坚工作来展开，以脱贫攻坚来牵引县域经济建设方向，县域经济建设也应围绕扶贫的各项工作来进行。近年来，盐池县按照自治区党委政府、吴忠市委市政府提出的“盐池要继续当好山区县排头兵”要求，主动应对经济发展新常态，使经济社会保持了平稳较快发展的良好态势。脱贫攻坚，发展是第一要务。因此，促进经济快速发展，是盐池县的根本任务和中心工作。

1. 集中力量破解贫困地区发展短板，改善经济发展基础

当前，正是盐池县经济发展处于增速换挡期、调整阵痛期、政策消化期“三期叠加”的新阶段。因此，推进经济转型升级，是破解当前经济发展瓶颈、实现“两个率先”“四个盐池”目标任务的关键之举。需要牢牢把握稳中求进的工作总基调，主动适应经济发展新常态，深化改革开放，加快转型发展。盐池县坚持把脱贫攻坚摆到重中之重的位置，抓重点、补短板、强弱项，经济社会发展取得了显著成效。其中首要任务便是集中力量破解贫困地区发展短板，改善经济发展基础。

首先，针对盐池县本身生态脆弱与资源短缺等约束，种养殖适宜本地生态和资源供给的品种，旱作区开展梯田、覆膜建设，加大作物结构调整；以高效节水为核心，大力发展和推广节水滴灌工程，如扬黄灌区开展节水改造和高标准农田建设等，以此破除贫困人口增收困难的客观障碍。其次，针对盐池县城乡居民收入增速偏低，提高特色种养业补助标准；以“育人塑魂”“育人塑才”工程为辅助，扎实推动贫困人口创业就业，鼓励贫困人口在条件允许的情况下外出务工；加大土地流转，增加贫困人口的工资性收入和财产性收入。最后，针对企业融资难，健全完善项目投融资机制，大力推广 PPP 项目合作模式，加大银企对接合作，借助中民融盐扶贫信用担保公司这一平台，撬动金融机构信贷资金，破解企业融资难题，助推产业升级。

2. 以提升质量和效益为导向，助力经济社会的全面可持续发展

盐池县以高质量脱贫、脱贫致富为统揽经济社会发展全局的根本目标。要实现经济快速发展，地区生产总值、固定资产投资、地方财政收入等主要经济指标必然要实现质的飞跃。盐池县的主要经济指标均实现了翻番，经济发展继续领跑山区县。由于贫困群众短期脱贫容易、长期稳定致富难度大，因此稳定增收是脱贫攻坚的主要途径和长久之策。

盐池县积极主动适应经济新常态，充分发挥县委总揽全局、协调各方的作用，在改进领导经济工作的方式方法中破解难题，合力共为抓好经济工作任务的落实。严格落实县四大班子领导精准包抓重点项目责任制和周例会、月观摩、季排名、半年考核、年终奖惩的工作推进机制。对重大工程、重点项目实行“一对一”服务，包干负责，倒排工期，盯进度、抓质量、提效率，全面加快建设进度。定期召开县委常委会议、专题会议，分析研判、制定措施、破解难题，推动发展。

首先，在工业经济方面，盐池县采取市场引导、政策助推、多部门联合帮扶等办法，在精深加工、产业延伸、企业融资上下功夫，盯准“国五标准”，突出抓好油气精细化工优势产业，积极培育百亿元级大企业；将工业园区作为推动工业转型升级的主阵地，全面优化园区主导产业空间布局。推进工业园区低成本化改造，增强园区综合配套和承载能力，提升园区服务功能，提升集聚优势，实施入园项目建设管理节能环保“一票否决制”；关停淘汰一批耗能高、污染大、效益低的企业，努力实现园区控规模、上层次，不断增强工业经济可持续发展的能力。其次，在特色产业方面，盐池县整合各方资金加大对滩羊、甘草等特色产业的扶持力度，培育壮大绿聚人、润达甘草城等一批农副产品精深加工龙头企业，提高产业附加值，促进农业“接二连三”；全面推广规模化种养、标准化生产、精深化加工，紧盯特色产业现代化的目标，以期实现农业增加值增长。最后，在第三产业方面，盐池县大力推进“互联网+”，挖潜力、激活力、促升级，推动三产提质增效；加快发展光伏扶贫、旅游扶贫、电商扶贫等产业扶贫新业态，着力构建“乡有主导产业、村有特色产业、户有增收项目”的产业扶贫格局，从而为盐池县贫困人口打造稳定脱贫的长效机制。

3. 创新经济载体，深入挖掘和培育贫困地区的发展新动能

加快建设一批高水平的创新载体，是培育发展新兴产业、推动高质量

发展的新引擎，对推动地区经济发展意义重大，对贫困地区脱贫攻坚取得成效及今后的经济社会发展意义重大。盐池县要实现长效的脱贫致富，培育地区发展的新动能、创新经济载体势在必行。

首先，壮大盐池县贫困地区的集体经济，支持村级集体经济组织领办股份合作社，如滩羊合作社与黄花菜合作社等典型案例。从战略部署来看，盐池县着重鼓励发展生态农业、特色农业和品牌农业。在产业基础、区域位置等接近或相似的贫困地区，探索建立以乡镇、村、组不同层次农村集体经济组织为成员共同加入。推动资源变资产、资金变股金、农民变股东，探索农村集体经济新的实现形式和运行机制。其次，强化盐池县贫困地区合作社的带动作用，因地制宜地进行发展规划，促使有劳动能力的贫困人口深入参与到合作社中。不仅有助于提高自我发展能力，还将有助于加强合作社规范建设，推广扶贫合作社模式。再次，盐池县要加大力度推动互联网由消费领域向生产领域拓展，推进“互联网 +”模式和电子商务产业发展。组建农业生产、电子商务等各类服务队，培育盐池贫困地区的发展新动能。最后，做大总量、调优存量、提升质量，打造盐池县域经济发展升级版：（1）坚持抓项目增后劲。盐池县坚持把项目建设作为调结构促转型的重要抓手，深入开展了“冬春大会战”、集中开工等活动，并采取一个项目、一套班子、一抓到底，实施周督查、月调度、季分析等举措，全力推进重点项目建设。（2）坚持抓工业促转型。盐池县出台“工业十七条”，全力支持宁鲁石化、金裕海、中能北方等骨干企业改造升级、延链增值、做大做强。中海外瑞丰煤焦油加氢等一批项目签约落地，环保产业园、黄河汇通重油等重点项目进展顺利。（3）坚持抓商贸物流激活力。盐池县充分运用电子商务改造提升传统服务业，西北规模最大的农特产品电子交易市场已投入运营。

4. 以构筑产业集群服务和融入为支撑，促进县域经济实现跨越式发展

为推动县域经济实现跨越式发展，盐池县在脱贫攻坚战的战略部署中，不仅注重优化发展空间，补齐发展短板，厚植发展优势，同时还注重脱贫工作的高质、高效，致力于构建具有盐池特色的现代产业新体系，并希望将盐池打造成全自治区县域经济新的增长极。

第一，强力推动新型工业集聚发展。坚持“现代化、规模化、品牌化、绿色化”发展战略，以转型升级为主线，打造石油煤炭化工、新能源和以生物技术再生资源为主的高成长性新兴产业三大主导产业集群，以增强对县域经济发展的支撑和带动作用，力争实现“弯道超车”。第二，做大做强石油煤炭化工产业集群。以延长产业链条和提高产品附加值为发展方向，引导企业加大研发投入，提升关键工艺，推进以煤制油、煤制烯烃为主的煤炭精深加工和多种聚乙烯专用料、聚苯乙烯为主的油气化工产业，使盐池县成为能源化工产业的接续区和产业链延伸区。第三，培育壮大成长型新兴产业集群。以生物技术、再生资源及环保建材为主攻方向，抢抓政策机遇，加强扶持引导，培育引进一批朝阳产业项目和企业，抢占高成长型产业发展先机。积极推动普凡生甘草糖、牛羊血肽提取等项目建设，完善产业链关键节点，扩大产业规模，发展生物医药产业。严格控制石膏、石灰岩等资源开采型项目，推动建材企业向清洁化、精细化、高端化、高效化和资源循环利用方向发展。推广应用污水处理、垃圾处理、大气污染控制新技术，培育生产型、生活型节能环保服务新业态，进一步增强县域经济可持续发展的能力。第四，突出发展新能源产业集群。依托丰富的资源优势，抢抓新能源产业发展机遇，积极发展光伏、风电等新能源产业配套设备、零部件制造、智慧服务等，重点推进“光伏+”产业发展，建成一批新能源研发、制造及关联产业重大项目。

盐池县在脱贫攻坚战略中，坚持以脱贫攻坚为引领，统揽全县的各项工作，这样，不仅有利于破解贫困地区的发展短板，还能以经济的高质量、稳定发展为导向，激发经济发展新动能，为盐池县域经济实现跨越式发展做出贡献。

（二）围绕脱贫攻坚战略，设计绿色可持续发展新方案

绿水青山就是金山银山。习近平总书记强调："生态环境保护和经济发展不是矛盾对立的关系，而是辩证统一的关系。生态环境保护的成败归根到底取决于经济结构和经济发展方式。"要实现脱贫攻坚与生态环境保护的共赢，就必须在脱贫攻坚工作中处理好脱贫致富与生态环境间的关系。盐池县地处生态脆弱地区，如何打造一个绿色可持续发展的新格局，一直是盐池县委县政府思考的问题。按照国家脱贫攻坚的战略要求，盐池县委县政府认为，只有以脱贫攻坚战略为契机，以其为核心来安排县内的各项环保工作，在脱贫攻坚的过程中坚持生态优先、绿色发展的目标，生态与经济互促，变生态效益为经济效益、变生态优势为经济优势，以探索出经济发展与生态系统良性循环的可持续发展之路，来打造盐池县绿色可持续发展的新格局，才能真正实现脱贫攻坚与环保的双赢，更好地完成脱贫攻坚任务。

1. 力争实现生态资源产业化，以生态资源促增收

盐池县地处毛乌素沙漠南缘，生态环境十分脆弱，治理与巩固难度大。盐池县自 2002 年率先在宁夏回族自治区实行封山禁牧以来，县委县政府始终将生态建设作为求生存、谋发展的首要任务，并不断探索盐池的生态发展道路。

盐池县将生态资源产业化，是为了在对生态系统的保护和修复的同时，通过构建生态资源产业链，将生态资源转化为可以带动群众增收致富

的绿色财富。一是推动优质牧草产业发展。以苜蓿为主的人工牧草，既可以防风固沙、涵养水源，遏制沙漠化现象，同时又能满足滩羊产业发展所需的优质饲料。优质牧草产业的发展，确保了盐池县畜牧养殖和生态保护工作能够同时顺利开展。二是大力发展柠条转饲加工。柠条具有抗旱耐瘠、造林成本低、生物量大、生长周期长、可林饲兼用的显著优势，其粗蛋白含量分别是高粱、玉米的 1.4 倍和 1.6 倍，是国家特别规定的沙区造林灌木树种。盐池县在利用柠条治沙造林的同时，着力进行柠条资源的开发利用，每年平茬柠条为当地农民直接增加收入 400 余万元，年转饲能力达到 3 万多吨，对滩羊的饲料形成有效补给。优质牧草和柠条为盐池县滩羊产业提质增效、转型升级和全产业链协调发展提供了有力保障，以期实现生态保护与经济发展的共赢。

2. 建设现代科技农业，化解发展与生态矛盾

年降水量稀少、地表水源不足等因素使水资源成为限制盐池县农业发展的主要障碍因素之一。在自治区党委政府、吴忠市委市政府的坚强领导和自治区水利厅等部门的大力支持下，盐池县结合实际情况，健全完善水资源管理机制、探索水权改革、大力推进灌区高效节水改造、建设高效节水灌溉工程、发展高效节水灌溉农业，以期在化解生态与发展矛盾的同时，促进农业增产、农民增收，为全县脱贫富民奠定坚实的基础。

盐池县利用灌溉系统施肥，以期实现农业发展和生态环境的双赢。一是实现农业增产，通过滴灌施肥，作物在吸收水分的同时吸收养分，节省肥料用量可达 30%—50%。由于溶于水的肥料直接作用于植物根部，极易被作物吸收，可切实有效地实现节水节肥和增产高效的双重目的。二是农业现代化水平不断提升，滴灌施肥技术使盐池县的农业灌溉由粗放走向高度集约化和科学化，使农业灌溉技术得到根本性提升。三是减轻生态环境压力，滴灌和水肥一体化技术有效减少了灌溉水深层渗漏，

降低了地下水硝酸盐污染风险，从而有利于保持良好的土壤结构，减轻了土壤退化，以减轻生态环境的压力。四是滴灌施肥技术将之前捆绑在土地灌溉上的劳动力解放出来。变漫灌为滴灌施肥一体，有助于缓解控水减肥与粮食需求增长之间的矛盾，对于提高肥料利用率并减轻对环境的压力、保障粮食安全、保护生态环境具有极其重要的意义。

3. 促进生态工业建设，迈向新型工业化道路

生产是人类活动最为重要的形式之一，发展生产是人类日常生活需求得以满足的必要前提。所有的生产活动都是以我们所处的生态环境为基础，同时生产活动也是影响生态环境的关键因素。因此，盐池县在开展脱贫攻坚工作的过程中，大力发展科技、环保、资源综合开发型的企业，积极探索资源节约化、生产过程洁净化的循环经济。

盐池县逐步建立新能源、农副产品深加工等产业，以生态工业为盐池县工业的重点发展方向。同时，盐池县根据自治区要求完成工业的环保整改任务。一是坚持把滩羊作为全县特色农业头号富民产业，从滩羊产业发展的标准化生产、质量追溯、品牌宣传、市场营销四个体系的关键环节进行扶持。培育扶持龙头企业，发展滩羊养殖合作社等新型经营主体，建设滩羊养殖棚圈和滩羊规模养殖基地。使滩羊养殖主体呈现“企业 + 协会 + 规模养殖园区 + 养殖户”的结构，提升“盐池滩羊肉”品牌价值。二是根据自治区《2018 年生态环境保护重要指标重点任务清单》的要求，完成相关的重点任务和重点项目，集中处理工业固体废物、工业园区污水，将部分工业固体废物再利用，使其持续发挥减排效益。盐池县的工业发展道路是遵循经济有效益、生态有效应、发展有长效的良好机制，从而推进盐池县的新型工业化建设。

4. 构建清洁能源体系，拓宽群众增收之路

2014 年 10 月，国家能源局、国务院扶贫办印发《关于实施光伏扶

贫工程工作方案》的通知，提出利用6年时间开展光伏发电产业扶贫工程。光伏发电具有清洁环保、技术可靠、模式多样、收益稳定等显著优势。2015年，盐池县光伏扶贫试点项目经县委县政府同意，坚持公开、择优的原则，确定由中民新能宁夏盐池有限公司和盐池县晶澳光伏发电有限公司筹资建设。选择盐池县3个乡镇的4个移民新村和南梁美丽村庄共2554户做光伏扶贫试点。

由农户提供屋顶院落或设施暖棚，企业投资建设，农户从企业发电收益中分红，连续20年户均每年可获得3000元发电收益，为实现受益农户长期稳定脱贫奠定了基础。2017年，对全县范围内794户符合条件的自主发展能力弱、无稳定增收产业的群众实施屋顶光伏项目，每户每年可获得3000元以上的稳定收益，持续受益25年。通过县政府牵头、村里提供土地、企业出资建设、农民受益的PPP模式，在盐池县74个贫困村建设集中式光伏扶贫村级电站，并网发电后将持续不断地扩大村集体收入，并让村民从中分红。清洁能源体系的构建，将有效拓宽盐池县群众的增收渠道，促进群众持续稳定增收。

5. 推动乡村生态振兴，以生态旅游实现三产联动

盐池县在落实脱贫攻坚工作的过程中，捕捉到城市化进程中城市人口对生态旅游、乡村休闲观光等旅游的需求，结合地域资源，着力打造在西北有影响力的旅游品牌。在确定旅游扶贫目标的基础上，盐池县首先进行乡村生态环境整治，坚持“因地制宜、突出重点”的原则，以点带面、全面推进。截至2017年，共打造农村环境治理示范点27个、自然村环境治理达标点300个。以城乡道路排水建设、扬尘污染治理、违法建筑整治、标准化工地创建、健康教育普及等具体工作为抓手，集中开展农村人居环境专项整治行动。至截稿，累计投入整治行动人员22049人，清理垃圾21.8万余吨，清理乱堆乱放1.58万余处，拆除违章建筑156处5800余

平方米，整治户外广告 6729 处，整治占道经营 9852 处。同时，结合美丽村庄建设工作，2017 年年底已建成美丽村庄 22 个。此外，以良好的生态环境为基础，借助乡村生态振兴的实现，推动“生态自驾游”“乡村体验游”“农业观光旅游”等多种旅游项目，并且大力发展集吃、住、行、游、购物于一体的生态旅游服务业，以有效推动盐池县第一、第二、第三产业的联动发展。

（三）以脱贫攻坚为主阵地，推进治理体系和治理能力的现代化

党的十九大报告中提出构建全民共建共治共享的社会治理格局。要加强创新社会治理，以不断推进社会治理体系和治理能力现代化，其重点和难点均在基层。这既是解决新时代我国社会主要矛盾的本质规定，是全面建设社会主义现代化强国的现实需要，也是对新时代社会治理发展和创新提出的新目标和新要求。[①] 盐池县结合自身所处的发展阶段，以及对基层社会治理体系构造和治理能力提升的需要，在脱贫攻坚工作中做出了有益的探索与尝试。

1. 积极构建现代乡村社会治理体制，创新社会治理方式

当前，基层人力不足、治理软散、矛盾较多等问题十分突出，必须加强对基层治理的综合改革，提升基层治理效率和效果。盐池县在脱贫攻坚的实践中，不断创新社会治理方式，坚持党委领导，顺应社会规律，健全基层社会治理体系，加强县、乡、村（社区）三级综合服务管理平台规范化建设，以推动社会治理精细化。依托宁夏“政法云”建设，构建立体化、现代化社会治安防控体系；深入推进社会治安综合治理，强化社会组织监管，建立多部门协作的综合监管体制和联合执法机制；加强“政社互

① 中共中央党史和文献研究院编:《习近平关于总体国家安全观论述摘编》，中央文献出版社 2018 年版，第 4 页。

动”和社区减负，增强社区服务功能，实现政府治理和社会调解、居民自治三方的良性互动；认真落实信访工作制度，积极推行“阳光信访”，扎实推进“四无县”和“无访村（社区）”创建活动；完善矛盾排查预警和多元化纠纷调处化解机制，扎实推进人民调解“四张网络”建设；巩固深化“法官村官双助理”成果，提升县乡村三级干部源头治理能力，维护社会和谐稳定。

持续推进民主法治建设。盐池县充分发挥县委总揽全局、协调各方的作用，严格践行群众路线、“三严三实”和“两学一做”要求，健全完善决策机制，严格决策程序，确保县委各项决策经得起实践、人民、历史的检验。此外，大力支持人大及其常委会依法履行职能；支持政府依法行政，加快职能转变，深化行政体制改革，集中精力抓好经济调节、市场监管、社会管理、公共服务和环境保护工作；支持政协加强政治协商、民主监督和参政议政；发挥工青妇和科协、残联、文联等群团组织桥梁和纽带作用；发挥各民主党派、工商联和无党派人士在政治协商、民主监督和参政议政等方面的作用，凝聚各方面力量，团结一心、共同奋斗。不断提高国防和后备力量的建设质量，坚持军民融合发展思路，大力推动双拥工作创新发展。在维护民族团结方面，不断巩固和深化民族团结进步的成果，依法加强宗教事务的管理工作，以促进民族和睦及社会和谐。

2. 健全“德治、法治、自治”相结合的基层社会治理体系

基层社会治理体系是一项复杂的完整工程，离不开系统治理、依法治理、综合治理、源头治理等多种视角。尤其是对盐池县这样的贫困落后地区而言，建立健全基层社会治理体系，能够最大限度地激发社会治理活力，最大限度地提升社会治理效能，最大限度地规范社会治理程序，持续深化平安盐池建设，从而着力打造平安稳定的社会环境。盐池县巩固提升“全国社会治安综合治理先进县”成果，大力完善县乡村三级综

治中心功能和机制，以现代信息技术为支撑，创新了以网格化的管理形式为载体的新型乡村治理体系，以期不断实现基层管理和服务的精细化。

基于此，盐池县逐步探索出一套固有的、带有地区特色的以“德治、法治、自治”三位一体的治理体系。首先，盐池县进一步完善村民自治机制。发挥村代会和村监会的作用，调动各类村庄主体有序地参与村级事务，建立村务公开机制，并大力发挥村规民约在乡村治理中的约束作用，用自治的方式化解村庄矛盾。其次，打造村庄“一站式服务”的综合便民服务平台，不断推进综合行政执法向基层延伸。再次，盐池县持续完善乡村公共法律服务体系，发挥人民调解组织的作用，深化多元主体参与矛盾调解的机制，构建“三调联动”大调解工作格局。扎实推进“无上访村（社区）”创建活动，畅通群众利益诉求表达渠道；全面推行“一村（社区）一法律顾问”制度，用法律手段完善村庄治理体系。最后，盐池县发挥乡贤的带头模范作用，通过对乡贤典型的宣传，以榜样的力量帮助村民树立对村庄的认同感，带动和谐乡村的建设。综上，村民自治机制、公共法律服务体系和德治秩序共同构成了盐池县独特化的综合治理体系。

3. 加强农村基层党组织建设

盐池县始终强化农村基层党组织建设，基层党组织的战斗堡垒作用和党员的先锋模范作用得到了有效发挥。

一方面，盐池县以开展“三大三强”行动为载体，扎实推进星级党组织创建，深入实施基层党建活力提升工程。实施农村带头人队伍整体优化提升行动，推进“三个带头人”工程[①]，大力选拔一批“三型”村党组织书记。积极推行“党建 + 产业”“党建 + 扶贫”等“党建 +”模式，不断拓宽

---

① “三个带头人”工程是指村党组织带头人、脱贫致富带头人、民风建设带头人。

发展壮大村级集体经济渠道。全面落实村级组织运转经费保障政策，建立村干部任职补贴与村党组织评星定级等次相挂钩制度，实行村干部年度效能目标管理考核奖励制度。深化“两学一做”学习教育的常态化制度化，扎实开展“不忘初心、牢记使命”主题教育，通过加强农村党员队伍建设，不断推进从严治党向基层延伸。建立县乡（镇）党委书记抓农村基层党建责任清单，严格述职评议考核制度，进一步加强农村党风廉政建设，加大农村微权力腐败惩处力度，着力解决乡村干部不作为、乱作为问题，为实施好乡村振兴战略提供坚强保障。

另一方面，盐池县还牢固树立大抓基层的鲜明导向，把全面从严治党管党的要求和责任贯穿到基层、落实到支部，推动基层党建工作全面进步、全面过硬。以基层党建“强龙工程”和创建星级基层服务型党组织为抓手，以“党建创新、党内关爱、党员创业”三大工程为载体，农村党建以适应城镇化、工业化发展要求，把党组织建在产业链、扶贫链上，持续整顿软弱涣散党组织，提升党组织在脱贫致富中的组织领导能力；社区党建扎实推进大党委建设，着力构建区域化党建格局；非公经济和社会组织党建着力推进党的组织、党的工作和党员作用发挥“三个全覆盖”；机关党建落实直接联系服务群众制度，打通服务群众“最后一公里”；健全完善组织工作例会等制度，推动基层党建工作责任落地生根。

4. 抓好精神文明建设与社会信用观念，提升基层社会治理能力现代化

一方面，盐池县突出抓好精神文明建设。以社会主义核心价值体系为标杆，在群众中深入开展践行社会主义核心价值观活动，突出抓好文化文明双进共建。大力开展新乡贤、村贤、“最美盐池人”评选活动，选树先进典型人物，提振精气神、汇聚积极力量。到2020年，全县50%以上的村镇将达到县级及县级以上的文明村镇标准。加强思想道德和乡风民风建

设，深化各类群众性精神文明创建活动，传承和发扬中华民族的传统美德，使以爱国主义为核心的民族精神和以改革创新为核心的时代精神，成为全县人民的共同价值追求和精神动力。坚持正面引导与依法管理相结合，牢牢把握意识形态工作主动权和话语权。抓好新闻宣传，推动传统媒体与新兴媒体融合发展，加强对外对内宣传，展示盐池形象，提升盐池名气。加快信用体系建设，营造“诚实守信、一路绿灯”“一处失信、处处受限”的诚信社会环境，建设诚信盐池。

另一方面，盐池县扎实推进社会治理创新。深入开展文明单位和道德模范评选等精神文明创建活动，扎实推进社会信用体系建设，争创全国文明城市，促进民风持续好转。突出抓好信访维稳资源整合，加快构建“一中心、两平台”的县乡村三级社会治理服务体系。扎实推进“四级五项”警务协作机制，完善社会治安防控体系，依法打击违法犯罪活动，使人民群众人身权、财产权和人格权得到有力的保障。加强社区治理体系建设，深入开展信访“四无县”和“无访村（社区）”创建活动，健全完善人民调解“四张网”，着力实现政府治理和社会调解、居民自治良性互动。严格落实安全生产责任制，加强安全隐患排查整治、突发事件应急处置能力建设，实施好公路生命安全防护、救灾物资储备等安保应急工程，增强防灾减灾救灾能力，坚决遏制重大安全生产事故。加强食品药品安全监管，争创自治区食品安全示范县。不断巩固提升民族团结进步创建成果，切实抓好统计、气象、地震等工作，大力支持工青妇等群团组织及驻盐单位为县域经济发展服务。

（四）以脱贫攻坚为机遇，促城乡和区域融合发展

农业农村经济是国民经济的重要组成部分，国民经济和社会发展阶段性变化赋予农业农村新的使命。城乡融合发展和区域融合发展是现代化的

必由之路，是乡村振兴和全面建成小康社会的战略要求。新的发展阶段需要不断破除城乡二元结构，缩小城乡差距和区域差距，把短板变成“潜力板”。脱贫攻坚战略事关经济社会发展全局，在脱贫攻坚的重大战略机遇条件下，为城乡融合发展和区域融合发展提前谋篇布局，做好破除城乡二元结构的准备工作，可以为新的发展方向提供动能。盐池县以脱贫攻坚为机遇，重新调整城乡工农关系，建立健全宁夏回族自治区区域联动发展的体制机制。在政府、社会、群众的共同努力下，加快农村发展，补齐乡村发展短板；不断缩小城乡差距，促进城乡融合发展；借助东西部扶贫协作优势，促进区域融合发展。

1. 调整资源配置，以工补农，促进城乡融合发展

改革开放以来，随着社会主义市场经济的不断推进，第一产业与第二、第三产业之间的差距不断拉大，城乡经济社会发展不平衡、不协调，主要表现在城乡基础设施建设、公共服务水平、城乡居民收入以及社会保障等方面。从盐池县的实际状况来看，在经济层面上，大量农业剩余源源不断地贡献给了工业积累，农业和农村经济发展受到制约，农业从业者利益受到了损失。从文化层面上来说，村民受教育程度低，小农思想意识强。城乡差距已成为阻碍共同富裕的主要因素之一。从经济发展的长远规划上来说，城乡“二元结构”有损于社会公平，也不利于共同富裕和全面小康社会的建成。要实现党的十九大报告中提出的“两个融合”，就必须发挥政府的作用，坚持工业反哺农业、城市支持农村，推进城乡经济社会协调发展，健全城乡发展一体化体制机制，不断破解城乡“二元结构”，促进城乡公共资源均衡配置和城乡融合发展。要实现一个地区的长远发展，必须根据经济发展状况，适时调整产业结构。

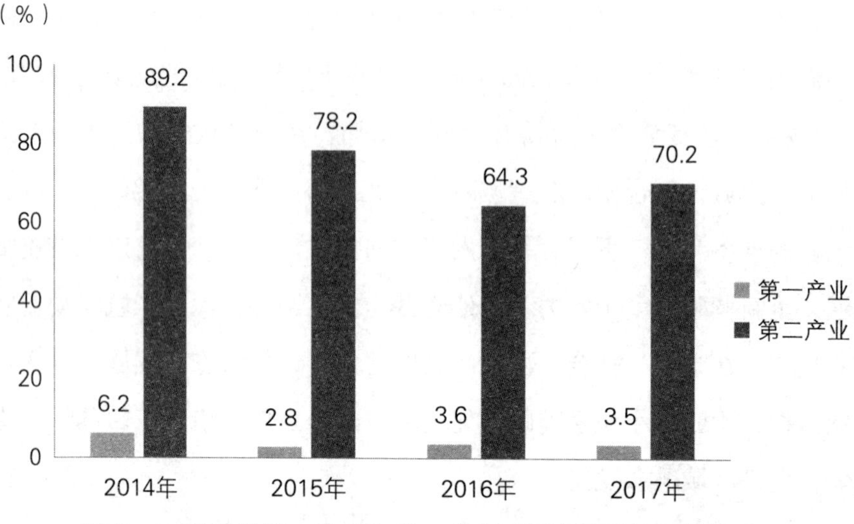

图 2-2　盐池县第一产业和第二产业对经济增长的贡献情况

盐池县以政府宏观调控为手段，调整资源配置，坚持工业反哺农业、城市支持农村，带动农村产业的发展。从 2014—2017 年的政府工作报告内容来看，第二产业对经济增长的贡献率远大于第一产业，也是盐池县税收收入的主要来源（见图 2-2）。为了调整产业结构，大力支持农业和农村的发展，从财政支出来看，盐池县的大量资金都投向了脱贫攻坚工作，重点用于农村基础设施建设、农业产业发展、金融扶贫及发展壮大村集体经济等方面，推进产业扶贫等脱贫富民政策全面实施。总的来说，盐池县的发展方向是坚持农业农村优先发展，以工业反哺农业的方式，确保盐池县能如期实现脱贫摘帽，实现产业结构的优化升级，为乡村振兴奠定基础。

2. 以“闽宁协作”为契机，促进区域融合发展

我国经济发展的不平衡，不仅是城乡之间的不平衡，也是区域之间的不平衡。区域协调发展能有效促进社会和谐①，是全面建设小康社会、加快

① 田福禄：《论区域协调发展与和谐社会的构建》，《河南师范大学学报》（哲学社会科学版）2007 年第 5 期。

推进现代化建设的重大战略任务。为加快西部贫困地区扶贫开发进程、缩小东西部发展差距，促进共同富裕，党中央于1996年正式启动东西部扶贫协作项目。在精准扶贫的新时期，东西部扶贫协作工作呈现了新的特点，聚焦脱贫攻坚，工作主题更加鲜明，任务也更加明确。[①]区域协调互动的优势更加明显，将有力地促进西部地区的发展。在当前精准扶贫的历史节点，我们要意识到脱贫攻坚与区域协调发展的内在一致性，打赢脱贫攻坚战能有效助推区域协调发展，实现乡村振兴，助力小康社会的全面建成。要意识到脱贫攻坚是全社会共同的责任，打赢脱贫攻坚战，就需要联结一切可以联结的资源和力量，并不断完善各种机制，使得社会帮扶的力量能得以最大限度地发挥，高效率完成脱贫攻坚任务，为今后经济社会发展打好基础。社会帮扶不仅资金投入力量大，而且还具备帮扶措施实、帮扶机制新、帮扶效果好等特点，将为促进群众脱贫致富奠定坚实的基础。

盐池县以东西部扶贫协作的"闽宁协作"为契机，凝聚社会帮扶的强大合力，从扶贫开发的顶层设计出发，深化改革，完善各项配套的体制机制，大力创造脱贫的环境，建立社会扶贫服务平台，以吸引各类社会资源和要素向盐池县流动，引导社会力量参与扶贫开发，构建政府、市场、社会协同推进的大扶贫开发格局。借"闽宁协作"之机，先后争取到福建省市县对口援助资金1.2亿余元，为精准扶贫工作提供了较好的资金支持。从区域协调互动发展的角度来说，"各区域各有各的比较优势，发展多种形式的区域合作，有利于实现区域间优势互补、互利共赢、共同发展"[②]。一般来说，中西部地区能提供农产品、廉价劳动力等资源，东部地区则具有资金、技术、市场等优势，双方资源优势在一定程度上形成了互补，因

① 黄承伟:《东西部扶贫协作的实践与成效》,《改革》2017年第8期。

② 陈斐、陈秀山:《促进区域协调发展的两大重点——明确不同区域功能定位和健全区域协调互动机制》,《生产力研究》2007年第13期。

而为双方的发展都提供了有利的条件，“闽宁协作”就遵循了这样的模式。第一，解决就业与提供劳动力。在脱贫攻坚工作中，转移就业和劳务输出是实现贫困户脱贫的有效手段，正所谓“一人务工，全家脱贫”。盐池县鼓励贫困群众到福建务工，福建在为贫困群众提供合适的工作岗位的同时，也将解决自身发展中的劳动力短缺问题。第二，农产品销售和市场活力的激发。盐池县依据自身资源禀赋，因地制宜地发展了特色产业，福建省政府专设“盐池滩羊”的销售点，以帮助盐池农业产业开拓市场。借助盐池滩羊的品牌优势，也将为福建的农产品市场注入一股活力。

（五）以脱贫攻坚为突破口，提前布局乡村振兴战略

习近平总书记指出：“发展产业是实现脱贫的根本之策。”能否实现由输血式扶贫向造血式扶贫转变，关键在于产业，没有产业带动，就难以彻底脱贫；缺乏产业支撑，更难以持续脱贫。产业扶贫既是促进贫困人口脱贫致富的有效途径，也是实现地区长效发展的根本举措。但是，由于我国当前农产品供给由短缺转变为相对过剩，农业产业发展的市场风险加大。因此对农业产业结构进行优化势在必行，出台相关配套政策鼓励农业产业逐步升级势在必行，更新产业主体的思想观念、培育新型农牧民势在必行。发展产业脱贫不仅是脱贫致富的不二法门，“产业兴旺”也是乡村振兴战略的重点。盐池县以脱贫攻坚战略为突破口，依托自身的资源禀赋优势，创立了“产、融、保”相结合的“盐池模式”，推动农业产业结构的优化升级，有效助推乡村振兴战略，同时为实现全面建成小康社会奠定坚实的物质基础。

1. 培育特色、做大做强品牌，促进产业结构优化升级

产业结构调整和经济增长之间互为因果关系。[①] 产业结构升级，是促

---

① 周辉：《消费结构、产业结构与经济增长——基于上海市的实证研究》，《中南财经政法大学学报》2012 年第 2 期。

进经济增长的重要因素。[①] 党的十九大报告指出，要深化供给侧结构性改革，在农产品供大于求的现实条件下，对农村经济的发展具有指导意义。建设现代化经济体系，必须把提高供给体系质量作为主攻方向，推动产业结构优化升级。对于农村地区而言，根据自身资源禀赋，发展特色农业，并将特色品牌做大做强，不仅能有效提高农民的收入，还能实现由传统农业向现代农业的改造，以适时促成农业产业结构的优化升级。发展特色农业是国家推进农业现代化的重大战略，依托自身的资源优势和发展基础，不断提升产品的品牌效应，以提高市场竞争力，为农业产业开拓发展的空间和利润空间。在这样的思路指引下，盐池县在农业产业方面的着重点主要体现在以下两个方面：第一，在挑选产业时，注重因地制宜，发挥当地特色。地方谋求发展，必须因地制宜，深入研究本地所有的资源优势，依托资源禀赋，以期形成自己的核心竞争力。第二，实现农业产品的品牌化，提升产品的价值和竞争力。以农业标准化推进农产品品牌化，既是新世纪农业发展的必由之路，也是现代农业和优质高效农业的本质所在，更是提高农产品国际市场竞争力的迫切需要。特色农业不是自给自足的“小农”产业，而是要直面市场，要关注市场的需求。当前，随着人们生活水平的不断提高，人们对农产品的质量、营养，甚至外观、文化都提出了更高的要求。因此，基于农业产业的优势，打造本土特色品牌，能有效地提升竞争力，优先占领市场。盐池县充分发挥“中国滩羊之乡”的原生特色优势，大力发展滩羊产业，在做大做强“盐池滩羊”的品牌方面下足了功夫。盐池县先后派出领导干部和技术人员在北京、上海、广州等大中城市举办盐池滩羊品牌推介会，以不断提升影响力和品牌价值，力图让主导产业——滩羊产业带动盐池县群众脱贫。

① 刘伟、张辉：《中国经济增长中的产业结构变迁和技术进步》，《经济研究》2008年第11期。

2. 以金融和保险为支撑，“产、融、保”相结合，助推产业发展

助推产业发展，就必须要解决好产业启动资金短缺和抵御农业产业风险两个问题，为此，盐池县首创“产、融、保”相结合的扶贫模式（见图2-3）。

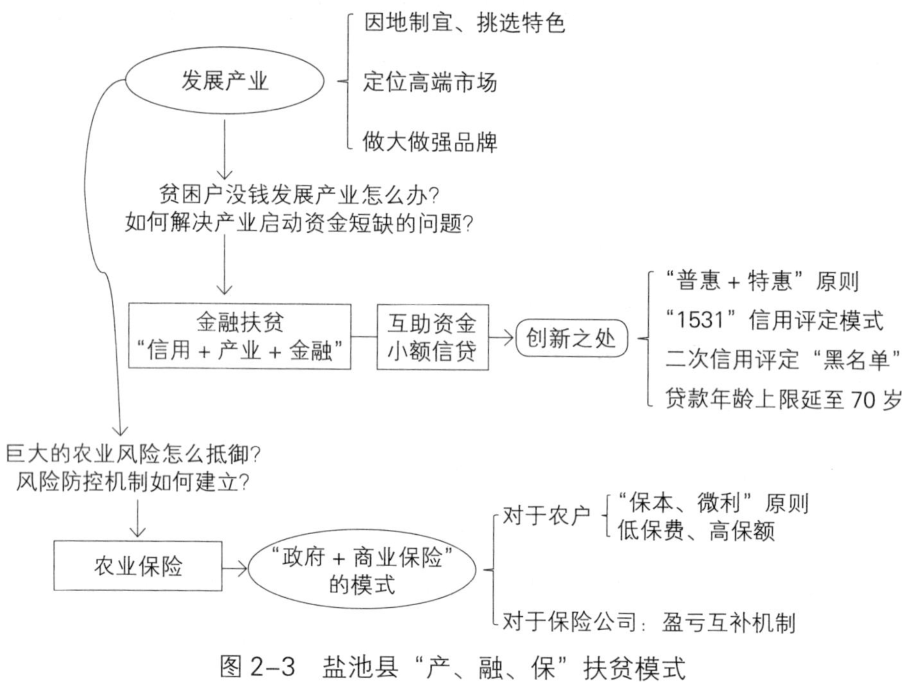

图2-3 盐池县“产、融、保”扶贫模式

第一，发展产业的资金短缺问题如何解决？贫困地区要实现农业产业化面临着诸多障碍，缺乏资金是其中的一个重要原因。在开发式扶贫模式中，贫困主体为摆脱贫困自主创业，离不开发展资金。在品牌效应形成、滩羊的价值大幅度提升的大前提下，村民养殖滩羊的积极性不断增强，但因资金有限，滩羊产业在很长一段时间内都难以达到规模效应。为解决资金短缺问题，盐池县将金融扶贫配套进产业发展链条，帮助村民解决产业发展中的资金短缺问题。由政府牵头、银行配合实施贷款免息或贴息政

策，采取互助资金和小额信贷的形式，将贷款发放给有产业发展需求的村民。同时，创新性地开发出适合资金短缺群体贷款的“1531”信用评定模式[①]，实施了将贷款年龄上限放宽至70岁的举措。同时，依据“普惠+特惠”的原则，对同样有贷款需求的非贫困户，依据相应条件，发放不同额度的贷款。这样做有效降低了边缘户的致贫概率，也是盐池县以精准扶贫统揽经济社会发展全局战略眼光的真实体现。经济的发展说到底是要大家一起发展，“普惠+特惠”原则体现的是共同富裕的战略意涵，也是助力乡村振兴的重要一环。

第二，农业产业的风险防控怎么办？农业的弱质性和农户产业发展的高风险性是推动农业产业化过程中的突出阻力。因此，农业风险主要来源于两个方面：自然风险和市场风险。传统的小规模农业生产方式下的农业保险基本上只需要应对自然风险发生所造成的损失。然而，新型的土地流转制度和农业产业化、现代化要求使农业生产趋向规模化经营，使农业保险不仅要面对自然风险的挑战，还需要应对市场风险（如价格变动）。一旦农民遭遇风险，就很容易陷入贫困，打击农民发展农业产业的积极性。于是，盐池县依据实际情况，联合保险公司开发了适合当地农户的保险。以滩羊为例，有两种保险用于降低农户的养羊风险：一是市场险，即若当年的市场羊肉均价低于20元/斤，保险公司则赔付相应的金额。二是养羊过程中的风险，即针对滩羊养殖过程中意外死亡的保险。这些风险防控的手段，是为了有效地保证农户发展产业的积极性，同时，培养他们风

① “1531”信用评定模式：基本情况（占10%），包括评定对象的年龄、学历、婚姻状况和健康状况；信用状况及参保情况（占50%），包括有无不良贷款和对外担保情况；家庭收入及资产负债情况（占30%），包括评定对象的家庭收入等总资产及资产负债率；遵纪守法（占10%），包括无各种欠账、赌博、吸毒、邪教和近3年无拘留、犯罪记录、没有参与聚众上访，在本村内无重大不良影响、不良嗜好及司法诉讼记录等情况。按信用评分高低将信用户分为四个级次。AAA级信用户：综合得分在90分以上；AA级信用户：综合得分在80—89分；A+级信用户：综合得分在70—79分；A级信用户：综合得分在60—69分。

险防控的意识。盐池县以问题意识为导向，在不断发现问题、解决问题的过程中，逐步形成自己独特的工作思路，创立了“产、融、保”相结合的“盐池模式”。

3. 发挥农民的主体作用，激发内生动力，培育新型农民

农民是农村经济发展的主体，要实现农业产业的长足发展，依靠产业脱贫致富，达到乡村振兴战略中“产业兴旺”的要求，离不开农民主体性作用的发挥。由于内因是事物变化发展的根据，决定着事物的性质和发展方向，因此，农村经济发展的决定性因素还是内部因素。倘若要使内部因素较好地发挥作用，必须重视农民素质的培养，为农村经济增长提供充足的人力资本。培养造就新型农民是助推农业产业兴旺、农村经济发展和乡风文明建设的根本所在。生产方式上的小规模生产性和自给自足性、思想观念上的小农意识、社会地位上的依附性是我国传统农民的特征。[①] 要培育和造就新型农民，就必须将目标定位于克服传统农民的局限性。盐池县采取扶志扶智相结合的方式：一是注重科学文化素质的培养，大力开展教育扶贫，阻止贫困代际传递。以全面提高贫困人口基本文化素质为重点，瞄准短板、精准施策、差别支持，着力改善学校办学条件，全力保障贫困村学生接受公平有质量的教育。在构建教育精准扶贫长效机制方面，盐池县最主要的手段是构建教育精准扶贫资金支持机制，加大教育扶贫资金投入，不断推进义务教育的均衡发展。二是注重培育与产业发展相配套的劳动力，开展技术技能教育和培训。盐池县根据县域实际条件和主导产业发展情况，结合参与培训对象的主观意愿，发挥特色优势专业功能，满足地方产业发展与扶贫开发需要，有针对性地开展多种多样的职业技能教育和培训。三是抓好乡风文明建设。摆脱贫困，不仅要把物质的短板补起来，

① 刘传江、黄锟：《培养造就新型农民与农村经济发展》，《当代经济研究》2008 年第 3 期。

还要把精神的短板补上去，实现“两个文明”协调发展，激发群众的内生动力。

（六）以脱贫攻坚为第一民生工程，奠定全面建成小康社会基础

自精准扶贫工作全面启动以来，盐池县各级党员干部始终坚持以深化脱贫攻坚统揽经济社会发展全局，将深化脱贫攻坚作为第一民生工程，奋力推进脱贫攻坚，切实保障和改善民生。一方面，聚焦深度贫困地区和特殊贫困群体，以问题为导向，下足绣花功夫，不断激发贫困人口内生动力，筑牢贫困人口稳定脱贫发展的基础。另一方面，注重深度贫困地区与注重全面推进相结合，注重减贫进度与注重脱贫质量相统一，从而推动保障性扶贫与全局性发展的深度融合，切实提升盐池县群众的幸福感与获得感，确保2020年同全国一道进入全面小康社会，为实施乡村振兴战略打下坚实基础。

1. 深化“美丽乡村”建设，稳固全面建成小康基础

盐池县按照脱贫攻坚的总体要求，围绕2020年全县中心村“美丽乡村”建设全覆盖的目标，致力于开展农村危窑危房改造、农村人居环境整治等村镇建设重点工作。着力完善农村基础设施建设、改善农村面貌环境，精准施策，加大投入，不断夯实乡村振兴发展基础。

盐池县最大限度地整合各方面力量，抓好基础设施建设和服务提升工作。一是围绕解决农村危窑危房户和无房户“不愁住”“住房有保障”的目标。以农户自筹为主，以政府补助、政策扶持和社会参与等措施为抓手，2009—2018年共解决农村12095户困难群众的住房问题，有偿拆除了农村危窑危房4197户。二是坚持把基础设施建设作为推进“美丽乡村”的中心工作。按照“五通八有”的要求，扎实推进贫困村硬化、绿化、美化等改造，基本实现了贫困村基础设施“七个全覆盖”。三是抓好服务提

升工作，健全完善配套服务功能。围绕乡村产业发展、公共服务提升等工作，在乡镇共建成无害化垃圾处理场 9 座、污水处理厂 3 个、集中供热站 1 座，新建改造了一批农贸市场、垃圾中转站、公共厕所等配套设施，完成了新一轮公交改革，实现了所有乡镇、行政村文化广场全覆盖。盐池县坚持每年集中打造 30 个美丽村庄，力争到 2020 年，实现全县中心村美丽村庄建设全覆盖，为实现全面小康社会目标奠定坚实基础。

2. 推动农业技术提升，提高全面建成小康质量

盐池县脱贫攻坚工作坚持“以人为本，民生至上”，在挖掘自身特色和借鉴先进经验的基础上，强化科技支撑，在农业科技服务和农业科技帮扶的带动下，打通科技与民生经济发展通道，促进科学技术与农民生产生活的融合发展。

盐池县强化农业科技服务体系建设，突出示范引领。第一，加强新技术推广应用，提升产业扶贫示范村、龙头企业、合作社的技术含量，培训致富带头人。通过企业、专业村、合作社以及致富带头人示范引领、专家服务团现场指导、益农信息服务平台等多种方式，从完善利益联结、技术指导培训、信息互联互通等方面，推进龙头企业、专家教授和种植农户互动交流的多元化、多形式农业推广服务体系，全面提升农业技术推广服务能力。第二，加大农业科技帮扶力度，积极协调组织自治区、市、县农业技术人员，采取集中培训、现场指导、入户讲解、电话咨询等方式为农民进行科技帮扶。每年通过入户指导、技术培训等方式有效解决群众养殖发展中的实际困难，加大对滩羊标准化养殖技术、羔羊早期断奶技术、饲草料科学调制技术、黄花菜标准化栽培技术、荞麦大垄双行种植技术、甘草及苦豆子种子包衣技术、药剂拌种技术等实用技术的培训，切实为全县贫困户发展产业提供技术支撑。盐池县通过将科技和民生“两手抓”的方式，实现全面建成高质量的小康社会。

3. 促进民族团结共进，凝聚全面建成小康合力

聚焦“精准扶贫、不落一人”目标，盐池县委县政府坚持以习近平新时代中国特色社会主义思想和党的十九大精神为统领，树立和培养民族大团结的意识，全面落实党中央、自治区关于民族工作的一系列重大决策部署。以民族团结进步创建、民族经济发展等工作为抓手，既能为民族地区经济发展贡献力量，也能增进民族团结，维护社会和谐。

盐池县坚持每年至少召开一次少数民族代表交流座谈会并形成长效机制，听取少数民族群众在生产生活等方面存在的问题，切实帮助他们解决实际困难，并着力开展以下工作：一是保障少数民族民生，整合各项资金改善少数民族聚居区的生活环境。建设冯记沟乡回六庄幸福村，改善惠安堡镇回族穆斯林移民新村居住条件，修建花马池镇民族团结道路，等等；改善少数民族的宗教生活环境，让宗教人士感觉到党和政府的温暖；加大政策倾斜和扶持力度，多措并举，提高少数民族群众的医疗保障水平等。二是实现少数民族的发展。盐池县积极争取少数民族发展资金，用于少数民族村镇肉牛养殖园区建设、特色村寨建设、特色小镇建设、扶贫车间建设及产业发展等。三是聚焦民族团结进步创建，将创建工作经费纳入县财政预算。每年投入资金 30 万元，专项用于民族团结创建工作的宣传、服务、活动、督查等，以保障民族团结进步创建工作顺利开展、深入推进。盐池县围绕保民生、保发展、促团结的一系列举措，积极改善少数民族民生，争取少数民族发展资金，全力实施好项目，同时提升民族间相互尊重的社会意识，从而形成发展合力，推动全县脱贫致富奔小康。

4. 弘扬民族优秀文化，丰富全面建成小康内涵

盐池县深入贯彻落实习近平新时代中国特色社会主义思想，认真落实党中央及自治区重大决策部署，围绕扶贫先扶志、治穷先治愚、脱贫先脱旧，通过弘扬中华民族优秀传统文化，进一步激发脱贫内生动力，既要让

群众“富口袋”，也要让群众“富脑袋”，真正让群众实现脱贫致富。

盐池县着力培育群众的文明道德风尚，大力倡导自强、文明乡风。一是通过文化惠民强根基，深入推进公共文化服务体系建设，对全县范围内的行政村文化站进行改造提升，实现县乡村三级公共文化服务网络全覆盖；进一步放大盐池元素，常态化开展盐州大集·民俗嘉年华、滩羊美食文化节等特色节会；创新“互送共享”文化惠民模式，打造广场文艺演出、农民文艺会演等六大文化惠民品牌，送戏下乡、举办广场文化活动；创作歌曲、小品、演讲、快板等文艺节目，开展脱贫攻坚文艺宣传活动，大力宣传党和政府的脱贫富民政策，树立自强自立的观念，鼓励贫困群众依靠自己的双手勤劳致富，培养贫困群众自强意识。二是倡导移风易俗树新风，针对部分乡村借婚丧嫁娶之机大操大办，使人情礼金居高不下等旧习、陋习，出台《关于推动移风易俗、树立文明乡风、助力脱贫攻坚指导意见》。充分发挥“文明公约”“乡规民约”等作用，引导群众简办婚丧嫁娶事宜，以全面提升农村精神文明建设水平；建立高沙窝镇民风教育基地、拍摄移风易俗主题微电影、出版《盐池乡贤文化系列集》等，在全县营造崇尚文明新风、破除陈规陋习的良好氛围。

5. 做大分好民生蛋糕，共享全面建成小康成果

民为邦本，本固邦宁。盐池县委县政府在脱贫攻坚的过程中，坚持共享发展理念，大力加强和改善民生事业，分好“民生蛋糕”的关键词，让人民群众有更多获得感。

具体而言，盐池县做大分好“民生蛋糕”的措施主要包括以下几个方面：一是严格落实从学前至大学的教育精准扶贫政策，争取资金以资助贫困生，义务教育阶段基本实现“零辍学”，“两后生”全部享受县内免费职业教育。二是同步开展职业技能培训，整合“雨露计划”、企业用工培训等各类资源，将全县有劳动能力的贫困群众全部纳入职业技能培训，根据

不同年龄阶段和文化层次，开展订单、定岗、定向、菜单式培训。先后举办中式烹饪、驾驶培训、刺绣等各类培训班，通过培训贫困群众，实现他们的稳定就业。三是坚持“大卫生、大健康”理念，大力实施健康扶贫工程，所有行政村标准化卫生室实现“全覆盖”，建立了“四报销、四救助”体系，建档立卡贫困患者住院医疗费用实际报销比例达到92.3%，为贫困群众建起健康脱贫“防火墙”，从而大幅度提升群众的满意度和幸福感。

第三章 盐池县脱贫攻坚的路径与成效

消除贫困、改善民生、逐步实现共同富裕，是社会主义制度的本质要求，也是我们党的重要历史使命。为了确保到2020年盐池县农村贫困人口全部脱贫，早日实现与全国同步建成全面小康社会目标，盐池县全面贯彻党的十八大和十九大精神，深入贯彻习近平总书记关于扶贫工作的重要论述，围绕中央“四个全面”战略布局，在牢固树立创新、协调、绿色、开放、共享的新发展理念基础上，充分发挥政治优势和制度优势。

盐池县不断强化政策保障，以产业富民、金融利民、健康惠民三大脱贫工程为引领，推动精神扶志、基础设施建设、健康扶贫、社会帮扶的四大脱贫行动，在不断创新工作机制、完善组织体系建设的同时，精准锁定扶贫对象，遵循发展生产、易地搬迁、生态补偿、发展教育、社会保障五大脱贫路径，坚持以新型工业、特色农业、生态建设为抓手，创新扶贫开发机制，因地制宜，精准施策，独具盐池特色的扶贫开发工作逐步带动盐池群众走上了脱贫致富之路。

一、盐池县脱贫攻坚的政策体系

盐池县委县政府认真贯彻落实中央扶贫开发的大政方针，以及宁夏回族自治区、吴忠市扶贫开发工作的一系列重大决策部署，抢抓国家支持革命老区、贫困地区加快发展的重大机遇，不断创新工作思路、完善政策体系，将宏观层面的产业富民、金融利民、健康惠民三大工程，转化为精神扶志、基础设施脱贫、健康扶贫、社会帮扶脱贫四大行动，并进一步落实为发展生产、易地搬迁、生态补偿、教育培训、社会保障五个一批脱贫路径（见图 3–1）。盐池县层层分解落实脱贫攻坚责任，因人因地施策，提高扶贫实效，整合各类资源，聚焦贫困村 11203 户 32998 人建档立卡贫困人口，坚决打好打赢脱贫攻坚战，争做脱贫富民战略中的“先行者”，将打赢脱贫攻坚战作为底线任务，把提前建成全面小康社会作为奋斗目标。

盐池县在逐步消除贫困、改善民生、实现共同富裕，努力打造全自治区脱贫富民样板县的过程中，始终坚持五大基本原则。

一是坚持党政领导、合力推进的原则。充分发挥县委统揽全局，各级各部门协同配合、合力攻坚的作用，严格执行脱贫富民一把手负责制，县、乡、村三级书记合力共抓，组织动员全社会力量共同形成发展合力，打造专项、行业、社会协同扶贫“三位一体”的大扶贫格局。不断加强并完善农村基层党组织建设，使盐池县农村基层党组织成为带领群众脱贫致富的坚强战斗堡垒。

二是坚持精准扶贫、聚焦聚力的原则。坚持精准扶贫与加快发展紧密结合，解决好“扶持谁、谁来扶、怎么扶、如何富”的问题，真正做到扶真贫、真扶贫、真脱贫、真富裕，使贫困人口在加快发展中受益，更多享受经济社会发展成果，切实提高脱贫富民成果的可持续性。

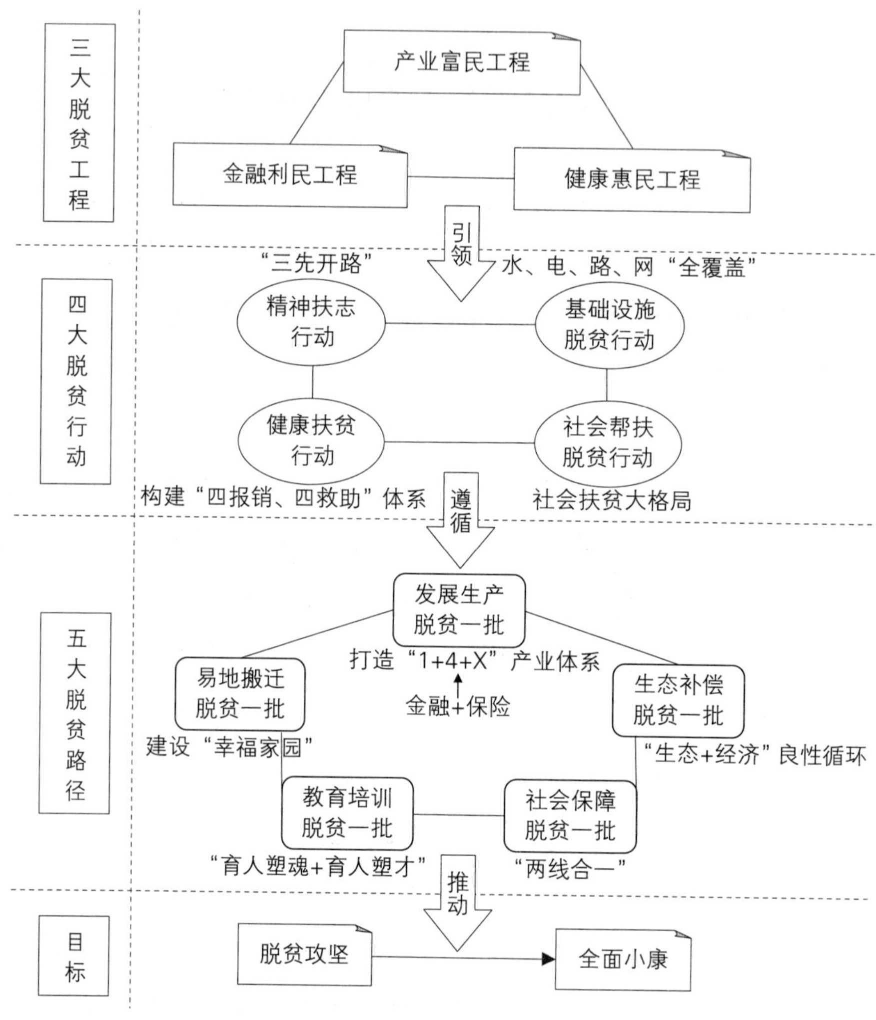

图 3-1 盐池县脱贫攻坚的“三四五”政策体系

三是坚持生态优先、绿色发展的原则。树立保护生态环境就是保护生产力、绿水青山就是金山银山的绿色发展理念，统筹兼顾生态效益、社会效益和经济效益，正确处理好经济社会持续健康发展与生态文明建设两者之间的关系。进一步探索生态脱贫、以绿色产业实现发展的新路子，让贫困人口从盐池县的生态修复与建设中真正得到更多的实惠。

四是坚持群众主体、政策引领的原则。坚持开发式脱贫富民的基本方针，更加注重富民产业培育。大力开展金融扶贫、产业扶贫，推动“输血式扶贫”向“造血式扶贫”的转变。因地制宜、因户施策，建立健全激励约束机制，最大限度地调动贫困群众的创造能力，增强贫困群众的自主意识和自我发展能力，使其在脱贫富民战略中真正发挥主体作用。

五是坚持重点突破、全面推进的原则。坚持问题导向，围绕解决好基础设施薄弱、公共服务不完善、产业发展滞后等突出问题。坚持基础建设与产业发展相结合，坚持整村推进与精准到户相结合，凝聚全县之力，谋划实施好一批重大项目，补齐扶贫开发和全面建成小康社会的短板。

（一）盐池县脱贫攻坚的三大工程

盐池县坚持精准扶贫、精准脱贫基本方略，把握精准要义，集聚“项目、资金、人力、管理、帮扶、考核”等要素，先后出台了60多个脱贫攻坚方面的细化措施、配套政策文件，建立了符合盐池县实际的精准扶贫政策措施体系。这一系列精准扶贫政策，很好地贯彻了中央脱贫攻坚大政方针，不折不扣地落实了宁夏回族自治区脱贫攻坚决策部署和组合配套政策，把准了贫困群众的所需所求，做到了吃透上情、明了下情、有的放矢、对症下药，切实解决了“扶持谁”“谁来扶”“怎么扶”“如何退”的问题。盐池县在工作中探索确定的“五看”“五审”“四会议”“十联签”识别和退出机制，做到了“真”“实”“细”“准”，瞄准靶心，精准施策，对点对卯，扣紧卡牢，政策组合发力，效应叠加释放，形成了符合盐池实际的政策网络体系和“四梁八柱”，这是盐池县脱贫退出的重要政策保障和支撑。

盐池县根据党中央、宁夏回族自治区党委政府和吴忠市委市政府要求，在建立健全坚持和加强党的全面领导政策体系的基础上，将精准扶贫作为头等大事。不断完善政策体系为脱贫攻坚工作指明方向、明确目标、提出要求，明确产业富民、金融利民、健康惠民三大脱贫攻坚核心，为盐池县的扶贫工作确立了大方向，并提供了强有力的保障。

1. 产业富民工程

盐池县依托资源禀赋，充分发挥“中国滩羊之乡”“中国甘草之乡”的品牌优势，借助政府统筹协调聚合力，构筑以绿色高端滩羊产业为主导，中药材、小杂粮、牧草、黄花菜为支撑，其他特色产业为辅的“1+4+X”现代农业产业体系，依靠产业发展带动贫困群众增收致富。

（1）重点发展高端特色养殖业

盐池县坚持把滩羊作为全县特色农业头号富民产业，从滩羊产业发展标准化生产、质量追溯、品牌宣传、市场营销等关键环节进行扶持，培育扶持鑫海等龙头企业 18 家，发展滩羊养殖合作社等新型经营主体近 500 家，建设滩羊养殖棚圈 3.3 万座、滩羊规模养殖基地 326 个，滩羊养殖主体呈现“企业 + 协会 + 规模养殖园区（场）+ 养殖户”的结构组成，辐射带动农户 1.98 万户，规模化养殖比例达 60%。建成畜产品定点屠宰批发市场 2 个、城乡活羊交易市场 7 个，滩羊肉销售以自治区内为主占 70%，自治区外为辅占 30%，“盐池滩羊肉”品牌价值达到 68 亿元。

（2）大力发展高效节水特色种植业

在宁夏回族自治区党委政府、吴忠市委市政府的坚强领导和自治区水利厅等部门的大力支持下，盐池县结合实际，健全完善水资源管理机制，探索水权改革，坚持把发展高效节水灌溉与壮大牧草、黄花菜、小杂粮、中药材等特色产业相结合，不断调整优化农业结构，大力推进灌区高效节水特色种植业发展。

在扬黄、库井灌区，按照“两压一增”思路，即在不增加扬黄灌区和库井灌区水指标的情况下，通过压缩高耗水作物面积，压减大水漫灌面积，增加以滴灌为主的高效节水灌溉面积，使有限的水资源得到充分利用。大力发展高效节水灌溉，2018 年盐池县累计建成了花马池、王乐井、惠安堡等高效节水灌溉工程 49 处，发展高效节水灌溉面积 42.3 万亩（其中，库井灌区 8.2 万亩、旱作高效节水补灌区 19 万亩、扬黄灌区 15.1 万亩），占全县灌溉总面积（46.8 万亩）的 90% 以上。同时，将喷灌、滴灌有机结合，重点规划建设了中部旱畜产业示范带，建成高效节水优质牧草基地 7.2 万亩。通过实施高效节水灌溉工程，盐池县实现了省水、省肥、省工、省地、调结构、增效益的“四省一调一增”效果，每年节水 1200 万立方米，节肥 1850 吨，解放劳动力 4800 个，省地 6500 亩，经济作物种植面积占比达到 69%，增收 1.34 亿元，为农业可持续发展奠定了基础。

（3）培育新型农业经营主体

盐池县创新建立“企业 + 基地 + 农户”的龙头带动型、“合作社 + 协会 + 农户”的协会拉动型、“支部 + 党员 + 农户”的支部推动型等多种产业扶贫模式，积极培育扶持产业联合体和新型经营主体，上联市场企业，下联基地农户，将千家万户联结起来，进行技术统一指导、病虫害统防统治、生产资料统一供应、产品统一销售，提升特色优势产业发展的组织化、产业化程度，增强抵御市场风险的能力。

（4）积极推进品牌创建

盐池县依托“中国滩羊之乡”“中国荞麦之乡”“中国甘草之乡”等品牌优势，先后培育中国驰名商标、宁夏著名商标和名牌产品 17 个，提高了盐池县农产品在全国范围乃至海外市场的知名度和影响力。盐池滩羊肉畅销北京、上海等大中城市，每千克最高卖到 629 元。同步加大对小杂粮规范化种植、社会化服务以及产品加工营销等环节的扶持力度，着力打造盐池无公害、绿色小杂粮品牌。在南部绿色小杂粮产业带，种植以荞麦为主的绿色小杂粮 40.6 万亩，培育扶持山野香、山逗子等小杂粮加工企业 10 余家，年加工生产各类杂粮达到 1.2 万吨，远销北京、上海、天津、香港等地，部分产品出口到日本、韩国等东南亚国家和地区。

2. 金融利民工程

盐池县将金融扶贫作为便民利民的重要工程，聚合政府有形之手、市场无形之手和群众勤劳之手精准发力，有效破解了金融扶贫小额信贷全国性“十大难题”，走依托金融创新推动产业发展的利民之路。

（1）创新产融结合，解决群众可持续发展的问题

脱贫靠产业，产业靠金融。没有发展的本钱，是长期以来制约盐池县贫困群众脱贫致富的瓶颈问题。因此，盐池县委县政府为解决农户、新型经营主体发展资金难题，出台了金融助推产业的“菜单式快捷扶持政策”，对建档立卡贫困户执行 3 年期 10 万元以内（5 万元以内免担保免抵押）基准利率、财政贴息等扶贫小额信贷政策。

在此基础上，盐池县创新了融资担保模式，成立了盐池滩羊产业集团公司，支持滩羊全产业链发展。同时，引导龙头企业与贫困村建立“养加销”产业链利益共享、风险共担联结机制，实行订单养殖、订单收购，形成了资金跟着穷人走、穷人跟着产业走的产融扶贫新模式。通过金融创新不仅解决了特色产业资金难题，而且提振了群众脱贫致富的信心，促进了产业与金融的良性循环，真正为农村经济发展注入了无限活力。

（2）完善诚信体系，解决贫困户贷款难的问题

诚信是推进金融扶贫健康发展的基础。盐池县把改善农村金融环境、提高群众诚信意识作为金融扶贫的基础性工程来抓，全力打造诚信环境。

将扶贫“双到资金”注入互助社，并和“千村信贷”捆绑，撬动了数倍发展资金，解决了贫困群众贷款无人担保、无物抵押的难题；同时，扎实开展多种评选活动，农村信用环境发生了重大变化，“有借有还、再借不难”的观念根植于心，贷款始终保持“零”违约。

创新“631”评级授信系统。盐池县建立了建档立卡贫困户评级授信系统，改变了原有的银行评级授信标准，将建档立卡贫困户的诚信度占比提高到60%，资产状况30%，基本情况10%，根据评级结果确定授信额度（3A级可贷10万元、2A级5万元—10万元、A+级2万元—5万元、A级2万元），解决了贫困群众无人担保、无物抵押的难题。同时，根据滩羊产业发展周期较短等特点，有针对性地为群众量身定做“富农贷”金融产品，农户一次授信，3年内随用随取。这种做法降低了评级授信门槛，有效解决了贫困户贷款难的问题。

建立四级信用平台。盐池县把对建档立卡贫困户评级授信的成功做法运用到所有农户，建立了乡、村、组、户四级信用评定系统。将原来60%的诚信度细化为10%的精神文明建设和50%的诚信度，家庭收入的30%和基本情况的10%占比不变，形成“1531”模式；将全县所有农户的信用情况分为四个信用等级，实行政银社民四位一体共同评定、共同认可、共同应用，信用等级越高，享受贷款优惠越多。

（3）建立风险防控网络，解决金融机构风险大的问题

为了降低金融机构风险，调动其积极性，完善金融扶贫风险防控网络，盐池县探索风险补偿合作机制，建立了政府风险补偿基金。研究出台了《盐池县建档立卡贫困户扶贫小额信贷风险补偿基金管理办法》，与涉农银行建立风险补偿合作机制，向各银行整合注入8000万元特色优势产业贷款风险补偿金、扶贫小额信贷风险担保基金和扶贫产业助贷金，银行按1∶10的比例提供扶贫小额信贷，因重大灾病等不可抗力因素造成不

能偿还的，由风险补偿金和银行按 7∶3 的比例分担，降低银行借贷风险。同时，做好把关和监督工作。

严把评级授信关。盐池县明确评级授信对象为有发展意愿、有创业能力、有产业项目、有良好信誉的建档立卡贫困户。出台了贫困农户评级授信管理办法，实行“一次摸底、四级评审、两轮公示”(“一次摸底”即由扶贫办、金融机构、乡村组成评审小组，对贫困户进行逐户摸底调查；“四级评审”即由行政村、县扶贫办、金融机构、人民银行逐级评审；“两轮公示”即村两委公示、金融机构公示)，确保扶贫小额信贷惠及真正需要贷款发展的建档立卡贫困户。

强化金融信贷监督。盐池县创新建立了“精准扶贫管理系统”平台，将贫困户信用评级、贷款情况、银行放贷情况等扶贫保险信息及时录入系统，实行扶贫贷款周统计、月通报、年考核制度。由扶贫办、人民银行、各金融机构组成联合工作组，对贷款进展数据进行分析整理，及时协调解决问题，合力防控信贷风险。

（4）创新推出保险扶贫，解决群众易返贫的问题

盐池县产业与金融的发展形成了相互促进的良性循环，但因生态脆弱、干旱少雨，群众发展产业受自然灾害、疾病等因素影响较大，因病、因灾、因意外致贫返贫情况突出。为此，盐池县将保险机制纳入脱贫致富的“工具箱”，推动商业保险与产业发展、市场需求有效融合，创新推出了“扶贫保”。量身打造扶贫保险，为全县所有农户量身打造了“2+X”菜单式扶贫保。其中“2”属于基础险，包括家庭综合意外伤害保险和大病补充医疗保险，“X”属于选择性险种。根据产业发展需求，量身打造了滩羊肉价格指数险、黄花菜种植效益险等 10 种特色产业保险，由农户根据自身实际选择险种。

实行最低保费，最优保额。盐池县协调保险公司对农户实行低保费、

高保额的特惠政策。特别是大病补充保险，报销比例提高到80%以上，报销额度最高限额提高到10万元，建档立卡贫困患者大病保险报销起付线降低到3000元；在X险种（不含金融信贷险）中可任选选项，对建档立卡贫困户和一般农户两个人身保险（家庭综合意外伤害保险和大病补充医疗保险），由2018年以前财政全额补贴变为2019年财政补贴80%，对X扶贫保险中产业保险的群众自筹部分，财政再补贴40%，逐步提升建档立卡贫困户的保险意识。

建立风险保证基金。设立1000万元“扶贫保”风险分散补偿金。保险公司在一个保险周期内如果出现亏损，亏损部分由风险分散补偿金承担60%，保险公司承担40%；在盈利的情况下，盈利部分的60%返回风险分散补偿金周转使用，形成盈亏互补机制，以确保贫困群众脱贫路上“零风险”。

3. 健康惠民工程

2017年以来，盐池县将健康扶贫作为第一民生工程，围绕让贫困人口“看得起病、看得好病、少得病”的目标，立足县情、民情和具体病情，以精准健康扶贫为抓手，进一步加强统筹协调和资源整合，积极探索，创新实践，着力解决大病救助保障力度不够、医疗能力弱、就医负担重等难题。

（1）抓好“三个环节”，让群众看得起病

抓好报销保障环节。盐池县成立了自治区首个县级卫生发展基金会，足额拨付财政兜底资金，整合资金8000多万元，建立了“四报销、四救助”体系（基本医疗保险、大病保险、大病补充保险、家庭综合意外保险和民政救助、财政救助、慈善救助、卫生发展基金救助），使建档立卡贫困患者住院医疗费用报销比例不低于90%，年度累计承担住院医疗费用不超过5000元，门诊30种慢性病报销比例不低于85%。

抓好参保补助环节。盐池县对建档立卡贫困户缴纳城乡医保二档或三档的，补助其一档保费。同时，在宁夏回族自治区率先推行“扶贫保”（大病补充保险45元/人、家庭综合意外保险25元/户）。2017年建档立卡贫困户“扶贫保”保费全部由县财政承担；非建档立卡贫困户“扶贫保”保费个人仅负担40%，其余60%由县财政补贴，县财政为134263人补贴1163.9万元。2018年为全县农村人口补助缴纳大病补充保险（45元/人）和家庭综合意外保险（25元/户），保费由农户先缴纳，财政核实后全额补助。

抓好服务环节。盐池县全面实行“先住院后付费”和“一站式”结算服务。在县内就诊的建档立卡患者，出院时只需缴纳医疗总费用的10%且全年累计自付费用不超过5000元；在县外就诊的建档立卡患者，在出院时报销完基本医保和大病保险之后，对剩余超过总费用的10%或全年累计超过5000元的部分予以兜底救助，切实解决群众看不起病的难题。

（2）夯实“两个基础”，让群众看得好病

夯实医疗设施基础。盐池县保证并整合各类资金，确保在县级医疗机构建设血液透析室和康复医学中心，乡镇卫生院“中医馆”全覆盖，切实改善医疗机构服务条件，提升医院服务能力。

夯实医疗软件基础。盐池县探索县级医院延伸举办社区卫生服务机构，建立社区服务网点。与自治区内外多家医疗机构建立人才联合培养机制，提升医疗服务水平和管理能力。组建覆盖全县8个乡镇卫生院的“县域医疗共同体”，对建档立卡户中因病致贫返贫人员，进行门诊初筛补助，按病种分类，制定个性化治疗方案。

（3）宣传与服务并举，让群众少得病

盐池县致力于建立县健康促进委员会、健康教育、公共政策健康专家委员会，大力开展健康知识宣传，提高居民健康素养和生活品质。同步建立健康讲师团队，在全县开展“健康盐池大讲堂”活动，以保障持续引导群众树立正确的健康观、就医观。

同时，盐池县大力推进健康服务。创新建立“十免一补”措施，惠及所有建档立卡贫困户、儿童、孕妇、慢性病患者、精神病患者等群体。同步保证发挥“治未病中心”作用，为建档立卡贫困人口开展中医体质辨识体检，并制定中医干预方案，实现了贫困人口未病先防。促进医疗卫生服务模式由重疾病治疗向重疾病预防的转变，通过正确的舆论导向和健康生活方式的指导，不断提高群众自我保健能力。

（二）盐池县脱贫攻坚的四大行动

盐池县坚持在扶持对象精准、项目安排精准、资金使用精准、措施到户精准、因村派人精准、脱贫成效精准评估上想办法、出实招、见真效，全面建立县、乡、村各级组织责任清单制度。在脱贫攻坚工作机制全面创新的基础上，盐池县将加强基础设施建设、强健群众致富体魄、激发群众发展动力、凝聚社会各界力量，作为夯实脱贫发展的基础。

1. 精神扶志行动：“三先开路”为引领

盐池县深入贯彻落实习近平新时代中国特色社会主义思想，认真落实中央及自治区重大决策部署，坚持脱贫是底线、富民是关键。以扶贫先扶志、治穷先治愚、脱贫先脱旧的“三先开路”为理念，既要让群众“富口袋”，也要让群众“富脑袋”，真正让群众有尊严地脱贫致富。一是解决意识问题，激发脱贫内生动力。组织开展了“三先开路话脱贫”主题巡回宣讲活动 119 场，让致富典型登台宣讲，让身边人讲身边事，用身边事教育感化身边人；采取党员“1+1”、干部帮扶等模式，由以往的给钱给物变为解心结、树观念、开思路、增信心，以良好党风促政风带民风。二是根治乡村愚昧，筑牢脱贫富民根基。结合精神文明创建活动，常态化开展“最美盐池人”“诚实守信模范”等先进典型的评选活动。表彰奖励 82 名各类道德模范，5 名道德模范入选“中国好人榜”“全国好警嫂”，让群众在耳濡目染中提升文明素养。三是培育乡村新风，架起乡村振兴支点。盐池县致力于深入推进各乡镇的公共文化相关的服务体系建设。新建成盐池县文化馆以及图书馆等公共服务设施和多种基础设施，对盐池全县所包括的 102 个行政村级别的乡村文化站进行整体改造和提升，从而实现盐池县的县、乡、村公共文化服务网络的全覆盖。抓住并放大盐池的特色元素，举办一系列特色节会并使之常态化，不断创新文化下乡、“互送共享”等多种文化惠民新模式，实现每年平均下乡演出 70 余场次、盐池广场文化活动举办 60 场次以上。同时，出台《关于推动移风易俗、树立文明乡风、助力脱贫攻坚指导意见》，发挥盐池“文明公约”“乡规民约”等对群众的影响力。成立禁赌禁毒会、红白理事会等，用宣传、示范来引导盐池群众逐步简化婚丧嫁娶举办等事宜，从而实现全面提升农村精神文明建设水平。

2. 基础设施脱贫行动：水、电、路、网“全覆盖”

盐池县紧紧抓住中央和自治区支持革命老区、贫困地区加快发展的重大机遇，积极谋划、实施一批通村柏油路、水利工程、危房改造、农村电网等基础设施项目，实现了水、电、路、网“全覆盖”，彻底改变贫困乡村的落后面貌。

（1）农村公路网建设

按照“五通八有”要求，盐池县大力实施村组道路建设，实现村组道路建设全覆盖、村村通客车的目标。截至 2018 年，全县共硬化村组道路 1030 千米。按照贫困村“五通八有”的销号要求，2016—2017 年对 6 个村 46 千米的断头路和 270 千米的砂砾石路先行予以解决，实现全县所有自然村砂砾石路全覆盖。2017 年年底已经完成通村柏油路 115.9 千米、村组砂砾石路 349.9 千米、村组巷道硬化 254.8 千米、村道维修 108.8 千米，从根本上解决了群众出行难、运输难的问题，实现了行政村通客车全覆盖；2018 年，全县实现升级改造一批重要的县乡道路，推进了县乡路联网工程，并实施了旅游路改造、通村道路维修养护等项目。计划到 2020 年年底，力争全县公路通车总里程达到 3300 千米，公路密度达到 38.68 千米 / 百平方千米，完善“四纵八横”路网，提升公路等级，扩大养护里程，构筑县城内一刻钟上高速、县域乡镇内半小时上高速、县城一小时到达乡镇的公路网络体系。

（2）农村电网升级改造工程

2017 年，盐池县完成农村电网升级改造项目，优化调整农村配电网负荷分配，重点解决好南部山区、北部沙区，以及边界村分散农户、规模化养殖园区通电问题，确保全县所有自然村动力电全覆盖。力争到 2020 年人均年生活用电量达到 712 千瓦 / 小时。

推进“数字乡村、智慧盐池”覆盖工程。延伸“智慧盐池”触角，加快农村移动通信网、互联网、数字电视网基础设施建设，促进信息技术、信息产品的推广和应用，建成覆盖全县各乡镇的高速宽带信息网络，积极推进光纤进村入户。2017 年，全县贫困村实现了宽带及 4G 网络全覆盖。

（3）农村饮水安全工程

盐池县大力实施农村安全饮水提升改造工程，集中力量补齐农村水利基础设施短板，提高水资源支撑保障能力。持续推进“五小水利”工程建设，实施盐环定扬黄二期工程，彻底解决 47 个自然村 4582 人的饮水安全问题。重点对陕甘宁盐环定扬黄续建专用工程、麻黄山人饮工程进行提升改造，建设美丽村庄饮水安全工程、农村人饮安全入户工程，以及推进农村人饮工程支管末梢改造等五大水利安全工程。到 2017 年年底已建成农村饮水安全工程体系，保证水量、提高水质，解决了所有贫困村的饮水安全问题，自来水入户基本解决。到2020年，将使全县饮水集中供水率达到100%，自来水普及率达到98%，水质达标率100%。逐步建立“从源头到龙头”的农村饮水工程建设和运行管护体系，提高农村饮水安全保障水平。

同时，盐池县还同步开展水利建设工程，一是重点建设灌区维修配套与节水改造，包括盐环定盐池4座专用泵站及灌区改造工程、花马池镇牧区饲草地提升改造自动化灌溉工程。二是实施高效节水灌溉工程，35处14.40万亩的扬黄灌区高效节水灌溉工程、盐池县高效节水灌溉智慧化管理系统建设。三是盐渍化治理工程，治理盐渍化面积3.0528万亩。

（4）美丽村庄建设工程

整合住建、财政、民政等多部门的各项项目建设资金，盐池县持续加快易地扶贫搬迁、危房危窑改造以及乡村生活环境卫生整治步伐，开展美丽村庄建设。盐池县实现2014—2018年每年建设美丽村庄10个，2016年和2017年两年分别完成了448户和71户盐池百姓的易地扶贫搬迁，完成5637户的危房危窑改造任务，实现了全面消除危房的目标。2017年完成旧村庄整治300个，实现102个行政村便民服务站全覆盖。2018—2019年，发展庭院经济，对全县656个自然村进行绿化美化，实施改院、改气、改厕、改照明、改门窗，增添家电家具的“五改一增”工程，改善群众生产生活条件。力争到2020年实现102个行政村、17个社区全部建有便民服务站，改造建设美丽村庄294个，实施惠安堡等7个美丽小城镇建设，创建自治区美丽村庄建设示范县。全县所有乡镇建成田园美、村庄美、生活美、风尚美的美丽乡村，从而使盐池县全县达到美丽乡村建设标准。

3. 健康扶贫行动：构建“四报销、四救助”体系

盐池县在认真落实中央、宁夏回族自治区、吴忠市健康扶贫政策的基

础上，大力实施“健康扶贫”工程，建立了基本医疗保险、大病保险、大病补充保险、家庭综合意外保险和民政救助、财政救助、慈善救助、盐池卫生发展基金救助的“四报销、四救助”多层次的医疗保障体系。2017年，在全自治区率先推行“扶贫保”，为建档立卡户量身定制“大病补充保”和“家庭综合意外保”。同时，实行“先诊疗、后付费”诊疗服务模式和“一站式”结算服务，实现了贫困人口医疗报销救助无缝隙、全覆盖。盐池县的一系列健康扶贫举措，从根本上解决了建档立卡贫困人口因病致贫、因病返贫的难题。

2017—2018年，盐池县采取有效措施，加强统筹协调和资源整合，提升贫困患者医疗保障水平和服务能力，确保“三个不低于、一个不超过”，即缴纳一档、二档、三档的建档立卡患者在该年度住院医疗费用政策内实际报销和救助后比例分别不低于90%、95%、98%，或当年住院政策内自付费用累计不超过5000元；缴纳城乡居民基本医疗保险和大病补充医疗保险的非建档立卡大病患者，当年政策内住院医疗费用实际报销和救助后比例不低于90%；在城乡医保规定的28种慢性病内，贫困人口慢性病患者门诊合规医疗费用报销比例不低于85%。为贫困患者同步迈入全面小康社会提供健康保障。同时，加快完成县乡村三级医疗卫生服务网络标准化建设，实现贫困村标准化卫生室全覆盖；采取针对性措施，加强贫困村传染病、地方病、慢性病等的防治工作；继续开展精准医疗帮扶、家庭医生签约服务、重性精神病救助管理等工作，解决因病致贫返贫的突出问题。计划到2020年，基本建立适应全县社会经济发展水平和满足人民群众多层次健康需求的农村公共卫生设施，使人人享有与全面小康生活相适应的卫生计生服务，主要健康指标达到宁夏回族自治区中上水平。

4. 社会帮扶脱贫行动：实现社会扶贫大格局

盐池县激励和引导社会力量积极参与精准扶贫，从而逐渐形成政府主导、社会参与的扶贫大格局。建立健全社会帮扶责任机制，营造浓厚的激励、引导和褒扬社会力量参与精准扶贫的环境氛围。完善乡镇、村各级驻村工作队的工作机制，充分发挥驻村帮扶干部，特别是第一书记的作用，在全面了解村庄情况的基础上，帮助贫困村制定扶贫规划。严格县领导包村、县乡村干部包户责任考核，切实做到“不脱贫、不脱钩、一帮到底”。搭建社会扶贫帮困平台，推进“光彩事业”“爱心包裹”等社会扶贫活动，鼓励搭建社会扶贫帮困平台，引导各类企业、社会组织、个人，通过捐赠救助、支持产业发展、促进就业等各种形式参与扶贫。提升对口帮扶效果，加强与中央帮扶企业、闽宁协作对口县区的协调对接，用足用好对口帮扶政策和资金，搭建项目对接、产业承接平台。重点加大村基础设施建设，改善贫困村和贫困户的生产生活条件。

盐池县的社会帮扶脱贫行动主要包括四部分：一是对口帮扶。加强与中国航油、中国石油、中国石化等央企和闽宁协作对口单位的协调对接，精心策划落地一批扶贫协作项目。在对口帮扶上，从产业、智力、人才、技术等方面争取更大的支持，形成各方面帮扶支持的综合效应。2017年协调闽宁协作帮扶资金1300万元，中国航油帮扶资金850万元。二是驻村帮扶。建立国家机关单位、企事业单位结对帮扶机制，准确掌握联系村户的贫困状况，建立扶贫台账，实行图表式管理，做到帮扶计划一目了然、帮扶措施心中有数。三是社会帮扶。充分发挥党政机关在社会扶贫中的引领作用，进一步完善政策扶持体系，建立社会扶贫激励机制，鼓励引导各类企业、社会组织和个人，通过捐赠救助、产业发展、劳务就业等多种形式参与脱贫富民。四是龙头企业引领。按照“产业＋金融＋集团”的模式，成立宁夏盐池滩羊产业发展集团有限公司，将县内小企业纳入集团公司进行管理。进一步健全完善县乡村三级滩羊协会组织体系，实行“县统乡、乡统村、村统组、组统户”统一出口的滩羊养殖营销模式，逐步实现优质优价。巩固提升 30 个扶贫产业合作社、新培育 5 个扶贫产业合作社。构建以“公司 + 合作社 + 基地 + 农户”为主要形式的农业产业化经营体系。完善龙头企业联农带农机制，推广订单农业，鼓励龙头企业为订单种养户提供贷款担保、农业保险资助等服务。实施农产品加工业提升行动，建设一批优质、绿色、安全的农产品生产基地，带动贫困户脱贫致富。

（三）盐池县脱贫攻坚的“五个一批”路径

打造盐池县强有力的扶贫工作组织体系，既是从中央到地方再到基层组织的共识，也是盐池县的贫困人口在 2020 年同全国人民一道迈入小康社会的重要保障。一是加强脱贫富民组织领导。坚持主要领导总负责、分管领导具体抓、相关领导配合抓的工作机制，成立脱贫富民领导小组，明确任务分工，强化责任落实。建立县乡村“三级联动”机制，层层签订脱贫责任书，逐级立下军令状，形成县抓统筹，乡镇、村抓落实的脱贫富民工作机制。建立健全脱贫富民督导检查、考核评价、激励表彰、责任追究制度。二是加强农村基层党组织建设。建立县委、人大、政府、政协四套班子领导成员包抓党组织制度和县直单位“X+1”结对帮扶制度。健全村民委员会、村民会议、村民代表会议、村民小组等村民自治组织，完善村级组织运转经费保障机制，加大贫困村党支部书记选派力度，建立村干部重大事项报告制度，加强基层党组织带头人队伍建设。三是充实配强扶贫工作队伍。通过完善县、乡各级扶贫开发机构的设置和职能，进一步充实配强各级扶贫开发工作力量。重视提拔和重用成绩突出的扶贫干部，将脱贫攻坚各项工作中的现实表现作为选拔任用干部的重要依据，有针对性地加强贫困地区干部和扶贫部门干部培训，同时充分发挥扶贫部门统筹协调的职能作用，做好督促、检查、考核等工作。四是严格扶贫考核督查问责。充分发挥各级政府之间的相互监督和社会公众监督作用，建立科学、动态的考核机制，严格落实督查和考核制度，对各责任部门、贫困村脱贫富民工作进展情况进行专项督查，确保政策落实和脱贫富民取得成效。建立年度扶贫开发工作逐级督查检查制度，对考核优秀的乡镇予以表彰，对落实不力、考核不达标的乡镇实行“一票否决”制。五是营造全社会参与扶贫济困的良好氛围。加强扶贫开发和脱贫富民宣传工作，做好舆论引导，大力宣传脱贫富民的重大意义，为群众讲解各级党委政府脱贫富民的决策部署、政策措施，全面展示盐池县脱贫富民的生动实践和显著成效，引导和鼓励社会各界关注、参与和支持脱贫富民事业。

盐池县紧紧围绕“四个全面”战略布局，逐渐强化盐池县组织体系建设，从而有力地推动了发展产业脱贫一批、易地搬迁脱贫一批、生态补偿脱贫一批、教育培训脱贫一批、社会保障兜底一批的“五个一批”脱贫路径的实施，确保坚决打赢精准脱贫攻坚战。

1. 发展产业脱贫一批：开创“产融保”一体化模式

对具有劳动能力的建档立卡贫困户、贫困人口，盐池县通过发展特色产业来脱贫，并同步采取一些差别化、针对性措施。通过打造“1+4+X”的产业体系，并将金融扶贫、“扶贫保”作为产业发展的助推器，开创“产融保”一体化模式。同时，培育和发展龙头企业，实施光伏扶贫等措施，扶强做大多家产值过 5 亿元的农业产业化龙头企业，实现县有支柱产业、乡有主导产业、村有特色产业、户有增收项目的产业扶贫格局。特色产业已使 21300 人实现脱贫。

（1）发展壮大特色产业

盐池县坚持把富民主导产业培育作为脱贫攻坚的重中之重，不断创新产业扶贫模式，以产业扶贫机制创新为动力，瞄准贫困村、贫困人口。在挖掘现有特色优势产业支持扶贫对象潜力、找准支持扶贫对象关键环节的基础上，按照“普惠＋特惠”的原则，着力构建“1+4+X”的产业体系（即以绿色高端滩羊产业为主导，黄花菜、小杂粮、中药材、牧草为辅助，适合家庭经营的小品种为补充，以及多个新兴产业支撑的扶贫产业发展体系），增强特色优势产业的扶贫效果、提高扶贫对象参与产业的组织化程度，不断提高扶贫对象增收致富的能力。

突出发展滩羊产业。充分发挥盐池滩羊品牌优势，突出质量安全、加工转化、冷链物流、市场营销、品牌保护等关键环节。加强滩羊标准化规模养殖、基础母羊扩繁、优质饲草料基地建设，建立种养结合、草畜平衡、循环利用的发展模式，构建种养加销售全产业链，建设滩羊质量追溯体系。加大品牌保护力度，掌握滩羊市场定价权，努力把盐池打造成全国高端羊肉生产基地，不断提高农民人均收入。2017年，全县羊只饲养量达到310万只左右，滩羊基础母羊存栏达到100万只。

培育发展黄花菜产业。以扬黄灌区和库井灌区为重点，盐池县围绕农作物结构调整和压减高耗水作物种植面积，大力发展黄花菜种植，推进深加工和产业化开发，提升惠安堡黄花菜品牌知名度。2017年新增黄花菜种植面积7500亩，2018年新增黄花菜种植面积4万亩。

提升发展小杂粮产业。盐池县充分发挥“中国荞麦之乡”和“盐池谷子”“盐池糜子”等中国农产品地理标志保护产品的优势，建设标准化生产基地。推进品种更新、技术提升，做大做强荞麦、糜谷、豆类等小杂粮产业，努力把盐池建设成宁夏小杂粮标准化生产基地，争创国家级小杂粮质量安全生产示范县。“十三五”期间，全县小杂粮种植面积年均稳定在40万亩。

推动发展中药材产业。充分发挥“中国甘草之乡”与“中国苦豆子之乡”的资源优势，盐池县提升以甘草为主的中药材商品化率，构建布局区域化、生产标准化、营销网络化的生产经营体系，不断加大天然甘草、苦豆子资源保护，努力把盐池打造成西北最具影响力的中药材集散地。2017年，盐池县完成人工种植、抚育种植以甘草为主的中药材20万亩。

加快发展牧草产业。为推动草畜产业平衡发展，促进农民增收，实现脱贫富民目标，盐池县加大优质牧草种植和农作物秸秆转化利用，努力把盐池打造成国家级生态草畜业试验示范区。2017年，完成一年生优质牧草种植10万亩，新建“三贮一化”池1万立方米，制作青黄贮和包膜15万吨。

发挥金融扶贫、“扶贫保”在产业发展过程的“助推器”作用。盐池县全面总结提升金融扶贫“盐池模式”，在诚信体系建设、金融扶贫风险分散补偿机制、小微企业及农村新型经营主体融资、扶贫保险、村级金融便民服务网点建设等方面求创新再突破。不断完善金融扶贫工作体制机制，建设政府和金融机构合作平台，通过金融扶贫创新为脱贫富民源源不断地注入新活力。力争到2020年，全县互助资金总量达到3亿元以上，村均互助资金达到300万元，脱贫富民小额信贷贷款余额达到10亿元，户均贷款达到10万元，用于富民产业稳定发展的支农贷款余额达到50亿元以上，并确保各类“富民保险”投保率达到90%以上。

（2）培育资产收益扶贫

盐池县财政专项扶贫资金和其他涉农资金，重点投入特色种养业、设施农业等项目，形成的资产具备条件的折股量化给贫困村和贫困户，尤其是对丧失劳动能力和没有生产经营发展项目的贫困户，资产可由村集体、合作社或其他经营主体统一经营。强化监督管理，明确资产运营方对财政资金形成资产的保值增值责任，建立健全收益分配机制，确保资产收益及时派发持股贫困户。支持农民合作社和其他新型经营主体通过土地托管、牲畜托养和吸纳农民土地经营权入股等方式，带动贫困户增收。特别是使一些生产经营能力差、难以独立发展产业和开展经营活动的贫困户，也能在产业发展中获得实实在在的收益。风电、光电、油气等资源开发，通过赋予贫困人口的土地被占用的村集体股权，让贫困人口从资源开发中受益，力争使贫困人口每年从该产业发展中人均获得 1000 元的资产收益。

（3）探索新兴产业扶贫

盐池县积极探索发展“旅游 +”“电商 +”“光伏 +”等扶贫新业态，延伸农民增收致富的产业链，加快全县农村贫困人口脱贫致富的步伐。

旅游扶贫。2017 年，盐池县紧紧抓住自治区将盐池县确定为东城文化、民俗文化、盐文化之县的契机，修订完善《全域旅游发展三年行动计划（2017—2019 年）》，打造高端旅游项目，创新“旅游 +”发展模式。将“红色教育游”“生态自驾游”“长城观光游”“乡村休验游”打造成西北有影响力的旅游品牌。古长城旅游带沿线，利用日渐升温的古长城旅游带动周边及沿线 3 个乡镇 9 个行政村 19 个自然村；生态旅游带，以哈巴湖为中心，辐射周边铁柱泉村、暴记春村、冯记沟村；麻黄山观光区，利用麻黄山独特的地形优势、别具风情的荞麦花观赏，拉动何新庄等村庄的乡村旅游。年均接待游客人次和旅游综合收入增长 10% 以上，计划到 2020 年新增 AAAA 级景区 2 个、AAA 级景区 2 个、星级酒店 2 家，建成旅游扶贫村 9 个，旅游人数达 56 万人次，旅游综合收入达 2 亿元，占全县 GDP 的 2%，全力助推全域旅游示范县创建工作。

电商扶贫。鼓励电商创业，建设一批村级电商服务站点，打造一批农副产品小型加工基地，带动农民增收致富。大力发展“互联网 +”扶贫产业，大力开展电商进村工程，重点培植“互联网 +”等新业态，依托“全国电子商务进农村综合示范县”试点工作，培育一批本地电商企业，鼓励和支持电商建立农村电子商务服务站点，增强对贫困户的增收带动能力。

截至 2017 年，实现全县 102 个行政村全部有电商服务网点的目标，增强对贫困户的增收带动能力。建设 1 家县级电商综合运营服务中心，通过市场竞争引进1家电商企业牵头主导，成立电子商务协会，吸引专业电商企业聚集合作，建成综合性电子商务运营平台，实现网络实体体验和电商产业孵化功能。培育2个专业特色电商平台，重点支持以甘草交易为主的大宗商品交易电商园及电商创新型人才培养为主的电商创客中心。建立健全电子商务发展扶持奖励政策和专业人才培养引进机制，吸引电商高端人才聚集盐池发展创业，打造国内电子商务示范引领产业。

集合力量通过补助形式实现各乡镇有物流仓储和物流快递专用车辆，推动县内物流资源共享和信息资源整合，建立集公共信息服务与商业信息服务于一体的物流信息平台。打通50%的村组物流通道，出台物流扶持政策，加大资金补贴力度，完善物流配送企业、协会、个人合作运营机制，达成建设10个物流仓储配送中心。开通村组邮路，打通最后一公里物流配送体系的目标。配备1个产品质量体系检测中心，围绕农特产品种类，为电商主导企业配备必需的农特产品检验检测设备和专业检测人员，为全县电商企业免费提供农产品检测服务，做好线上销售农产品的抽检留样，确保所有线上产品质量可追溯、安全有保障。

光伏扶贫。2017年，盐池县推行“光伏+”扶贫模式，帮助无劳动能力的建档立卡贫困户获得长期稳定收益。对分布在全县102个村的11203户32998个贫困人口，通过新建集中式光伏扶贫电站的办法进行扶贫，针对无劳动能力和无发展产业的极度贫困人口，在74个贫困村建设集中式光伏扶贫村级电站。项目总发电规模234兆瓦，并网发电后，企业每年从发电收益中给每村分红22万元作为村集体收入，持续20年，有效增加了贫困村集体收入和家庭资产收益性收入。对全县范围内2000户符合条件的自主发展能力弱、无稳定增收产业的建档立卡贫困户、“十三五”易地扶贫搬迁户实施屋顶光伏项目，安装3—5兆瓦光伏电板，每户每年可获得3000元以上的稳定收益，持续受益25年。帮助贫困户积极参与光伏产业的开发利用，推动能源结构的进一步优化，促进光伏产业的升级发展。

2. 易地搬迁脱贫一批：建设“幸福家园”

盐池县采取县内移民、中心村就地安置搬迁等方式，实施“十三五”易地扶贫搬迁。同时，巩固提升“十二五”扶贫搬迁成果，突出抓好扶贫搬迁村产业发展和技能培训工作，解决好“十二五”生态移民的遗留问题，建设盐池群众的“幸福家园”。

（1）着力实施“十三五”易地扶贫搬迁

盐池县坚持“政府引导、群众自愿、积极稳妥”的原则，因地制宜地选择搬迁安置方式，合理确定住房建设标准，完善移民搬迁及后续扶持政策，加大中央预算内投资和地方各级政府投入力度，创新投融资机制，拓宽资金来源渠道，提高补助标准，为符合条件的搬迁户提供建房、生产、创业贴息贷款支持，鼓励自主创业、易地脱贫。利用城乡建设用地增减挂钩政策支持生态移民搬迁；依托县城、小城镇、工业园区、中心村安置移民；利用廉租房、公租房等保障房安置劳务移民。

（2）全面巩固“十二五”生态移民工作成果

为突出抓好扶贫搬迁村产业培育，盐池县积极扶持移民群众发展脱贫致富产业，实现“管得好、稳得住、逐步能致富”的目标。2017 年已完成“十三五”易地扶贫搬迁工程，包括移民新村移民住房、基础设施、公共服务设施建设，产业培育、技能培训、生态恢复和迁出区群众的搬迁等工作，使 519 户 1602 人搬迁群众的生产生活条件显著改善，实现了贫困户“3 个 1”目标，即户均有 1 个能致富的支柱产业、1 亩特色种植和 1 名务农外劳动力外出务工。同时，对“十二五”生态移民的遗留问题，逐村、逐组、逐户进行梳理，列出问题清单，划分问题主体责任，明确时限，确保按期解决。不仅从根本上解决了贫困群众居住难、出行难、饮水难、上学难、公共服务难和发展后劲不足等问题，还确保了群众搬得出、稳得住、能致富。

3. 生态补偿脱贫一批："生态 + 经济"良性循环

盐池县在发展产业的同时，大力推进防沙治沙、水土保持、新一轮退耕还林还草等重点工程，提升生态脆弱区综合治理水平，构建"生态 + 经济"两相并重的发展模式。

（1）强化生态体系建设

盐池县坚持封山禁牧与管护抚育统筹推进，着力保护和建设好森林生态系统、草原生态系统、荒漠生态系统、湿地生态系统和城市生态系统，加强对生态移民区的修复治理。构建布局科学、结构合理、功能完善、效益显著的生态体系。重点加强草原生态系统恢复保护，大力实施新一轮退耕还草、补播改良等重点生态工程。实施新一轮退耕还林还草、天然林保护、坡耕地综合整治等重大生态工程建设，完成森林抚育 10 万亩、退化防护林改造 29.8 万亩、乡村生态绿化面积 1.1 万亩，新增森林面积 48.9 万亩，森林保有量达到 214 万亩，使全县森林覆盖率达到 23% 以上。

加大生态修复力度，建立完善生态补偿机制，创新生态资金使用方式，积极探索重点生态功能区贫困劳动力就地转为生态管护人员获取稳定收入机制。将全县 86.7 万亩林地全部纳入公益林管护，让有劳动能力的贫困人员转为生态保护人员，提高贫困人口生态管护收入。2017 年，依托生态补偿使 1700 人实现脱贫。

（2）探索生态资源产业化

在项目和资金安排上，盐池县优先向贫困村倾斜，提高贫困人口的参与度和收益水平。尤其是新一轮退耕还林优先向贫困村和贫困人口倾斜，支持发展道地沙生中药材、大接杏等绿色生态产业和柠条资源开发利用。积极探索生态资源产业化，加快发展柠条加工转饲、生态旅游等绿色产业，依托丰富的柠条、沙柳资源，建设柠条饲料加工场 10 处，完成 20 万亩柠条灌木林基地的改造建设等，有序推进灌木资源开发，不断加快柠条转饲利用产业化，把生态资源变为促进贫困人口增收的绿色财富。

（3）推进环境保护治理

盐池县实施大气、水、土壤、固废四大污染防治行动，严守环保红线，健全资源回收利用体系，构建循环型产业链条，推动绿色消费、低碳发展。加快工业园区、城市建成区等重点区域环保设施建设，持续推进油区、农村面源等重点领域污染治理，保证了产业扶贫与生态保护同步推进。

4. 教育培训脱贫一批："育人塑魂"与"育人塑才"同步

随着科学技术的快速发展及其在生产中的广泛应用，生产技术中科学含量急剧增加，各产业生产的运作过程和生产手段都发生了很大的变化，从而对直接从事生产的劳动者在专业技能、文化素养和技术理论上提出了比以往更高的要求。[①]普通教育与职业教育是相互促进、相互补充的，普通教育是向更高一级院校输送人才，而职业教育使学生掌握一门专业技术，成为社会建设的主力军。[②]盐池县根据社会经济的发展状况，对不同层次人才的教育及需求提出了新要求，通过实施"育人塑魂"和"育人塑才"工程，助推教育培训脱贫。

（1）确保普通教育

全面实施"育人塑魂"工程，以确保盐池县贫困家庭子女享受公平教育，阻断贫困代际传递。稳步推进学前教育、义务教育、高中阶段教育及中等职业教育的15年免费教育。全面落实学前2年教育资助、建档立卡户和农村家庭经济困难残疾儿童"一免一补"、义务教育"三免一补"等政策，并通过盐池教育发展基金、燕宝慈善基金等各类资助项目，实现了

---

① 朱新生：《试论职业教育与普通教育的相互沟通》，《教育发展研究》2002年第11期。

② 向昭颖、张冰松：《普通教育与职业教育的关系》，《文学教育》（下）2017年第2期。

学前到大学学生资助全覆盖，2015—2017 年受助学生达 22401 人次。同时，为 6483 名大学生办理生源地助学贷款；对全县高中阶段寄宿生给予住宿费补助；按照每千米 0.25 元的标准，对全县中小学寄宿生给予交通补助。按照“一人一策”的原则，通过以管控辍、以质控辍、以情控辍、以技补辍的方式，劝返复学学生 284 人，并通过跟班就读、送教上门等途径，使其接受完整的义务教育。

进一步缩小城乡和校际间差距，推进教育优质均衡发展。整合资金 2.46 亿元，改扩建校舍 61462 平方米、运动场地 126034 平方米，配备教学仪器设备 9174 万元，覆盖 33 所义务教育阶段学校、1 所职业中学、20 所幼儿园。新增小学学位 1620 个、幼儿学位 1080 个。同时，按照每生每年县城公办幼儿园 150 元、民办 200 元、派驻管理团队的 300 元、农村幼儿园及学前班 500 元的标准安排生均公用经费，对公办幼儿园给予生均 100 元采暖费补助；按照每生每年 6000 元的标准，核拨民办特殊教育中心生均公用经费。

优化结构，均衡师资队伍配置。逐年提高教师培训专项经费，2018 年安排 240 万元，通过政府购买服务和财政补贴的方式为公办园招聘非在编教师 249 名，解决了学前教育师资短缺问题。落实校长、教师轮岗交流制度，2016—2018 年轮岗交流校长、教师 736 人，争取“三支一扶”大学毕业生 90 人，招聘特岗教师 119 人，进一步优化了师资队伍结构。

（2）大力发展职业教育

盐池以人力资源市场需求为导向，实施“育人塑才”工程，将培训和就业挂钩。以贫困对象为重点，整合各类培训项目，加大各个层次技术人才的培训力度，提高贫困群众的科技文化素养和就业创业能力。坚持把推动农村劳动力转移作为农民增收的一项重要举措，抓好抓实。整合项目资金 1.9 亿元，新建了职业教育中心。对接区域主导产业发展、就业市场需求和教育精准扶贫，调整开设了油气化工、电子商务、养老服务等新兴专业，打造了26个专业实训室和汽修多功能实训车间、工程机械实训车间。大力推进校企合作、校校合作、高职升学、工学交替办学，增强了职业教育师资队伍素质和学生实操能力。整合县域内培训资源，按需设置培训科目、精心设计培训计划、认真组织培训教学，做到培训计划、师资、设施、实训、教材、考核“六到位”，先后对1850名建档立卡贫困户群众进行了实用技术培训，切实增强了贫困户脱贫致富能力。同时，因地制宜、因人制宜，采取全日制、半工半读、中长期技能培训、跟岗实习等不同方式，保障“两后生”接受职业教育。2017年，全县贫困村劳动力职业培训实现全覆盖，培训就业脱贫4500人。

5. 社会保障兜底一批：全面落实“两线合一”

盐池县充分发挥政府在扶贫开发中的主体和引导作用，创新财政投入方式，确保政府扶贫投入力度与扶贫攻坚任务相适应。对农村“三留守”人员和残疾人进行全面摸底排查，建立翔实完备、动态更新的信息管理系统。加强儿童福利院、救助保护机构、特困人员供养机构、残疾人康复托养机构、社区妇女儿童之家等的服务设施和队伍建设，不断提高管理服务水平。

实行“两线合一”政策兜底，提高贫困户中低保人口的补助标准。2017—2018年，加大对未脱贫人口的扶持力度，继续提高“两线合一”标准，落实资产收益、入股分红、屋顶光伏电站等扶贫模式，提高政策兜底贫困户稳定收入水平，确保所有建档立卡贫困户到2020年稳定脱贫。建立家庭、学校、基层组织、政府和社会力量相衔接的留守儿童关爱服务网络，加强对未成年人的监护，广泛开展“护航春蕾”宣讲活动。扎实推进“留守妇女阳光帮带行动”，加大贫困残疾人康复、特殊教育、技能培训、托养服务实施力度。针对残疾人的特殊困难，落实困难残疾人生活补贴和重度残疾人护理补贴制度，实施“阳光助残小康计划”。对低保户家庭中的老年人、未成年人、重度残疾人等重点救助对象，提高救助水平，确保其基本生活需要。计划到2020年，农村五保户集中供养率达到40%，每千名老人平均拥有养老床位40张，实现90%的老人居家养老，7%的老人社区养老，3%的老人机构养老，实现贫困人口享受低保全覆盖。建立财政投入逐年增加的良性保障机制，确保每年新增收入的30%用于扶贫开发，并同步引导和鼓励社会力量参与特殊群体关爱服务工作。

二、盐池县脱贫攻坚目标任务全面完成

盐池县在自治区和吴忠市两级党委、政府的坚强领导和大力支持下，把脱贫作为底线任务，把富民作为奋斗目标，严格落实“五个一批”要求，不断地厘思路、查问题、强措施，保证脱贫攻坚各项工作稳步推进。按照贫困县脱贫退出“县级申请、市级初审、省级核查”的程序，盐池县对脱贫退出进行了自评自验，吴忠市扶贫开发领导小组抽调64名市直机关有扶贫工作经验的干部，分8个工作组对盐池县8个乡镇进行了为期一周的初审，宁夏回族自治区扶贫开发领导小组办公室委托国家统计局宁夏调查总队对盐池县脱贫退出进行了第三方评估。经自治区和吴忠市考核评估，全县除411户920人因病、因残等暂时未能实现稳定脱贫外，其余10792户32078人全部实现了“两不愁三保障”，74个贫困村“五通八有”全部达标，综合贫困发生率为0.66%。盐池县各项指标均达到了贫困县脱贫退出标准，于2018年9月29日顺利实现脱贫“摘帽”，成为宁夏回族自治区9个国家级贫困县中首个脱贫退出的县，成功打赢了精准脱贫攻坚战。

(一)扶贫投入见实效，瞄准脱贫攻坚啃下“硬骨头”

盐池在宁夏回族自治区9个贫困县中率先脱贫摘帽，拔得头筹，当了领头雁，起到了很好的示范引领作用。回顾过去，盐池既是革命老区，也是宁夏中部干旱带上的国定贫困县，土地面积8522.2平方千米，辖4乡4镇1个街道办，102个行政村，总人口17.2万，其中农业人口14.3万。2014年精准识别贫困村74个，贫困人口11203户32998人，贫困发生率为23%。为了摆脱贫困，盐池县坚持以习近平新时代中国特色社会主义思想为指导，认真贯彻党的十八大、十九大精神和习近平总书记关于扶贫工作的重要论述，坚持精准扶贫、精准脱贫基本方略，在自治区党委政府、吴忠市委市政府的坚强领导和大力支持下，紧紧围绕“两不愁三保障”脱贫目标，落实“六个精准”“五个一批”要求，攻坚拔寨，众志成城，举全县之力坚决打赢精准脱贫攻坚战。2015年金融扶贫工作受到国务院通报表扬，享受“免督查”和六项激励措施，金融扶贫“盐池经验”向全国推广。2016年，中央深化改革领导小组对盐池县“扶贫保”经验给予了充分肯定，公立医院改革受到国务院通报表扬，第一批创建全国健康促进县获得优秀等次，荣获全国扶贫系统先进集体。2017年落实土地节约集约利用等政策成效明显，受到国务院督察激励。2014—2017年连续四年荣获宁夏扶贫工作考核一等奖。

盐池县把脱贫攻坚作为第一民生工程，统揽经济社会发展全局，积极整合各类扶贫资金，在保障精准施策上出实招、精准落地上见实效。2017年盐池县积极整合各类扶贫资金34.57亿元，用于脱贫攻坚的各项投入。

一是大力实施基础设施巩固提升工程，确保实现村组道路建设、安全住房保障、环境卫生改善、安全饮水入户、村组动力电提升、公共服务建设“六个全覆盖”，计划投入资金8.38亿元。

二是做大做强以滩羊为主的“1+4”特色优势产业，同时鼓励群众因地制宜多种经营，投入资金合计3.22亿元。其中建档立卡贫困户扶持项目投入5343.4万元，县级主导产业项目投入4220.6万元，乡镇支持、多种经营投入1122.8万元，一般户产业扶持投入10780万元，农业特色产业投入10300万元，中药材产业投入480万元。

三是产业助贷金、风险补偿金、贷款贴息投入9000万元，互助资金投入6000万元，“双到”扶贫攻坚投入350万元，“扶贫保”项目计划投入资金4470.6万元。

四是健康扶贫工程投入1366.8万元，阳光助残小康计划投入资金92万元，“少生快富”项目投入62.4万元。

五是闽宁协作帮扶项目投入1500万元，中国航油帮扶项目投入850万元，龙头企业引领投入16亿元，资产收益扶贫投入1000万元，社会定点帮扶（区、市、县）投入1500万元。

六是旅游产业扶贫投入2600万元，光伏扶贫工程投入3.15亿元，电商扶贫投入500万元。

七是实行“两线合一”政策兜底，对建档立卡贫困户中需政府兜底的6271人给予每人每年3150元的低保补贴，对全县17643名农村困难群众城乡居民基本医疗保险予以补贴，实施大病救助5000人次，计划投入资金0.63亿元。

八是深入推进社会主义核心价值观培育，扶贫先扶志、治穷先治愚、脱贫先脱旧，解心结、树观念、开思路、增信心，激发贫困群众的内生动力，提升脱贫致富的能力。计划投入资金0.49亿元，其中能力提升投入1906.8万元，脱贫奖励投入3000万元。

九是大力实施精准造林，发展林业产业，重点做好生态建设、清洁能源利用、农村环境保洁等方面工作，不断巩固生态建设成果，推动绿色发展，为群众生产生活创造优美的环境。投入资金 1.035 亿元，其中生态环境建设项目投入 8440 万元，清洁能源利用项目投入 1600 万元，农村卫生保洁项目投入 312 万元。

十是实施易地搬迁工程，对哈巴湖生态保护区核心区 137 户农户实施生态移民，投入 2740 万元。

十一是智慧扶贫管理平台二期建设、村务公开查询机、抽样调查经费、扶贫工作总结提升及档案资料整理、项目管理费等共计 600 万元。

2014—2018 年盐池县扶贫资金总投入及各项目投入情况（见表 3–1）。

表 3–1　2014—2018 年盐池县扶贫资金总投入及各项目投入情况

项目		2014 年	2015 年	2016 年	2017 年	2018 年	合计
扶贫资金总投入（万元）		30680.98	35015.35	56376.12	80591.17	66609.89	269273.51
发展产业资金投入（万元）		5922.6	5481.8	15477	26394	19667.2	72942.6
易地搬迁资金投入（万元）		–	–	2727.9	5746.6	428.6	8903.1
基础设施建设资金投入（万元）		860	967	6255	10800	8375	27257
教育培训资金投入（万元）		100	150	848	900	909	2907
生态补偿资金投入	草原奖补（万元）	6184.83	6059.9	5327.31	5326.98	5324.67	28223.69
	退耕还林补贴（万元）	3585.78	4049.89	6448.95	5715.21	4628.09	24427.92
	生态护林员工资（万元）	–	–	150	450	1070	1670
	生态公益林补贴（万元）	911.69	894.3	1121.7	1206.07	1200.1	5333.86

续表

项目		2014 年	2015 年	2016 年	2017 年	2018 年	合计
社会保障资金投入	民政低保救助（万元）	3756.88	6048.96	6168.89	6187.56	5292.66	27454.95
	卫生医疗报销救助（万元）	1995.2	3043.5	1727	6667.6	6053.8	19487.1
	社保养老（万元）	7364	8320	10124.37	11197.15	13660.77	50666.29

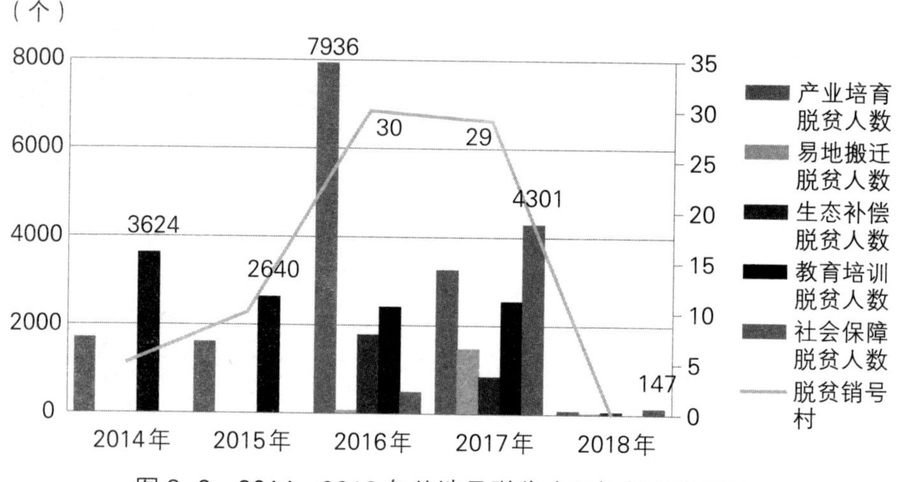

图 3-2　2014—2018 年盐池县脱贫攻坚任务完成情况

表 3-2 盐池县历年建档立卡贫困户脱贫统计

乡镇	贫困人口总数		2014 年			2015 年			2016 年			2017 年			2018 年			未脱贫		贫困发生率
			贫困村数	脱贫		贫困村数	脱贫		贫困村数	脱贫		贫困村数	脱贫		贫困村数	脱贫				
	户数	人数		户数	人数		户数	人数		户数	人数		户数	人数		户数	人数	户数	人数	
合计	11203	32998	5	1427	5021	10	1166	3857	30	4169	12056	29	4022	11136	0	97	216	322	712	0.5
花马池镇	2320	6414	2	428	1421	1	289	914	6	865	2329	8	587	1506	0	26	57	125	187	0.65
大水坑镇	1321	4395	0	223	803	4	138	459	1	279	965	1	636	2062	0	11	25	34	81	0.4
惠安堡镇	1298	4326	2	173	684	0	229	860	3	244	791	3	604	1868	0	13	28	35	95	0.5
高沙窝镇	1098	2844	0	147	493	5	59	166	2	642	1617	1	219	495	0	8	17	23	56	0.5
王乐井乡	2084	5867	0	142	482	0	233	739	6	1023	2908	7	642	1598	0	15	33	29	107	0.58
冯记沟乡	664	1806	0	131	472	0	51	170	4	204	533	2	237	554	0	8	18	33	59	0.44
青山乡	1153	3704	1	106	403	0	86	299	4	525	1696	3	406	1228	0	7	18	23	60	0.32
麻黄山乡	1265	3642	0	77	263	0	81	250	4	387	1217	4	691	1825	0	9	20	20	67	0.49

表 3-3　2014—2018 年盐池县农民人均可支配收入情况

年份	农民人均可支配收入（元）	同比增长（%）	建档立卡贫困户人均可支配收入（元）	同比增长（%）
2014 年	6975	12.3	–	–
2015 年	7674	10	–	–
2016 年	8532	11.2	7246	–
2017 年	9548	11.9	8145	12.4
2018 年	10685	11.9	9204	13

盐池县 2014 年脱贫销号 5 个贫困村，脱贫人口 1427 户 5021 人；2015 年脱贫销号 10 个贫困村，脱贫人口 1166 户 3857 人；2016 年脱贫销号 30 个贫困村，脱贫人口 4169 户 12056 人；2017 年脱贫销号 29 个贫困村，脱贫人口 4022 户 11136 人；2018 年脱贫人口 97 户 216 人。其中，2014—2018 年，依靠发展特色产业脱贫 14612 人，实施易地搬迁脱贫 1564 人，生态补偿脱贫 2677 人，引导劳务输出和教育脱贫 10242 人，开展医疗救助和农村低保兜底脱贫 4953 人。2014—2018 年，盐池县农民人均可支配收入增加了 3710 元，年增速均保持在 10% 以上；2016—2018 年，盐池县建档立卡贫困户人均可支配收入增长了 1958 元，年增速超过 12%，建档立卡贫困户人均可支配收入的增长速度较全县农民人均可支配增速而言，高出 0.5 个百分点以上（见图 3–2、表 3–2、表 3–3）。

（二）抓党建固根基，真正确保了“能人干事”

盐池县始终把建强基层组织、增强服务能力作为打赢脱贫攻坚战的重中之重，坚持问题导向，解难题补短板，抓基层实基础，持续提升基层党组织的组织力。

一是抓班子带队伍。结合乡镇换届，选拔12名优秀大学生村官、乡镇优秀事业单位干部、优秀村党支部书记进入乡镇班子。2018年，乡镇班子中有乡村工作经历的干部占74.3%，大学及以上学历占87.8%。深入开展“双带双培”活动，选拔44名“三型”村党支部书记、137名农村致富带头人进入村“两委”班子，先后调整不胜任村党支部书记8人、其他班子成员17人，连续举办四届村干部大专函授班，有338名村干部取得了大专学历，着力建强脱贫攻坚“一线指挥部”(见表3-4)。

表3-4　2015—2018年盐池县驻村工作队的基本情况

		驻村工作队队长情况				驻村工作队队员情况			
		2015年	2016年	2017年	2018年	2015年	2016年	2017年	2018年
年龄	40岁及以下(个)	28	22	23	18	36	27	37	68
	41—50岁(个)	43	47	44	44	21	26	26	54
	50岁以上(个)	10	11	9	11	16	17	14	26
学历	专科及以下(个)	26	25	16	16	27	23	31	60
	本科(个)	54	54	56	54	44	51	43	78
	研究生及以上(个)	1	1	4	3	2	1	3	10
级别	处级及以上(个)	3	3	11	10	0	0	1	6
	科级(个)	29	28	18	21	11	12	12	28
	科级后备(个)	44	44	28	30	40	40	27	57
	股级(个)	17	14	17	15	24	26	29	54
	其他(个)	32	35	30	27	38	37	35	66

二是选派骨干驻村扶贫。自治区、吴忠市、盐池县联动抽调222名优秀干部组成74个工作队，按照“党群部门到软村、政法部门到乱村，经

济部门到穷村、涉农部门到专业村”的思路驻村帮扶，做到建档立卡贫困村全覆盖。制定驻村第一书记和驻村工作队考核办法及调整召回，激励保障、部门支持等“1+6”管理制度；建立县委组织部、扶贫办、派出单位、乡镇、村“五位一体”联动管理机制和“一述职两测评四联考”考核机制。积极引导第一书记和驻村工作队加强党建夯实基础、紧盯民需办实事、立足发展解难题，成为精准扶贫、精准脱贫和实施乡村振兴战略的重要力量。

三是上下联动结对攻坚。先后选派 37 名县直机关年轻干部到乡镇挂职党委副书记或乡镇长助理，专职助力脱贫攻坚。结合民情大走访、机关干部“下基层”等活动，组织 3100 多名各级机关党员干部与 11203 户建档立卡户结成包联对子，帮思路、帮政策、帮项目、帮技术、帮资金，推动了人才、技术和资金向基层倾斜，为全县脱贫攻坚提供了强大的人力、物力保障。2014—2018 年，自治区、吴忠市、盐池县各帮扶单位共落实帮扶资金 4139 万元、协调项目资金 3.1 亿元，为群众办实事 10 件。

（三）多渠道筹资金，有效保障了“有钱办事”

盐池县建立健全了多元投入机制，2014—2018 年，县财政共捆绑整合各类资金 72.9 亿元，协调闽宁协作帮扶资金 2844 万元、中国航油帮扶资金 1850 万元，扎实推进产业扶贫、基础设施提升、旅游扶贫、健康扶贫、兜底保障扶贫（见表 3–5）。并通过设立担保基金等方式，撬动担保贷款、贷款贴息、产业保险等各类扶贫资金 8.06 亿元，起到了四两拨千斤作用。

表 3–5　2014—2018 年盐池县扶贫资金支出的变化情况

项目	2014 年	2015 年	2016 年	2017 年	2018 年
产业发展资金（万元）	12800	16500	20640	35840	36960

续表

项目	2014 年	2015 年	2016 年	2017 年	2018 年
教育扶贫投入（万元）	7478	7216	10913	9500	5958
医疗、灾害等保障和救助投入（万元）	5827.35	9899.57	8087.11	9705.5	7674.84
生态补偿金投入（万元）	193.9	1209.4	1208.6	1208.6	1422.9
基础设施建设投入（万元）	1547.4	2277.16	13165.1	12396.65	14128.1
易地扶贫搬迁投入（万元）	–	–	2727.9	5746.63	417.5
扶贫干部奖励与补贴（万元）	–	–	43.2	108	129.6
第一书记 / 驻村工作队资金投入（万元）	–	110.88	186	220.32	710.74

盐池县持续加大基层党建工作经费保障力度，先后争取中央财政专项资金和中组部补交党费 2180 万元，扶持发展村集体经济。县财政每年为每个行政村划拨 8 万元办公经费，将村“两委”正职年任职补贴按全县上年度农民人均可支配收入的 3 倍发放。2017 年，县财政拿出 268.2 万元，对全县村组干部及村监会成员进行绩效考核奖励，确保村级组织有钱办事。

（四）强产业稳增收，从根本上解决了“两不愁”

盐池县坚持把培育做大产业作为可持续脱贫的主攻方向，充分发挥“中国滩羊之乡”等品牌优势，出台多项产业扶持政策，成立了盐池滩羊产业集团，加快构建特色农业三大体系。推动以滩羊为主，黄花菜、小杂粮、中药材、牧草为辅助，适合家庭经营的小品种为补充的“1+4+X”的特色产业做大做强，发展特色农业的效益显著。

一是滩羊。盐池县培育扶持鑫海等龙头企业 18 家，发展滩羊养殖合作社等新型经营主体近 500 家，建设滩羊养殖棚圈 3.3 万座，滩羊规模养殖基地 326 个。盐池滩羊产业集团辐射带动农户 198 万户，规模化养殖比例 60%。建成畜产品定点屠宰批发市场 2 个，城乡活羊交易市场 7 个，滩羊肉销售以区内为主，占比为 70%，区外为辅，占比为 30%，“盐池滩羊肉”品牌价值达到 68 亿元。

二是黄花菜。在宁夏回族自治区率先成立了宁夏黄花菜研究院，培育扶持黄花菜新型经营主体 33 家，注册黄花菜商标 10 个，累计种植黄花菜达到 8.1 万亩，年产黄花鲜菜 1.8 万吨，实现产值 1.5 亿元，种植户户均年纯收入 2 万余元。

三是小杂粮。在南部绿色小杂粮产业带，种植以荞麦为主的绿色小杂粮 40.6 万亩。培育扶持了对了、山野香、山逗子等在内的小杂粮产业的加工企业 10 家以上。2017 年实现生产、加工各类杂粮 1.2 万吨以上，大部分杂粮实现远销北京、上海、香港等一线城市，甚至还有部分产品出口到东南亚，还有日本、韩国等国家。

四是牧草。盐池县优质牧草达 39.52 万亩，年种植一年生优质牧草 10 万亩以上，制作青（黄）贮、野草打储、柠条包膜青（黄）贮等 15 万吨。对新建“三贮一化”池以及制作玉米、小杂粮等农作物秸秆青（黄）贮和饲草料加工配送合作社（专业户）贷款利息等给予补助，从根本上解决了盐池县在禁牧封育后滩羊产业饲草料短缺的问题，确保畜牧业的快速发展，并保障了禁牧工作的顺利开展。

五是中药材。以种植、经营甘草为主的家庭农场 6 家、产销合作组织 15 家，完成了旺四滩、老盐池等 5 个千亩中药材示范基地种植，打造了王乐井乡狼洞沟村、冯记沟乡平台村等 5 个万亩甘草采种基地，抚育种植了以甘草为主的中药材 20 万亩。

此外，盐池县积极探索了旅游、电商、光伏、生态等新型产业扶贫，构建多点发力、多业增收的产业扶贫新格局，确保贫困户有稳定增收的产业，稳定解决了不愁吃、不愁穿的问题。

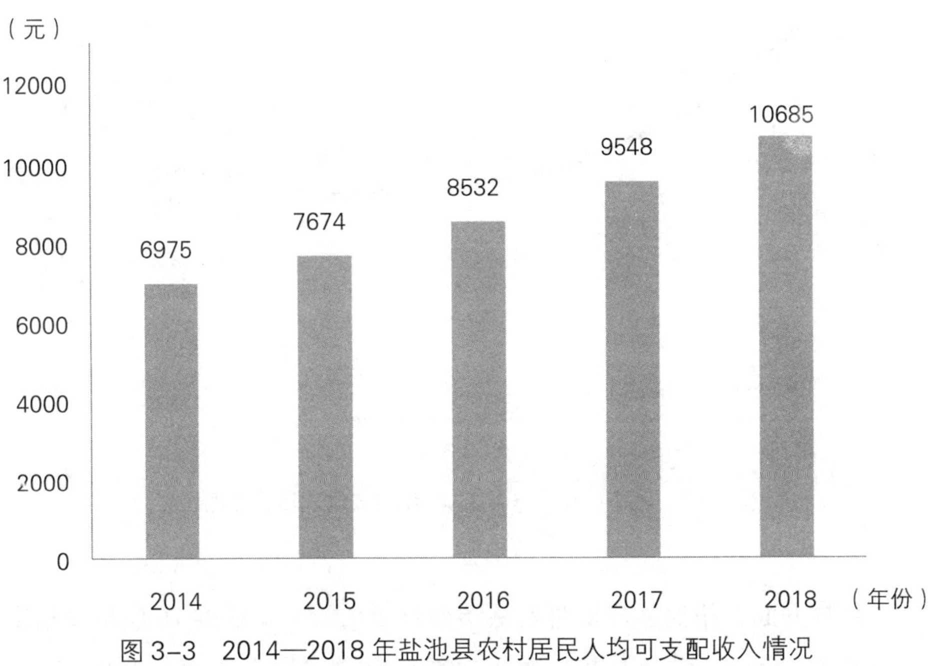

图 3–3　2014—2018 年盐池县农村居民人均可支配收入情况

针对无劳动能力兜底户稳定增收难的问题，采取屋顶分布式光伏、土地资产收益等模式，确保每户年均稳定收入 7000 元以上。2014—2018 年每年年增长率稳定在 10% 以上，其中 50% 以上来自特色产业（见图 3–3）。

（五）建机制兜底线，长效化做到了“三保障”

盐池县坚持把抓教育、保健康、住安全房作为摆脱贫困的基础性工作。2017 年全县没有一名学生因贫穷而辍学，全县义务教育入学率为 100%，辍学率为零（见图 3–4）；城乡医保参保率达到 100%，建档立卡贫困户扶贫保参保率为 100%；所有贫困户住上了安全有保障的房子。

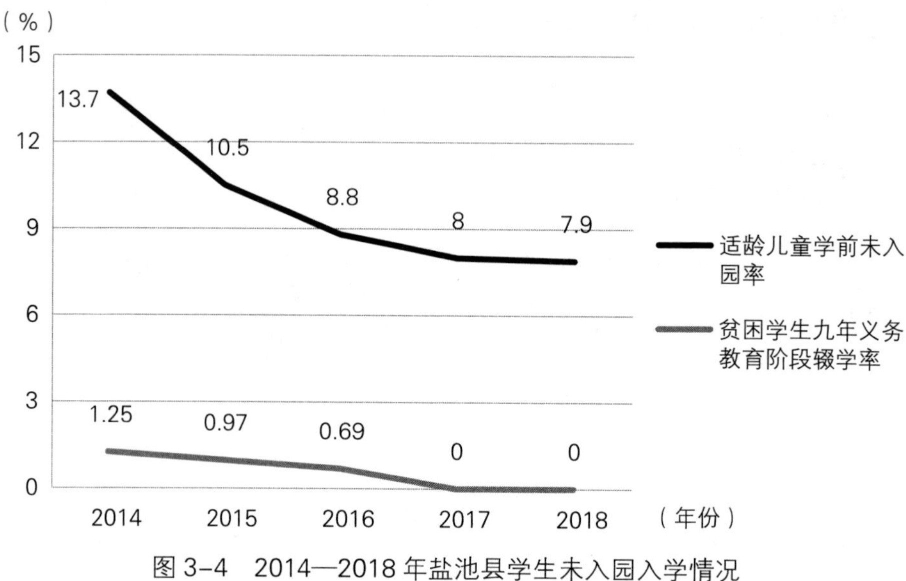

图 3–4　2014—2018 年盐池县学生未入园入学情况

教育方面，盐池县严格落实从学前直至大学、就业的 16 项教育精准扶贫政策，2017—2018 年累计资助贫困生 8.2 万人次，义务教育阶段实现“零辍学”，“两后生”全部享受县内免费职业教育，让贫困家庭的孩子上好学、能就业。

基本医疗方面，盐池县制定了健康扶贫中长期规划，建立了“四报销四救助”体系，先后为 4524 名大病患者落实了报销政策，有效解决了因病致贫返贫问题。2017 年大病补充保险先后为 528 名患者报销 545.8 万元，家庭综合意外保险为 908 户报销 283.13 万元，民政医疗救助为 1965 人支付救助金 154.4 万元，财政基金救助筹资 343.94 万元惠及群众 4183 人，盐池卫生发展基金为 3697 人发放救助金 219.63 万元。因病未就医人口从 2009 年的 41% 下降到 2017 年的 9.2%。

住房方面，盐池县根据安全住房标准，采取群众自建、维修加固等十项措施，自筹资金将危房改造补助标准提高到每户 3 万元，改造危窑危房 5567 户，易地扶贫搬迁 519 户，贫困户的住房安全率从 2014 年的 52% 迅速升至 2017 年的 100%，实现了所有农户安全住房有保障。

（六）夯基础补短板，全面实现了“五通八有”

盐池县精准对标“五通八有”。

2017—2018 年累计建成村组道路 3230 千米、村庄巷道 1458 千米，实现了村村有硬化路、通客车；自筹资金 4592 万元，新增自来水入户 8782 户，农村常住户全部喝上了放心水；大力实施“户户通”工程，所有行政村通上了宽带网络，广播电视覆盖率达到 100%（见表 3–6）。

表 3–6　2014—2018 年盐池县基础设施与公共服务完善情况

	2014 年	2015 年	2016 年	2017 年	2018 年
行政村通村公路硬化率（%）	100	100	100	100	100
行政村开通客运班车率（%）	75.5	75.5	81.4	100	100
行政村通动力电比率（%）	80	85.0	95.0	100	100
行政村安全饮水达标率（%）	100	100	100	100	100
农村自来水普及率（%）	84.3	86.5	88.6	99.7	99.7
农村卫生厕所普及率（%）	72.7	77.1	77.2	72.6	78.6
有线广播电视入户率（%）	41	55.4	62.4	73.3	100
互联网普及率（%）	22	28	75	100	100
行政村卫生室达标率（%）	80	95	100	100	100
行政村综合性文化活动场所覆盖率（%）	0	0	8	100	100

盐池县拥有以滩羊为主导，牧草、中药材、小杂粮、黄花菜为辅助的特色优势产业；实现了 102 个行政村经济合作组织、村级综合文化服务中心、206 个综合性服务网点全覆盖；标准化卫生室覆盖率为 100%；每个

村“两委”班子健全，都有集体收入，74 个贫困村光伏扶贫电站全部并网发电，每个村集体每年收入 22 万元以上，“空壳”问题得到根本解决，重点贫困村驻村工作队全覆盖。

（七）严管理抓落实，切实保证了“三率一度”

盐池县积极学习并借鉴井冈山、兰考成功摘帽经验，狠抓精准识别、动态管理，力促精准施策、真帮实扶。盐池县严格按照“五看十步法”“四会议、三公示”程序确定贫困户。采取“三包五到位”工作方法和“五审核十联签”以靠实责任，严把建档立卡贫困户精准识别关口，并多次开展了“回头看”，及时查漏补缺、复查复核。2014—2018 年盐池县严格做到家家登门、户户核实、人人见面，实现精准识别“无差错”“无遗漏”“无信访”，切实解决了错退、漏评问题，具体情况见表 3-7。

表 3-7　2014—2018 年盐池县的贫困情况

	2014 年	2015 年	2016 年	2017 年	2018 年
贫困村数（个）	74	69	59	29	0
贫困村退出（个）	5	10	30	29	0
农村贫困人口总规模（人）	38965	35807	34046	32998	32871
农村贫困总户数（户）	11612	10122	11228	11203	11193
贫困发生率（%）	23	19.1	0.83	0.66	0.5
漏评率（%）	0	0	0	0	0
贫困户退出（户）	1549	1250	4263	4126	125
错退率（%）	0	0	0	0	0

同时，盐池县全面压实领导干部“三级包干”责任制。出台了领导干部、帮扶人责任追究办法等六项规章制度，对成绩突出的 5 名干部提拔重

用，对29名工作不力的予以问责，倒逼脱贫责任全面落实。坚持扶贫先扶志、治穷先治愚、脱贫先脱旧的“三先开路”，大力推进精神扶志，注重激发贫困户自主脱贫“内力”，建立了脱贫正向激励机制，引导群众转观念、破陋习、自主脱贫。为了高标准做好脱贫摘帽考核验收准备工作，确保贫困县帽子摘得有质量，盐池县在全面完成宁夏调查总队评估问题整改的基础上，又聘请北京师范大学团队对脱贫成效进行了第三方评估，市、县两级也成立了12个督查组，专门针对矛盾突出和偏远死角的村不间断地开展督查，找问题、促落实，打通了政策执行“最后一公里”。在国家2017年贫困县退出专项评估检查中，群众对盐池县脱贫攻坚工作认可度达97.71%。

三、盐池县脱贫攻坚带动经济社会的全面发展

盐池县坚持以习近平新时代中国特色社会主义思想为指导，认真贯彻党的十八大、十九大精神和习近平总书记关于扶贫工作的重要论述，坚持精准扶贫、精准脱贫基本方略。扎实推进各项脱贫攻坚工作取得决定性进展，高标准、高质量地完成了脱贫攻坚目标任务，政治、经济、文化和生态文明建设等多领域也得到了全方位发展。

（一）脱贫攻坚同步推动了县域经济的高质量发展

精准扶贫工作开展后，盐池县坚持把脱贫攻坚作为统领全县经济社会发展的头等大事，举全县之力完成脱贫攻坚目标任务，最大化地将政策向脱贫攻坚方向倾斜，尽可能地将最优秀的组织资源、人才资源等向脱贫攻坚集中，尤其是向深度贫困地区集中，确保优质高效地完成脱贫攻坚目标任务。

进入 21 世纪以来，就盐池县的整体发展来看，优质资源向脱贫攻坚工作的大量集中不仅没有影响到全县整体经济社会的发展，反而促进了县域经济保持健康、可持续的发展。从 2007—2017 年盐池县地区生产总值变化的监测情况来看，年增长率均保持在 10% 以上（见图 3-5）。虽然受到全国经济增速下行的影响，盐池县 2015—2017 年地区生产总值增速放缓，但与平罗县[①]、宁夏回族自治区相比，盐池县地区生产总值增速仍维持在较高水平。2007—2016 年盐池县人均地区生产总值、农林牧渔业总产值也保持了较高水平发展（见图 3-6、图 3-7）。

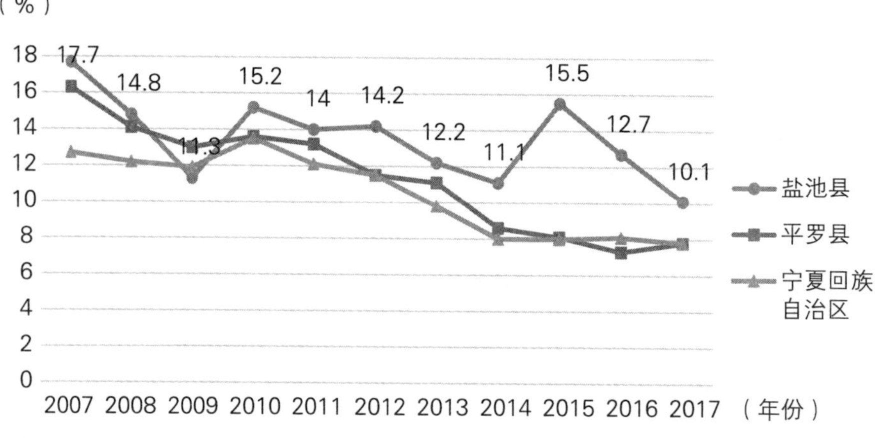

图 3-5 2007—2017 年盐池县、平罗县、宁夏回族自治区生产总值情况[②]

① 之所以选择平罗县作为比较对象，主要原因：一是平罗县地理环境条件较盐池县而言更具优势。平罗县地处宁夏平原北部，黄河纵贯南北，土地一马平川，自古是西北的鱼米之乡、富庶之地，有“塞上小江南”的美誉。二是平罗县为非贫困县，地区生产总值长期稳居宁夏回族自治区前列。三是平罗县于 2017 被评选为中国最具投资潜力百强县市，2017 年宁夏地区仅灵武市、平罗县入围全国百强县市，在第八届、第九届全国县域经济基本竞争力与科学发展评价中，平罗县在西部 874 个县市中分别排名第 93 位、第 78 位，连续两年入选西部百强县。

② 数据来源：2007—2016 年数据来源于《宁夏统计年鉴（2008—2017 年）》，2017 年数据来源于宁夏回族自治区人民政府官网。

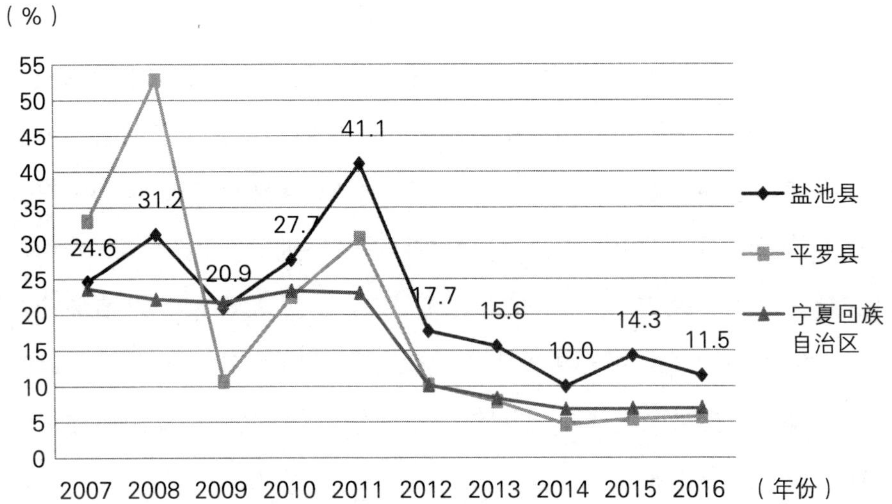

图 3-6　2007—2016 年盐池县、平罗县、宁夏回族自治区人均地区生产总值情况[①]

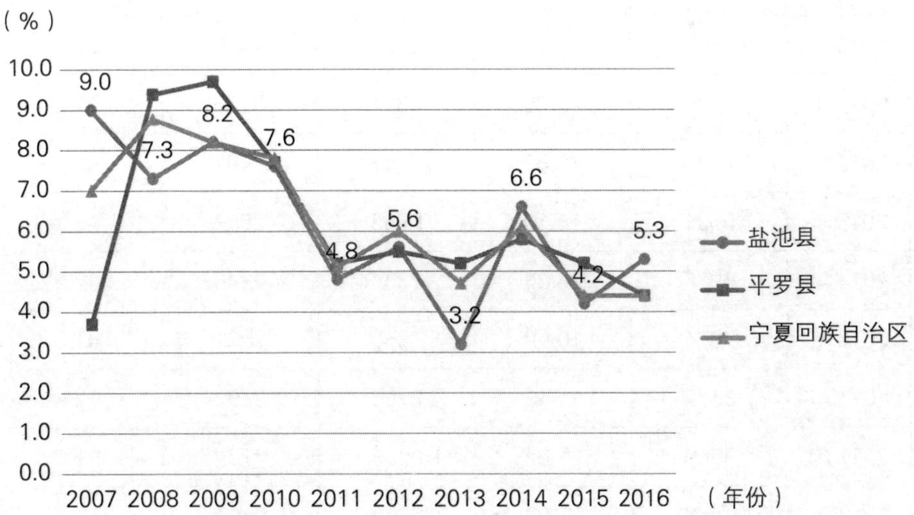

图 3-7　2007—2016 年盐池县、平罗县、宁夏回族自治区农林牧渔业总产值情况[②]

①② 数据来源:《宁夏统计年鉴（2008—2017 年）》。

脱贫攻坚工作之所以能够带动县域整体的发展，关键在于盐池县在推进脱贫攻坚的过程中，牢固树立和践行新发展理念，统筹推进稳增长、促改革、调结构、惠民生、防风险各项工作，从而推动了经济社会持续全面健康发展。这种“稳中有进，稳中向好”的经济运行态势，推动了农业和农村经济持续快速发展，人民群众的生活水平进一步提高。2018 年盐池县农村居民人均纯收入是 2009 年的 3 倍以上（见表 3-8），自精准扶贫工作开展以来，盐池县农村居民人均纯收入的年增长率始终保持在 11% 以上。城镇、农村居民人均可支配收入的年增长率均高于宁夏回族自治区的总体水平（见图 3-8）。

表 3-8　2009—2018 年盐池县农民家庭生活基本情况

年份	人均纯收入（元）	人均纯收入增长率（%）	人均生活费支出（元）	食品支出（元）	人均居住面积（平方米）
2009 年	3288	9.53	3322	1418	32.2
2010 年	3669	11.59	3496	1498	32.5
2011 年	4149	13.08	4314	2165	32.6
2012 年	4793	15.52	5127	2481	28
2013 年	5521	15.19	5863	2597	40.1
2014 年	6975	26.34	7334	2248	42.9
2015 年	7674	10.02	7850	2391	41.8
2016 年	8532	11.18	8786	2192	42.9
2017 年	9549	11.92	9280	2199	41.5
2018 年	10599	11.00	9818	2414	42.8

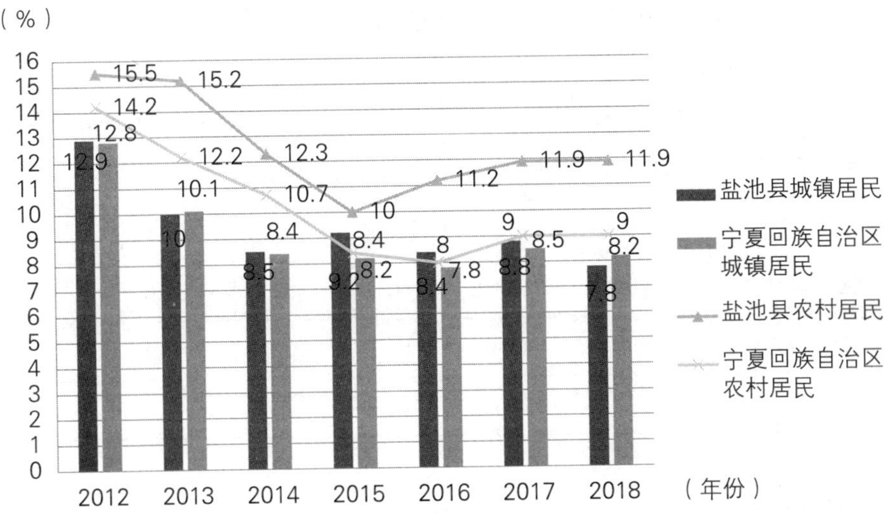

图 3–8　2012—2018 年盐池县、宁夏回族自治区城镇和农村居民人均可支配收入情况

盐池县大力加强财政、金融等扶贫支持，集中脱贫攻坚工作力量，住房、基础设施、医疗、教育等方面建设的不断完善，补齐了盐池县的发展短板，优化了县域整体的发展结构，使贫困人口不再是经济发展的“拖累”，而成为拉动全县经济增长的有力支撑。

依据表 3–9、表 3–10 可知，盐池县建档立卡户的人均可支配收入已远超出 3150 元的贫困线，且人均可支配收入结构更加合理。

表 3–9　2017 年建档立卡户人均可支配收入结构

	2017 年收入（元）	2016 年收入（元）	增长量（元）	增幅（%）	拉动经济增长率（%）	贡献率（%）
可支配收入	8145.3	7246.4	898.9	12.4	–	–
工资性收入	1723.4	1582	141.4	8.9	1.9	15.7
经营性净收入	4858.9	4195.6	663.3	15.8	9.2	73.8
财产净收入	108.9	95.9	13	13.6	0.2	1.5
转移性净收入	1451.1	1373	78.1	5.7	1.1	9

表 3-10　2017 年农村居民人均可支配收入结构

	2017 年收入（元）	2016 年收入（元）	增长量（元）	增幅（%）	拉动经济增长率（%）	贡献率（%）
可支配收入	9548.6	8532.1	1016.5	11.9	–	–
工资性收入	1236.9	1113.6	123.3	11.1	1.4	12.1
经营性净收入	6848.8	6117.1	731.7	12	8.6	72
财产净收入	205.8	186.1	19.7	10.6	0.2	1.9
转移性净收入	1257.1	1115.3	141.8	12.7	1.7	13.9

具体而言：

一是建档立卡户人均可支配收入增长后劲较足。农村居民可支配收入的增长动力点主要落在经营性收入与工资性收入上，通过对比两项可支配收入可以看出，在全县建档立卡户人均可支配收入中，工资性收入和经营性净收入对可支配收入的贡献率为 89.5%，而在全县可支配收入中，工资性收入与经营性净收入对可支配收入的贡献率为 84.1%，表现为建档立卡户的收入增长结构更加稳定、有后劲。

二是经营性净收入是“总引擎”。盐池县委县政府始终坚持完善产业扶贫政策、加大资金投入力度，依托“中国滩羊之乡”“中国甘草之乡”品牌，坚持把滩羊、甘草、小杂粮、黄花菜等特色优势产业作为贫困群众脱贫的主导产业。在强有力的政策推动下，全县农牧产业发展势头迅猛，农牧业的持续快速发展，带动农户经营性收入不断上升，充分发挥了增加收入的“主引擎”地位。

三是转移性净收入占比更加合理化。2017 年是盐池县实现脱贫摘帽的关键年。盐池县委县政府为打赢脱贫攻坚战，先后制定了脱贫总方案和 17 个子方案，筹措 34.6 亿元资金投向扶贫领域。随着各项政策补贴的落实，建档立卡户转移性净收入也有了大幅度的提升。2017 年建档立卡户的转移性净收入为 1454.1 元，同比增长 12.7%，对可支配收入贡献率为 9%，拉动经济增长 1.1 个百分点。虽然转移性净收入依然保持着高增速，但占可支配收入的比重却随着收入总量的上升而下降，占可支配收入的比重较 2016 年下降 6 个点，推动可支配收入结构更加合理化。

总体而言，盐池县的脱贫攻坚工作有效地推动了盐池供给侧结构性改革。通过县域整体经济结构的调整、升级，真正减少了无效供给，改善了过去大量资本投入产生的供给过剩状况，补齐了贫困地区基础设施、教育等短板，扩大了有效供给，从而增加了盐池县经济的“木桶容量”，有效提高了经济发展质量。

（二）健全统筹协调机制，提升了政府工作效率和治理能力

脱贫攻坚战只能打好打赢，必须严格落实责任，没有任何退路和弹性。盐池县委县政府始终以脱贫攻坚统揽全县经济社会发展全局，因地制宜，真抓实干，举全县之力，勠力同心打好脱贫攻坚战。盐池县完善县委统揽工作机制，充分发挥县委统揽全局、协调各方的领导作用，出台脱贫富民《领导干部工作职责》和《督查工作办法》，集中力量脱贫攻坚。县委常委会每两个月听取一次扶贫开发专题汇报，每半年召开一次推进促评会，研究解决重大问题；建立县委主要负责人总抓，4 套班子主要负责人分片包抓，人大、政协 7 名分管负责人专项督查的“1+4+7”工作机制；县级负责人每人包抓一个乡镇、部门负责人和科级干部每人包抓一个村、一般干部每人包抓 3—5 个建档立卡户的“大包干”责任制。形成三级书记抓扶贫，层层立下军令状、签订责任书的大扶贫格局。做到了分工明确、责任清晰、任务到人、考核到位，确保了脱贫工作务实、脱贫过程扎

实、脱贫结果真实，有效提升了盐池县政府的行动能力、工作效率及治理效率。

在大扶贫格局下，基层的工作作风和方法逐渐转变，通过“零遗漏、零距离”确保各项扶贫措施不打折扣，全面高效落实。一是帮扶“零遗漏”。班子成员包片，第一书记和乡干部包村定户、村干部包组定户、帮扶责任人包户，建立层层责任链，紧盯工作落实，确保对贫困户帮扶“零遗漏”和帮扶责任“零遗漏”的落实。二是沟通“零距离”。全体乡干部工作重心下移到所包村办公，实现对贫困户的“零距离”交流与帮扶。利用互联网，实现即时通知工作安排，及时通报工作进度，第一书记定期通过微信群向乡党委汇报危窑危房改造数量、为群众增收等情况，实现“零距离”工作交流。领导带头、层层跟进、形成合力攻坚的良好局面，确保脱贫攻坚工作任务的抓紧、抓实、抓好和政府治理能力的进一步提升。

案例：古峰庄村以前是远近闻名的赌博村、贫困村，人均年纯收入不足500元。老支书张玉东暗下决心，一定要改变村子的现状，不能再“丢人”了。在村委一班人的合计下，初步确立了“围绕生态环境，抓基础设施建设，以种草养殖为突破口，促进农民增收、农业增产”的发展思路。在乡党委、政府的大力支持下，积极争取项目资金，开挖沟渠，建水浇地，修建公路，改造农电线路，兴修养殖暖棚、沼气池等，村里基础设施不断改善，村民生产积极性也被调动了起来。同时，村委会一班人不等不靠，率先将农行惠农卡、小额信贷＋互助资金、评星授信等金融扶贫试点项目引入，使村民户均贷款从3000元增加到10万元，互助资金放大了10倍。2014年，古峰庄村利用村互助资金撬动小额信贷459万元，带动

群众发展养殖业。截至2017年，全村涌现出十几个致富小老板，每年稳定输出劳务200余人次，创收300多万元。

案例：曾记畔村通过党支部引领促进脱贫致富，产生了显著的经济效益和社会效益。村民贷款从2010年的428万元增长到2016年的4827.5万元，全村人均年收入从2010年的2400元增长到2017年的8258元，全村羊只饲养量从2010年的4000只增长到2016年的1.3万只，村集体收入从2010年的零收入增长到2016年的18.6万元，农业机械数量从2010年的23辆增长到2016年的178辆，村级互助资金从2006年的20万元增长到2017年5月的800万元，全村贫困户从2010年385户减少到2017年的19户。

盐池县在精准扶贫过程中，坚持帮扶济困不落一人的原则，围绕少数民族地区的群众生活改善、宗教环境优化、产业发展、民族团结等投入了大量的人力、物力、财力，进一步推动了民族团结进步的工作。通过各种方式倡导全社会尊重少数民族的风俗。在盐池县的中小学日常教学中，开设民族团结相关的教育课程；在各大社区持续性开展保护、尊重民族风俗习惯的宣传教育活动，着力避免因各族群众风俗不同所引发的不和谐事件的出现。盐池县的一系列民族团结工作和措施，不但充分诠释了党和政府的民族宗教政策，而且有助于进一步加快盐池县部分民族地区的发展。从收到的各种反馈中可以发现，盐池县真正赢得了少数民族群众的真诚拥护，促进了民族团结，凝聚了强大发展合力，调动了各民族共同建设美丽

盐池的积极性。

（三）村集体经济壮大，促进了集体意识形塑和基层政权巩固

发展壮大农村集体经济，是全面建设小康社会的一项基础性、长期性工作，对于巩固党在农村的执政基础有着重要战略意义。盐池县在经济发展过程中，注重强化农民对集体资产经营的参与意识以及集体行动意识。

盐池县立足当地资源禀赋，积极盘活各村资源，激活沉睡的土地资本，使村中资源变资产、资金变股金、农民变股民。盐池县各村将村集体经营性资产以股份或者份额形式量化到村集体成员，作为其参加集体收益分配的基本依据，将集体经营性资产折股量化到人、确权到户，让村集体经济组织成员有了股权，实现了“家家有股份，人人是股东”。村民既可获得土地分红，又可获得就业机会，有稳定的收入。2014—2018 年集体经济总规模情况详见图 3-9。

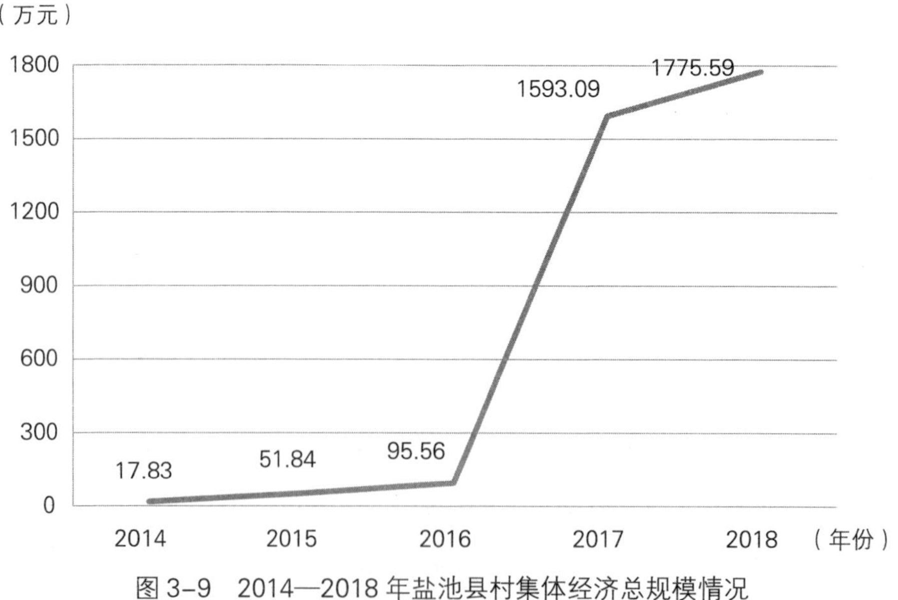

图 3-9　2014—2018 年盐池县村集体经济总规模情况

以王乐井乡为例，积极推行“支部＋扶贫”桥头堡模式，由村党支部牵头，依托产业园区、滩羊合作社等经济组织，主导各村特色产业发展，进一步夯实集体经济基础，为农户提供更加持久稳定的增收渠道（见表3-11）。截至2018年7月，培育完成6个行政村的集体实业经济。具体举措包括：重点对王吾岔村1601亩枣树区进行嫁接改良、围栏、滴灌改造，鼓励企业发展林下滩鸡养殖，由支部担保，群众以滩鸡和土地入股分红，户均增收1200元；依托200万元扶持资金建设曾记畔村柠条加工厂，降低养殖户生产成本，带动300余户农户增收；丁记井、郭记洼建设大拱棚210座，种植西甜瓜130亩，每亩收入达8000元；等等。

表3-11　2014—2018年盐池县各乡镇村集体经济发展收入情况

	2014年	2015年	2016年	2017年	2018年
花马池镇收入（万元）	7.66	22.27	73.56	434.05	421.96
大水坑镇收入（万元）	2.47	3.25	9.37	208.24	187.3
惠安堡镇收入（万元）	2.9	3.85	7.35	197.47	233.78
高沙窝镇收入（万元）	4	20.17	4.48	160.38	185.91
王乐井乡收入（万元）	0.8	2.3	0	205.7	266.09
青山乡收入（万元）	0	0	0	93.72	161.33
冯记沟乡收入（万元）	0	0	0	109.72	141.04
麻黄山乡收入（万元）	0	0	0.8	183.82	178.17

盐池县在村集体经济逐渐壮大的过程中，切实加强基层党组织建设，使其为脱贫富民起到中流砥柱的作用，扎扎实实为村民办实事、好事。一方面，将村民的个人利益同村集体经济利益紧密结合，有效提升了村民参与集体经济的积极性。另一方面，村集体经济组织股份制的实施，大幅强化了村民参与集体经济民主决策、管理以及监督的意识。盐池县

村集体经济的壮大，不仅推进了村庄的民主化治理，同时也提升了村民集体行动的能力，促进了农民的组织化水平与合作能力，大家心往一处想，劲往一处使，形成强大的脱贫致富合力。盐池县党员干部切实为民办实事，做到了“权为民所用，利为民所谋，情为民所系”，着力解决制约农民生产、生活的实际问题，调整了脱贫攻坚工作领导小组，明确了党政班子及党员干部的具体责任，以各村为主战场、贫困户为主攻点，明确脱贫任务及时限，形成层层抓落实的工作格局。各乡镇确定扶贫工作日，要求包村领导、包村干部深入所包贫困村和贫困户，及时了解扶贫对象存在的困难与问题，并在每月初召开一次脱贫攻坚推进会，各包村领导及各村汇报工作进展，查找薄弱环节，研究工作计划。同时，为使群众全面准确掌握各项扶贫政策，以村为单位，分别建立帮扶责任人和干部工作交流微信群，形成包村领导、帮扶责任人、镇村干部、贫困户四人网络小组。该小组以新媒介为纽带，利用文字、图片、视频等多种形式向贫困户宣传扶贫政策，便于帮扶责任人及时了解和掌握贫困户尤其是外出贫困户的最新动态和需求，实现了帮扶责任人和贫困户之间的有效双向互动，为脱贫攻坚开创了一条“无线”之路，真正做到扶贫政策宣传全覆盖，实现了脱贫攻坚工作由“要我为”到“我要为”的转变。工作作风的转变，切实为贫困户吹去了脱贫致富的“春风”。

盐池县党员干部帮助群众脱贫致富，致力于推动盐池群众“发展生产，宽裕生活”。各级党员干部坚持问题导向、靶向实施，把脱贫富民工程与实施乡村振兴战略结合起来、与农村环境卫生整治结合起来、与深化农村改革结合起来、与加强党的基层组织建设结合起来。充分发挥基层支部的主体作用，发展壮大村级集体经济，紧紧围绕“一收入”和“两不愁三保障”以及乡村振兴战略“产业兴旺、生态宜居、乡风文明、治理有效、生活富裕”的总要求。以全面统筹、压实责任，持续抓好基础改善、产业扶贫、金融扶贫、健康扶贫等巩固提升工程，确保全县 32078 人实现稳定脱贫。在为民办事、助民致富的过程中，盐池县各级党员干部充当好引路人的角色，保持同群众的血肉关系，做到“零信访”，让农民群众真正获得了看得见、摸得着的实惠，实现真正的脱贫奔小康。不仅大幅度提升了党员干部在农民群众中的威信，而且进一步密切了盐池县党群干群关系，巩固了农村基层政权，也增强了基层党组织的凝聚力和战斗力。

（四）基于资源禀赋的产融保新型模式，加速了乡村振兴步伐

为破解产业发展资金短缺的难题，防范和化解农户发展产业的自然灾害等风险，盐池县基于地方自然条件和资源优势建立“产融保”一体化发展的“盐池模式”。即形成产业主导下的金融、保险配套机制，确保了贫困群众脱贫致富的“零风险”，同时促进了产业与金融的良性循环，真正为农村经济发展注入了活力，加速了乡村振兴和建成小康社会步伐。

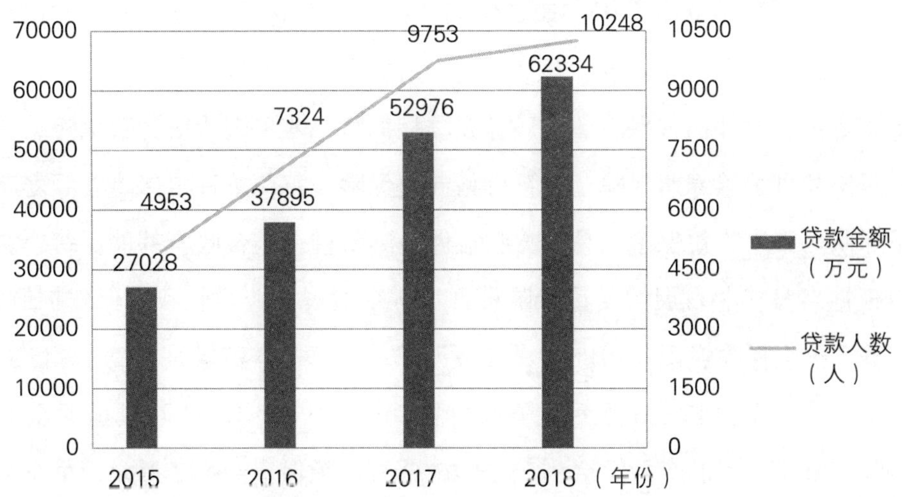

图 3-10　2015—2018 年盐池县建档立卡贫困户贷款人数及贷款金额情况

一是金融扶持助推产业发展。坚持走依靠金融推动产业发展，依靠产业促进农民增收的路子，积极协调金融机构对从事优质粮食、滩羊、黄花菜、牧草等特色优势产业的新型经营主体给予贷款，并为他们提供担保、风险补偿、贷款贴息，切实解决农户、新型经营主体产业发展资金短缺的难题，2015—2018 年的相关情况见图 3–10。2017 年度推荐 602 户贷款 3.78 亿元，兑现贴息资金 586.8 万元。其中农业企业按同期同档贷款基准利率的 60% 贴息 55.2 万元；合作社、家庭农场及专业大户按同期同档贷款基准利率的 70% 贴息 531.6 万元。积极推进盐池滩羊产业金融支农服务创新试点，形成了“龙头企业 + 农户滩羊综合性金融服务”的“滩羊银行”模式。以大水坑、花马池两个乡镇参加滩羊收益保险的贫困养殖户为重点，引导龙头企业与养殖农户签订存管协议，构建“龙头企业 + 农户综合性金融服务”体系，助推农户、企业、产业的协调发展。

二是产业扶贫保险防控发展风险。盐池县在不断的创新探索中，全面推行“2+X”扶贫保，着力解决因意外事故和因病因灾致贫、返贫问题，实现了建档立卡贫困户扶贫保的全覆盖。设立了 1000 万元的“扶贫保”风险补偿金，建立盈亏互补机制，给所有农户办理扶贫保险。还办理了家庭综合意外伤害保险、大病补充医疗保险、滩羊肉价格指数保险、基础母羊和种公羊养殖保险、能繁母猪养殖保险、黄花菜种植保险、荞麦产量保险、玉米收益保险、马铃薯收益保险等险种。结合政府补助保费，农户根据自身产业发展需要选择险种，为群众发展产业增收致富保驾护航，培养了群众保险意识。2017 年，完成滩羊基础母羊养殖保险 5731 户 45.37 万只承保金额 1432.36 万元，羊肉价格保险 3911 户 10.08 万只承保金额 399.01 万元，荞麦产量保险 9205 户 26.72 万亩承保金额 342 万元，黄花菜种植保险 108 户 690.3 亩承保金额 4.1 万元，马铃薯收益保险 2315 户 2.38 万亩承保金额 65.6 万元，玉米收益保险 1681 户 3.2 万亩承保金额 85.4 万元，能繁母猪养殖保险 85 户 1364 只承保金额 8.1 万元。2016—2018 年盐池县人身保险承保与理赔情况见表 3–12。

表 3–12 2016—2018 年盐池县人身保险承保与理赔情况

	理赔金额（万元）		合计	
	家庭综合意外伤害保险	大病补充医疗保险	收取保费（万元）	理赔金额（万元）
2016 年 4 月—2017 年 4 月	155.58	104.42	316.56	260
2017 年 5 月—2018 年 5 月	234.79	448.4	407.38	683.19
2018 年 6 月—2018 年 11 月	106.14	63.25	408.16	169.39
合计	496.51	616.07	1132.1	1112.58

盐池县“产融保”一体化模式，为贫困户防范风险设立了“防火墙”，有力地调动了他们发展产业，破解了农户在发展中因病灾、因市场价格波动返贫的难题。通过破解金融扶贫难题有效激活了农村金融服务网络，走出了一条“依靠金融推动产业发展，依靠产业促进农民增收”的新路子。

（五）以东西协作推动区域联动，塑造了区域协调发展新格局

1996 年，党中央、国务院决定东部发达省市对口帮扶中西部欠发达省区，即东西对口扶贫协作。按照中央部署，福建省对口帮扶宁夏回族自治区。20 多年来，闽宁两省（自治区）携手向贫困宣战，形成扶贫开发强大合力，从而实现了区域的联动发展。一是建立完善的“市县结对帮扶”“互派挂职干部”“部门对口协作”等机制，以保障协作事项及时得到兑现。在闽宁协作中依托盐池的自然条件和资源优势，培育和发展特色优势产业，同时把福建的优势企业和优质项目引进盐池，2016—2018 年协调闽宁协作帮扶资金，实现以产业带动扶贫、扩大就业，带动盐池

群众增收致富（见表 3-13）。二是大力推进劳务合作，定期开展招聘会。2018 年，开展了“盐池县 2018 年春风行动暨脱贫富民现场招聘会”“盐池县 2018 闽宁劳务协作就业扶贫专场招聘会暨高校毕业生供需见面招聘会”各 1 场，共吸引了 133 家企业提供 5277 个适合贫困群众就业的岗位供求职者选择。其中泉州市洛江区的 46 家企业提供 2500 个岗位，招聘会吸引了近 8200 余名贫困劳动力、被征地农民、残疾人和城镇就业困难人员参加，达成就业意向人数 1464 人。这既可满足福建对人力资源的需求，也可为盐池县的富余劳动力资源提供大量就业机会，实现两地“优势互补、互惠互利”。同时，福建省海峡人才市场推介优质岗位和企业，强化劳务人员的管理和培训，提高综合素质和劳动技能，加强就业指导，依法保障劳务人员的合法权益。此外，闽宁对口帮扶协作不断扩大合作的广度和深度，不仅实现了双方在教育、科技、卫生等领域的合作，还成为了推动闽宁区域协同发展的不可或缺的一环。

表 3-13　2014—2018 年闽宁协作帮扶资金及成效

年份	帮扶资金（万元）	劳务协作人数（个）	培训人数（个）	教育合作人数（个）		卫生合作人数（个）
				专技人才交流	救助学生	
2014 年	879	–	–	5	50	3
2015 年	923	–	92	5	100	3
2016 年	785	–	92	6	50	4
2017 年	1135	66	41	10	73	4
2018 年	2380	50	314	110	55	29
合计	6102	116	539	136	328	43

闽宁对口帮扶协作推进了闽宁之间联动发展，也同步促进了城乡基本公共服务均等化，加快了城乡融合发展。盐池县为更好地促进闽宁对口帮

扶协作，坚持农村劳动力转移和技能培训“两手抓”，充分发挥职业中学职能，结合县域内企业用工情况，加大贫困群众技能培训，让他们有拿得出手、立得住脚的一技之长。鼓励引导群众走出农村进城务工，走进园区变成工人，进城落户成为市民，培育一批专业化、职业化的新型农民。大力培育一批劳务经纪人，做好农民务工的组织和对接工作，组织农民务工、经商，进一步增加农民的工资性收入。盐池县借助闽宁对口帮扶协作的机遇，不断为城乡融合发展增添新动力，从而打造了区域协调发展新格局。

（六）破除贫困人口精神贫困，提高了乡村信用观念及诚信体系

盐池县把扶贫同扶志扶智相结合作为脱贫致富的长远之计，不断激发群众的内生动力。坚持精神脱贫与物质脱贫并重，走教育引导提升素质的脱贫路子，激发贫困群众自力更生、自主脱贫的内生动力。盐池县通过一系列“育人塑魂”“诚信盐池”等工程，鼓励贫困群众依靠自己的双手苦干、实干，增强他们摆脱贫困的信心。突出正向激励，坚持早干早支持，多干多支持，大干大支持，重奖农村致富带头人，帮助群众树立了想富、敢富、能富的心气。

在有效破除精神贫困的基础上，盐池县为解决农民想发展、缺资金的问题，推进金融扶贫以帮助农民贷款（见表 3-14）。农村金融环境的改善，促进了农民诚信意识的提高，改善了盐池的诚信环境。盐池县将扶贫“双到资金”注入互助社，并和“千村信贷”捆绑，撬动了数倍发展资金，解决了贫困群众贷款无人担保、无物抵押的难题；同时，通过开展多项评选活动，农村信用环境发生了重大变化，“有借有还、再借不难”的观念根植于心。

表 3-14　2014—2017 年盐池县互助资金借款与还款金额

年份	累计借款总额（万元）	累计已到期借款额（万元）	累计借款归还额度（万元）	到期还款率（%）
2014 年	10645.11	6610.01	7054.81	107
2015 年	32231.97	22057.52	22036.57	100
2016 年	49116.62	32804.57	32141.42	98
2017 年	38158.89	26436.09	24572.19	93

截至 2019 年 4 月，全县已评出信用乡镇 8 个，评出信用村 92 个、信用组 525 个、信用户 4.8 万户，诚信度均达到 90% 以上。利用评定的诚信体系，对 60—70 岁有发展能力的贫困户进行二次授信，累计发放贷款 6000 余万元。同时对“黑名单”贫困户进行分步解决，累计释放“黑名单”贫困户 968 户，放贷金额达 7373 万元。这种做法不仅解决了群众发展资金的难题，更为重要的是培育了群众诚信意识、市场意识和发展意识。“守信才能发展、失信寸步难行”已成为群众的共识。

（七）协同推进生态优先的绿色发展，实现了生态与经济双赢

盐池县委县政府始终努力探索发展道路，特别把生态建设作为求生存、谋发展的首要任务，推动区域环境协同治理，全面提升生态环境质量，深化产业高质量的转型升级，实现更高质量的绿色发展（见图 3-11、表 3-15）。

表 3-15　2014—2018 年盐池县森林、草原覆盖及沙尘暴天数情况

年份	森林面积（公顷）	草原综合植被覆盖率（%）	沙尘暴天数（天）
2014 年	104038.27	57.6	3
2015 年	110161.98	53.8	8

续表

年份	森林面积（公顷）	草原综合植被覆盖率（%）	沙尘暴天数（天）
2016 年	116281.44	54.5	3
2017 年	122499.05	53.7	5
2018 年	177939.4	56.3	2

盐池县人工造林每年以 10 万亩的速度推进，累计完成三北防护林 190 万亩、退耕还林 170.7 万亩、天然林保护 191 万亩、封育 84 万亩、林木保存面积达 385 万亩、天然草原面积达 835 万亩、柠条灌木面积在 260 万亩以上。并且，林木覆盖度、植被覆盖率分别达到 31% 和 70%，全县森林面积 385 万亩，森林覆盖率达到 20% 以上，境内基本无 100 亩以上明沙丘。

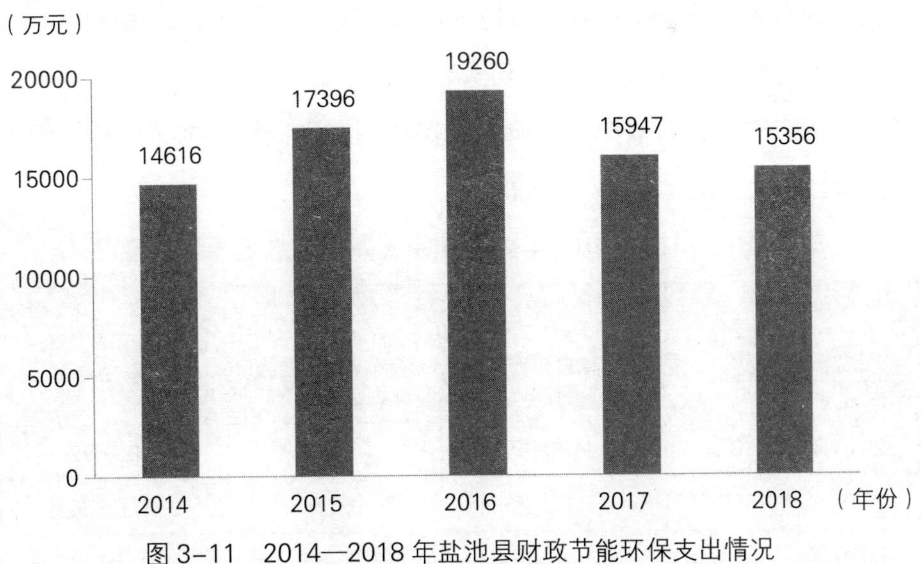

图 3-11　2014—2018 年盐池县财政节能环保支出情况

在利用柠条治沙造林的同时，盐池县着力于柠条资源的开发利用，大力发展柠条转饲加工、以林补饲、以林助畜，推进柠条产业和滩羊产业携手并进。一方面促进柠条平茬，既使柠条复壮更新，又能增加农民收入。另一方面建立“企业 + 农户”的发展模式，辐射带动加工点 200 多个。每年平茬柠条近 40 万亩，为当地农民直接增加收入 400 余万元，为加工企业提供经济效益 800 万元左右。此外，盐池县柠条年转饲能力达到 3 万多吨，有效补给了全县 300 万只滩羊的饲用，实现了增绿与增收的共赢。

水资源的极度紧缺长期限制了盐池县的农业发展。基于农业用水的严峻形势，盐池县引进技术，将过去传统农业用水的漫灌式转变为滴灌施肥节水式（见表 3–16）。滴灌施肥一体化技术，是通过将灌溉用水和溶于水中的化肥从水源以点滴状缓缓而均匀地滴灌到作物根区的土壤中，在作物不同生育阶段，多次小量地供给其所需的不同养分和水分，以满足作物生长发育的需要。每一滴都对准植物生长区，显著地提高了肥料的利用率，节省肥料用量可达 30%—50%，切实有效地实现了节水节肥和增产高效的双重目的。同时，有效减少灌溉水深层渗漏，降低地下水硝酸盐污染风险，减轻土壤退化，缓解对环境的压力。

表 3–16　2014—2018 年盐池县完成高效节水灌溉工程情况

年份	面积（万亩）	效益情况		
		新增粮食生产能力（吨）	新增节水能力（万立方米）	节地（万亩）
2014 年	2.36	1180.00	70.8	0.1652
2015 年	4.4523	2226.15	133.569	0.311661
2016 年	2.1632	1081.60	64.896	0.151424
2017 年	2.4149	1207.45	72.447	0.169043
2018 年	2.9012	1450.60	87.036	0.203084

此外，盐池县还在加快资源节约利用上下功夫。规范石膏、白云岩等资源开采项目，严格控制资源原料输出，提高就地转化率，增加附加值，关停淘汰一批耗能高、污染大、效益低的企业，坚决淘汰落后产能。同时，严格控制工业固体废物、污水等主要污染物的排放，固体废物、污水处置率达到100%，建立减排重点工程6个，减排效果显著。

2018年，盐池县空气质量目标为优良天数比例达到81.4%，PM10年均浓度较2017年下降1.2%，控制在82.51微克/立方米以下。水环境质量考核中水质标准达标且稳定，污水处理厂排放达标水经人工湿地进一步净化后回用于城市景观及绿化，达到自治区的任务要求。同时，盐池县不断提升基础设施和公共服务建设。盐池县通过跨部门、多路径、多手段、多层次的区域环境协同治理，从而真正实现了生态与经济的共生发展。

第四章 产业富民：从无人问津到国宴食材

经过40多年的扶贫实践，我国的扶贫开发已经完成从“输血式”扶贫到“造血式”扶贫的范式转换。精准扶贫精准脱贫成为新时代脱贫攻坚的基本方略。在精准扶贫的国家战略下，产业扶贫被赋予了新的内涵，承担起贫困户的“造血”功能，成为精准扶贫的核心。[①]选择何种产业？如何做大、做强产业，提升产业附加值（即产业升级）？如何更好地建立产业发展与贫困户增收之间的利益联结机制，从而带动贫困户脱贫？这些问题成为横亘在地方政府、贫困户及企业面前的一道坎。对于贫困地区来说，情况尤其如此。在这方面，盐池县在县委县政府的正确领导下，成功摸索出了一条产业发展与贫困户增收相互促进的长效机制。由此，盐池县成为宁夏回族自治区首个脱贫摘帽县，产业兴旺也为该县乡村振兴打下了良好的基础。那么，盐池产业发展的密码究竟在哪里？

本章结构安排是：首先，对盐池县的资源禀赋与产业选择进行分析；其次，重点对盐池滩羊这个“一号产业”的品牌化路径进行探究；再次，对“4+X”辅助产业的培育予以分析；最后，对产业发展的盐池经验进行总结，并对如何进一步促进产业发展提出相应的建议。

---

① 刘建生、陈鑫、曹佳慧：《产业精准扶贫作用机制研究》，《中国人口·资源与环境》2017年第6期。

一、要素资源禀赋与产业选择

产业发展面临的首要问题是产业选择。《中共中央、国务院关于打赢脱贫攻坚战的决定》提出：发展特色产业脱贫，制定贫困地区特色产业发展规划；支持贫困地区发展农产品加工业，加快一、二、三产业融合发展，让贫困户更多分享农业全产业链和价值链增值收益。《中共中央、国务院关于打赢脱贫攻坚战三年行动的指导意见》要求：加大产业扶贫力度。深入实施贫困地区特色产业提升工程，因地制宜加快发展对贫困户增收带动作用明显的种植养殖业、林草业、农产品加工业、特色手工业、休闲农业和乡村旅游，积极培育和推广有市场、有品牌、有效益的特色产品。

那么，盐池的特色产业究竟在哪里呢？谁来主导产业选择？对于盐池这一革命老区和中部干旱带上的国家级贫困县来说，政府主导下的产业政策必不可少。从结构经济学的视角来看，产业政策若想取得成功，就要帮助企业进入一个要素生产成本比较低的产业，也就是从要素资源禀赋结构来看具有比较优势的产业。[①]产业政策的目的就是把那些具有潜在比较优势，但因为交易费用太高，还不具有竞争优势的产业，经由政府帮助，改善发展的软硬环境从而降低交易费用，因势利导促进其发展。交易费用一降低，产业就从具有潜在比较优势变为具有现实竞争优势。

（一）自然资源禀赋

2014 年 10 月 24 日公布的《盐池县 2014 年改革工作要点》显示，“做强传统产业，注重引进战略性新兴产业”是盐池当时产业发展的基本思

① 林毅夫：《新结构经济学：反思经济发展与政策的理论框架》，北京大学出版社 2012 年版。

路。“坚持‘4+2’产业体系，在巩固石油化工、煤炭开发、新型建材、新能源四大主导产业的基础上，突破机械加工制造业，做活农产品加工业。大力发展油气化工、煤化工（烯烃）、新材料、光伏（热）等产业，改造升级传统产业，实现产业链的上下扩张和前后延伸，产业间的相互配套。……全年完成工业总产值 58 亿元以上，实现工业增加值 19 亿元以上，其中规模以上工业增加值增长 20%”。盐池县传统工业的发展存在的问题是：一方面难以与贫困户增收形成利益联结机制、带动作用有限；另一方面传统工业发展提高了地方政府的财力，为工业反哺农业创造了基本的物质条件。但要实现贫困户可持续增收，还是要从与贫困户关联度最高的农牧业上寻找突破口。

盐池县农牧业发展的初始条件如何呢？先看看农牧业发展的自然生态条件。盐池县地处陕、甘、宁、内蒙古四省（自治区）交界处，农耕文化与游牧文化交融，地域广、日照长、温差大、降水少。盐池县地处鄂尔多斯台地向黄土高原过渡地带，地势南高北低，全县总面积 8522.2 平方千米，是宁夏面积最大的县。南部为黄土丘陵区，海拔 1600—1800 米，沟壑纵横；北部为鄂尔多斯缓坡丘陵区，海拔 1400—1600 米，地势开阔平缓，年均日照 2901 小时，利于作物生长增产。总体来看，县境内气候干燥，年平均气温 8.3℃，长冬严寒、短夏温凉。年均降水量不足 300 毫米，年均蒸发量高于 2000 毫米。[①] 如果纯粹从自然条件来看，只能用自然生态恶劣来概括。相对于生态条件良好的地区来说，这算不上优势，甚至是一种劣势，以致被联合国粮食开发署认定为“不适宜人类居住的地区”。从经济社会学的观点来看，比较优势是一个社会建构的产物，它并不是一个绝对意义上

① 盐池县志编纂委员会：《盐池县志（1981—2000 年）》，宁夏人民出版社 2002 年版。

的客观存在。[①] 当独特的自然环境与农牧业相结合时，有可能孕育出具有地域特色的、品质独特的农产品，比较劣势有可能会转变为比较优势。

（二）农牧业资源禀赋

盐池县是农牧业大县，农牧业收入成为农村家庭收入的主要来源。20 世纪 70 年代，由于连年干旱，粮食产量低且不稳，盐池县多数年份，农民要靠吃国家返销粮玉米、红薯干度日。75% 的农民生活在国定贫困标准线以下，生活极度困难。从 1981 年“包产到户”开始，农村劳动力得到极大解放，农牧业产量总体上稳中有升。但农牧业收入受降雨、自然灾害等因素影响，收入极不稳定。

1952—1982 年，全县羊只保有量一直徘徊在 50 多万只左右。[②]1978 年，盐池县被国家畜牧局列为畜牧业现代化综合试验基地县。此后 20 多年，盐池县持续推广“三高一快”养羊措施，使全县各类畜牧业生产指标均有所提高（见表 4–1）。

表 4–1　主要年份主要畜产品产量 [③]

年份	当年出栏（不含羔羊）羊只数	当年出栏猪（头）	肉类总产量（吨）	羊肉产量（吨）	猪肉产量（吨）	绵羊毛（吨）	山羊毛（吨）
1978 年	57975	16286	1333	406	898	244	54
1993 年	147068	30910	4612	2121	2400	370	30
2000 年	270916	43195	7328	4161	3028	442	35
2010 年	520133	57903	15207	10258	4221	1305	107

① 高柏：《产业政策与竞争政策：从经济社会学的角度看新结构经济学》，《上海对外经贸大学学报》2018 年第 3 期。

② 1976 年，全县羊只死亡 15.9 万只，死亡率达到 30%，为历史最高。当年羊只存栏数降到 31.9 万多只，比 1952 年减少 8 万只。

③ 盐池县统计局：《盐池县统计年鉴（2006—2010 年）》，2012 年版。

从表 4–1 可以看出：从 1978 年到 2010 年，肉类总产量、当年出栏羊只数、羊肉产量都有大幅增加。这一趋势也同样体现在大家畜和猪羊存栏数当中（见表 4–2）。

表 4–2 主要年份大家畜和猪羊存栏数[①]

时间	牛（头）	马（匹）	驴（头）	骡（头）	猪（头）	羊（只）	
						总数	其中滩羊
1978 年	8135	1298	14948	7928	25913	511941	261478
1993 年	560	154	14498	14290	32758	388055	245768
2000 年	1802	59	9194	11218	45819	367645	235678
2010 年	3444	–	2537	2649	38148	903314	715574

从表 4–2 可见：从 1978 年到 2010 年，牛、马、驴、骡的存栏数总体上出现大幅下降的趋势，猪存栏数仅增加了 12235 头，而羊存栏数则增加了 391373 只，达到 903314 只。由此可见，羊在盐池县畜牧业当中具有举足轻重的地位。2003 年被国务院特产委员会命名为“中国滩羊之乡”，2010 年被国家工商总局商标局认定为“中国驰名商标”。这更加巩固了羊（尤其是滩羊）在盐池县畜牧业当中的领头地位。

《盐池县 2014 年国民经济和社会发展统计公报》显示：2014 年年末实现农林牧渔业总产值 12.2 亿元，同比增长 6.1%，实现农林牧渔业增加值 5.86 亿元，同比增长 5.9%，增速比上年提高了 2.9 个百分点。全年农作物总播种面积 82801 公顷，同比增长 0.1%。粮食作物播种面积 45933.3 公顷，同比下降 2.6%。其中玉米面积 11763.3 公顷，薯类面积 11267 公顷，油料作物面积 9654 公顷，蔬菜、瓜果面积 4630 公顷。实现粮食总产量 105951 吨，同比增长 9.7%。规模养殖业蓬勃发展，其中羊出栏量 757277

---

① 盐池县统计局：《盐池县统计年鉴（2006—2010 年）》，2012 年版。

只（期末存栏量 756982），同比增长 25.4%。羊肉产量 1.4 万吨，同比增长 18.5%。实现畜牧业总产值 5.78 亿元，同比增长 11.3%，占农林牧渔业总产值的比重达 47.4%。①

表 4-3　2014 年全县种植业基本情况

农作物总播种	面积（亩）	同比（%）	产量（吨）	同比（%）
种类	1242015	0.1		
一、粮食作物	689000	-2.6	105951	9.7
（一）夏粮	13500	-62.5	497	-67.9
（1）小麦	13500	-62.5	497	-67.9
（二）秋粮	675500	0.6	105454	10.9
1. 谷物	502500	1.5	89975	13.1
（1）玉米	176450	18.0	78591	14.7
（2）谷子	12850	35.4	642	35.2
（3）荞麦	292000	-12.8	10015	2
2. 豆类	4000	-19.8	168	-15.2
3. 薯类（折粮）	169000	-2.0	15311	-4.4
二、油料	144810	2.9	12205	5.0
其中：胡麻	1200	0.0	820	0.0
向日葵	3536	2.9	5697	10.1
三、药材	75750	0.0	2697	0.2
其中：甘草	74700	0.0	2641	0.1
四、蔬菜	16995	-25.4	14630	-25.4
五、瓜果	52455	1.5	76619	20.3
六、其他作物	263000	9.1	74746	7.3

① 宁夏盐池县统计局、国家统计局盐池调查队：《盐池统计年鉴（2016）》，2017 年版。

续表

农作物总播种	面积（亩）	同比（%）	产量（吨）	同比（%）
其中：青饲料	52635	–61.4	14579	–61.5
牧草	210365	101.2	60167	89.5

从表4–3可知，2014年盐池县种植业处于深度调整之中，亟须进一步凝练产业方向。其中，牧草的增长量最为惊人，面积已达到210365亩，比上年增长101.2%，产量达到60167吨，同比增长89.5%。此外，甘草也是盐池一大优势产业。盐池境内分布的野生中药材有130多种，所产甘草品质好、药用价值高，在国内外享有很高的声誉，1995年被国务院命名为“中国甘草之乡”。

（三）扶贫产业选择的精准化

盐池县的扶贫开发共经历了五个阶段：（1）“三西”农业建设阶段（1983—1993年）；（2）“双百”扶贫攻坚阶段（1984—2000年）；（3）千村扶贫开发阶段（2001—2010年）；（4）百万贫困人口扶贫阶段（2011—2015年）；（5）精准扶贫、精准脱贫阶段（2016—2018年）。在精准扶贫精准脱贫政策实施之前，盐池县也在不同阶段进行过扶贫产业探索。

“三西”农业建设阶段。1986年盐池县委提出兴建滩羊、油料、甘草、蔬菜、柳编、苹果六个小型商品基地的经济发展思路，当年初见成效。其中滩羊饲养量比上年增加10余万只，达到60余万只；播种胡麻84500余亩，单产提高了近一倍；人工种植甘草1850亩；发展柳编业，当年完成产值21万元；新植苹果树4600亩。1987年和1989年，国务院贫困地区经济开发领导小组决定在贫困地区发展地膜杂交玉米生产，实施“温饱工程”，利用地膜覆盖技术提高粮食产量，尽快解决贫困地区群众的温饱问题。温饱工程对地膜和化肥进行专项补贴，重点扶持人均粮食产量不足 300 千克的重点贫困村。1990 年年底，宁夏山区仍有 103 个乡、358 个村未解决温饱问题（占比为 23.18%）。1993 年，盐池县决定在今后 10 年内建成五大出口创汇产业基地，并将南部山区 6 个乡镇确定为小杂粮出口基地，主要发展荞麦、谷子、豌豆、扁豆等小杂粮。有关部门在天津、上海、海口等地建立窗口，联系小杂粮出售业务。仅 1993 年第一季度，通过天津窗口将 1000 吨荞麦、50 吨糜子销往日本及东南亚等国家和地区。

“双百”扶贫攻坚阶段。1994 年盐池县委提出了“吃饭必抓水，花钱靠养羊，生存要治沙”的方针，确定了“一二三三三”的经济发展思路，即建设好一个扬黄灌区；抓好羊只育肥和药材种植两个基地建设；建立畜牧业、药材业、乡镇企业三个支柱产业；改善县城、大水坑、惠安堡三个集贸市场；开发畜产品加工、制药、建材三个系列。是年，县委还提出了“一二三四”扶贫开发思路。其中，“四”为四个主导产品基地，具体为粮食生产、畜牧业、中药材、马铃薯淀粉四个基地建设。具体建设内容：（1）以小杂粮为主的粮食基地。通过开发扬黄灌区和打井打窖，到 1998 年年底农业人口人均达到 1 亩水浇地，人均产粮 500 千克，人均从中获得收入 400 元。（2）以滩羊为主的畜牧业基地。全年造林 11 万亩，人工种植 2 万亩，围栏草场 5 万亩，封育补播草场 20 万亩，羊只饲养量达到 80 万只以上，出栏 30 万只，人均收入 400 元。（3）以甘草、麻黄为主的药材基地。两年内实现人工种植麻黄 2 万亩，甘草种植面积累积达到 4 万亩，人均每年靠药材获得收入 250 元。（4）以山芋为主的淀粉基地。全年种植山芋 13 万亩，农村人均 1 亩，总产量达 1.5 亿千克，每个乡办 2—3 个淀粉、粉条加工企业，每个村办 1 个小型淀粉加工点，农民从中人均获得 350 元收入。

千村扶贫开发阶段。产业化扶贫成为新时期三大重点工程之一。2009年11月12日，盐池县委召开十二届十七次全体（扩大）会议，审议通过了《关于加快滩羊产业发展的意见》、《关于加快甘草产业发展的意见》和《关于加快生态建设的意见》，持续推进农村经济发展。在2005年盐池县整村推进项目计划表中，与扶贫产业相关的项目有：（1）产业开发项目。马铃薯种植14740亩73.7万元，人工种草10150亩20.3万元，肉牛养殖330头33万元，滩鸡养殖35000只3.5万元，仁用杏种植150亩3万元。（2）养殖协会。成立养殖协会3个，3.5万元。（3）粮油加工。粮油加工厂2个29.4万元，甘草产业加工厂1个3万元。2006年整村推进产业项目包括：种植马铃薯19160亩95.8万元，人工种植甘草8500亩17万元，中药材种植100亩2万元，经济作物种植2000亩10万元，经果林种植1250亩25万元，养牛386头38.6万元，养猪示范户20户28万元，养鸡示范户20户4万元。

百万贫困人口扶贫阶段。2011年盐池县编制了《"扶贫到户责任到人"双到扶贫攻坚工程的意见》，确定"双到"扶持对象1526户5263人，重点扶持培育基础母羊11156只、种公羊2301只；饲养生猪496头，养鸡2920只；种植马铃薯10178亩、荞麦1772亩、甘草183亩、枣树102亩、黄花菜30亩。2013年4月18日，盐池县委召开第九次常委（扩大）会议，研究审定了《盐池县草产业发展规划（2013—2017年）》、《2013年紫花苜蓿种植实施方案》和《2013年滩羊产业发展实施方案》等。在"整村推进"过程中，金融扶贫的撬动作用开始凸显。2013年，筹集扶持资金1018.8万元，对5094户16735人的养殖项目实施扶持，平均每户扶持2000元；为贫困户向农信社每户贷款2万元发展滩羊养殖，贷款总量达到1亿元以上。

在精准扶贫、精准脱贫阶段（2016—2018年），盐池县坚持"普惠+特惠”的原则，出台特色产业扶持政策，大力发展以滩羊为主导，黄花菜、小杂粮、牧草、中药材为辅助，适合家庭经营小品种为补充的“1+4+X”特色优势产业，不断夯实脱贫攻坚产业基础。经过3年的苦干、实干，2018年，盐池县最终脱贫摘帽。

通过对盐池县产业发展与扶贫开发历程的简要回顾，我们发现：（1）盐池县产业扶贫中的产业选择经历了一个试错的过程，通过不断的摸索，比较优势不明显的产业（如苹果等）逐步退出特色优势产业，而具有比较优势潜能的产业（如滩羊、小杂粮、甘草等）则逐步显现出来，成为特色优势产业。其中，滩羊一直是盐池最具特色的产业。（2）在精准扶贫精准脱贫阶段，盐池县在产业甄选上不是另起炉灶、匆忙上马，而是在早谋划和“有所为，有所不为”的基础上，因势利导和顺势而为。产业发展既具有延续性，又具有创新性。其中，“1”即盐池长期以来的优势产业，盐池县将其定位为头号富民产业（主导产业）；“4”即黄花菜、小杂粮、中药材和牧草，除黄花菜是盐池县近年来甄选出具有发展潜力的产业之外，其他三大产业均在盐池具有相当基础；“X”体现出盐池产业发展中不搞“一刀切”，从而为各贫困村、贫困户依据自身资源禀赋自主创新预留了空间。

到2016年，全县特色产业发展框架基本形成。选准产业只是产业发展的第一步。接下来，更重要的是：（1）做大、做强产业，提升产品附加值（即产业升级）。（2）更好地建立扶贫产业与贫困户之间的利益联结机制，从而带动贫困户脱贫。

二、盐池滩羊："一号产业"的升级

滩羊是蒙古羊经长期的自然选择和人工选育而形成的一个长脂尾、异质毛型二毛裘皮羊品种。"盐池滩羊肉"是滩羊的一个重要产品。现代科学研究成果表明，滩羊肉营养成分结构明显优于其他肉类食品，其肉质细嫩，无膻腥味，脂肪分布均匀，含脂率低，营养丰富，是羊肉中的精品，独特的风味品质，倍受消费者喜爱；毛裘皮是滩羊另一个著名的产品，其有禾采之貌，毛色洁白、光泽悦目、花穗美观、图案清晰、高贵靓丽、毛皮轻便、毛股长而坚实、根部柔软……是裘皮中的上品，属宁夏的"五宝"之一，居盐池"三宝"之首，已享誉世界近300年。在2014年《舌尖上的中国》栏目第二季中有"黄河冲出贺兰山，塑造了宁夏平原，几乎所有的美食家都认为这里的羊肉质地最佳"的描述，"这里的羊肉"指的就是盐池滩羊肉。

2015年7月6日印发的《盐池县2015年滩羊产业发展实施方案》要求：坚持把中部草畜产业带作为主战场和示范区，按照"精细化养殖、高品质生产、高端化消费、高效益运营"的发展思路，以产业标准化建设为目标，突出龙头带动、市场拓展、优质优价三个重点，抓好保种、提质、稳量、增效四个关键，不断强化种草、养羊、加工、销售全产业链培育，加强协会建设，持续拓展滩羊高端市场，稳步推进滩羊产业转型升级。由此，盐池滩羊产业升级步入了快车道。

（一）规模化："抱团"发展聚力量

与其他产业不同，单打独斗的小农业在面临大市场时具有脆弱性。对于经济相对落后的国定贫困县和生计资本严重匮乏的贫困户来说，情况尤其如此。因此，只有将政府的有形之手、市场的无形之手和群众的勤劳之手整合起来形成合力，“抱团”发展聚力量。在精准扶贫、精准脱贫政策实施之前，盐池县的滩羊产业发展虽然已经具备一定基础，但也存在不少问题。第一，无论是贫困户，还是龙头企业、合作社，产业发展所需资金都是严重缺乏的。第二，产业发展所需的龙头企业少而不强，带动能力有限。第三，农户抵御风险能力弱，市场预期不稳定。基于此，盐池县委县政府采取了一系列针对性举措。

首先，加大对滩羊产业的财政（金融）扶持力度。2015 年，全县滩羊产业发展总投资 10.61 亿元，其中，县财政扶持资金 2500 万元（含发展基金 1000 万元），争取自治区农业财政项目和整合退耕还林后续产业项目资金 3600 万元，金融贷款 10 亿元。为此，盐池县制定了 2015 年滩羊产业发展扶持资金概算表（见表 4–4）。2016 年，全县滩羊产业发展总投资 5.2 亿元，其中，县财政扶持资金 1000 万元，争取各类项目资金 1000 万元，金融贷款 5 亿元。2017 年，全县滩羊产业发展总投资 10.36 亿元，其中，自治区、县财政扶持资金和整合项目 3600 万元，金融贷款 10 亿元。2018 年，全县滩羊产业发展投入资金 10.986 亿元，其中，争取国家（自治区）财政项目资金 1410 万元，县财政滩羊产业发展扶持资金安排 3450 万元，撬动金融贷款 10.5 亿元（含宁夏人保财险融资 5000 万元）。为了促进滩羊产业的发展，盐池县 2015—2018 年县级财政和争取项目资金共计投入 1.656 亿元，撬动金融贷款共计 35.5 亿元。大规模的财政投入为盐池滩羊的产业升级奠定了良好的物质基础。

表 4-4　2015 年滩羊产业发展扶持资金概算

扶持内容		投资金额（万元）	县财政资金（万元）	争取项目资金（万元）	金融贷款（万元）
合计		6100	2500	3600	100000
一、注入滩羊产业发展基金		1000	1000	–	–
二、生产群新增基础母羊补助	新增基础母羊补助	1500	–	1500	–
三、品牌宣传与保护	1. 市场监督检查	20	20	–	–
	2. 报刊公示	30	30	–	–
	3. 品牌宣传	150	150	–	–
	小计	200	200	–	–
四、市场开拓		847	747	100	–
五、滩羊广场及滩羊专用屠宰加工厂建设		400	400	–	–
六、流通环节冷链配送		75	75	–	–
七、2014 年存栏千只以上基础母羊补助		78	78	–	–
八、家庭养殖场标准化棚舍建设		2000	–	2000	–

其次，争取自治区农业产业化整合退耕还林后续产业项目资金。2015 年，新增基础母羊存栏 10 万只，滩羊饲养量稳定在 300 万只左右，全县新增基础母羊补助 1500 万元，争取自治区农业产业化整合退耕还林后续产业项目资金，对全县养殖户每户新增 10 只以上基础母羊予以补助。争取自治区农业产业化整合退耕还林后续产业项目资金 1500 万元，对全县新增的 15 万只滩羊基础母羊予以补助，每只补助 100 元。争取自治区草畜产业等项目资金 2000 万元，以中部草畜产业带规模养殖户为主，采取整村推进的方式，新建标准化棚舍 20 万平方米，每平方米硬棚补助 100

元。2016年，羊只饲养量达到305万只，滩羊基础母羊存栏达到95万只。2017年，羊只饲养量达到310万只左右，滩羊基础母羊存栏达到100万只。2018年，羊只饲养量稳定在315万只以上，滩羊基础母羊存栏稳定在100万只，羊肉产量达到2.75万吨，产值达10亿元。

再次，盐池县逐步探索出“评级授信、小额信贷”等金融扶贫新模式。早在2013年，盐池实施“双到扶贫”攻坚工程，组织扶持对象重点发展滩羊养殖，扶持标准由2000元提升到2万元后，贫困户1次可购置20只基础母羊，人均年收入可提高1500元，确保贫困户户均当年就拥有1个稳定持续的增收项目，年内撬动信贷资金1亿元以上。2014年将“双到”扶贫对象纳入“千村信贷”金融扶贫范围。一方面，按照“千村信贷·互助资金”金融扶贫管理模式，将自治区安排的393.8万元“双到”专项资金，以户均2000元标准融入互助社，支持1969户贫困户优先借用互助资金，并推荐进入“千村信贷”扶贫范围。另一方面，积极与县信用社协调，将剩余的1881户贫困户也纳入“千村信贷”扶持范围，使他们得到信用贷款，用于发展盐池滩羊。年底通过项目验收并给予这部分贫困户576.2万元专项扶贫资金的贴息。2015年，全县金融扶贫共撬动金融机构发放信贷资金21.7亿元，受益农户22446户（其中贫困户7441户，贷款5.36亿，户均7.2万元）。全县互助社发展到93个（年新增2个），资金总量达9680万元（其中年争取互助资金2435万元，用于76个村级互助社资金扩面增量及“千村信贷”贴息），受益农户达10303户（其中贫困户5151户），并将“双到”扶持对象3983户12856人纳入“千村信贷”项目管理，年撬动信贷资金1.3亿元以上，发展盐池滩羊58000只，从根本上解决了贫困户贷款难、贷款贵的问题。同时成立了宁夏回族自治区第一个县级互助资金管理中心。

2016年，盐池县形成“盐池金融扶贫510”模式（即四级信用、互助联贷、融资发展、风险补偿、保险保障五项工程；四信平台、评级授信、互助资金、千村信贷、资金捆绑、小额信贷、融资担保、风险补偿、企业助力、扶贫保险十种模式）。实现风险补偿金筹集、贷款总量、信用平台建设、评级授信、金融服务覆盖面“五个新突破”，同时也破解了扶贫小额信贷10个难题。实现扶贫小额信贷贴息、建档立卡贫困户评级授信、金融服务网点三个“全覆盖”。在宁夏回族自治区率先创新实行“扶贫保”，按照“保本、微利”的原则，筹资2200余万元，“量身定做”了12项扶贫保险，实现了建档立卡户扶贫保险“全覆盖”，确保贫困群众脱贫路上“零风险”。全年发生理赔金额达2024.4万元。同时，整合投入资金5000万元设立县级风险补偿金，对建档立卡贫困户全部实行免抵押免担保，破解了60岁以上及非恶意“黑名单”贫困户不能贷款的难题，充分发挥了金融杠杆作用，破解了发展资金短缺难题。2017年，按照“普惠+特惠”的原则，出台“特色产业十项”扶持政策，对所有农户实行县级主导产业政策“全覆盖”，对贫困户实行所有产业政策“全覆盖”。一般农户户均扶持5000元，建档立卡贫困户户均扶持6000元，助力农户将特色优势产业做大做强，兜住了因病因灾致贫返贫的底线，“扶贫保”向全国推荐交流。

2018年，盐池县继续实施并不断完善金融扶贫保险政策。《盐池县2018年扶贫保险实施方案》推行的与滩羊相关的保险包括：（1）基础母羊、种公羊养殖保险。投保对象为全县饲养基础母羊和种公羊的建档立卡贫困户。费率标准：基础母羊、种公羊保险金额600元/只，保险费率为6%，保费36元/只。保费承担：自治区财政每只补贴15元，县财政每只补贴15元，群众自筹每只6元。保险责任：对畜龄在1.5—5岁的基础母羊和种公羊，因条款中规定的自然灾害、意外事故、疾病造成牲畜死亡，保险公司负责赔偿。承保计划：40万只。（2）滩羊肉价格指数保险。投保对象为全县滩羊养殖的建档立卡贫困户。保额及保费标准：滩羊肉（肉羊）保险金额为828元/只，保险费率为4.78%，保费为39.6元/只，约定23元/斤。保险责任：因价格下跌导致滩羊肉的销售收入低于保险合同约定的预期收益时，保险机构按照保险合同约定负责赔偿。保费来源：县财政补贴50%（每只19.8元），群众自筹50%（每只19.8元）。承保计划：40万只。

最后，亟须培育具有带动能力的龙头企业与合作社，再造产业链条。

2015年，根据滩羊肉市场价格低迷、禁牧力度加大和产业发展面临严峻困难的状况，对与农户建立稳定的购销关系、与扶贫相结合、实行订单生产销售盐池滩羊肉的企业给予补助。在羊肉市场价格低于养殖成本价格时，企业在市场价格的基础上加价10%收购；在羊肉市场价高于养殖成本价时，企业在市场价的基础上加价8%收购，保证养殖户有充足的养殖利润。对企业销售盐池滩羊肉每千克补助2元，补助4235吨羊肉（约23.53万只羊）。按照《2014年滩羊产业发展实施方案》，新增存栏千只以上基础母羊按照4∶3∶3比例给予补助，2014年按40%的比例已通过一卡通的形式补助资金103.98万元，2015年安排补助资金78万元。

2016年，对使用订单养殖收购盐池滩羊的加工销售企业，订单收购销售量在500吨（约3万只羊）以上的，给予300万元贷款的贴息，贴息标准为年贷款总额的5%，贴息额最高不超过9万元；对二毛裘皮及滩羊毛制品的加工企业，根据原皮收购量，收购2万张以上、滩羊毛100吨以上的，给予贷款总额5%的贴息，贴息额最高不超过5万元；对进行杂碎、羊血、胎盘等滩羊副产品研发的加工企业，取得省部级以上检测和确认报告的，给予贷款总额5%的贴息，贴息额最高不超过5万元。对加工销售企业在全国某一大中城市销售盐池滩羊肉，且价格高于盐池市场胴体价格一倍以上，年销量达50吨（含50吨）以上，每个企业奖励5万元；

年销量达100吨以上，每个企业奖励10万元；年销量达200吨以上，每个企业奖励20万元。对电商销售企业，参照以上办法予以补助。对入驻银川穆斯林国际商贸城和盐池滩羊广场经销盐池滩羊肉的商户予以补助。一是盐池滩羊肉每千克销售价格达到60元以上，年销售量达到15吨以上，每个商户补助3万元。二是由农牧局负责在银川穆斯林国际商贸城建设“滩羊产品及滩羊文化展示区”。三是对盐池县城滩羊肉专销区的商户在入驻装修方面给予适当补助。

为了充分发挥龙头企业的带动作用，盐池县加快了中民盐池滩羊股份有限公司的运行，并组建了盐池滩羊集团公司。宁夏盐池滩羊产业发展集团有限公司于2017年7月登记注册，其性质为国有独资企业，注册资金1亿元。集团公司围绕滩羊良种繁育、滩羊产业科技服务、滩羊肉购销和投融资四个方面投资成立了4家全资子公司。并以集团公司为母公司组建成立宁夏盐池滩羊产业集团，集团依托母公司以投资、契约关联和生产经营协作等多种方式，引导、整合县域内现有牧草种植加工和滩羊生产、加工、销售企业等滩羊产业链上的新型农业经营主体和各种资源，努力实现盐池滩羊“购销价格、市场开拓、品牌宣传、营销策略、生产标准和饲草料使用”的“六统一”目标，增强盐池滩羊市场竞争力，充分发挥滩羊产业扶贫作用，促进滩羊产业稳步发展和农民稳定增收。2018年，盐池县以滩羊产业集团公司为龙头，积极拓展与各金融机构合作领域，探索合作推出更多适合中小企业多样化融资需求的金融产品和服务项目，支持滩羊集团公司直接、间接融资5亿元以上，用于支持滩羊养殖企业、合作社、家庭农场和滩羊肉加工销售企业发展滩羊产业。

滩羊产业发展规模化之后，为了解决龙头企业、合作社、农户之间缺乏协调与整合的问题，经县民政局同意、批准，2015年盐池县滩羊产业发展协会挂牌成立，其所有制形式为社会团体组织，有217家会员单位。现有会长1人，副会长10人，理事37人，秘书长、副秘书长各1人，监事长1人，监事4人。其中，滩羊肉加工、皮毛加工、各类种养殖公司71家，滩羊养殖合作社62家，家庭农牧场37家，经销店（铺）47家。乡（镇）协会8个，村级协会94个，并建立了固定的联系机制。重点开展滩羊产业关键环节技术和滩羊产品研发，制定行业标准，进行人才和技术培训、产品广告宣传；组织会员开展经验交流，开展产品推介活动等，为会员单位的产品进入市场提供各种信息，帮助会员拓展产品销售渠道。滩羊协会的业务范围包括：（1）开展滩羊产业关键环节技术和滩羊产品研发。（2）制定行业标准。（3）引进人才和开展技术培训。（4）产品广告宣传。（5）组织会员开展经验交流。（6）开展产品推介活动，开拓中高端市场。（7）行业自律，产品定价。（8）为会员单位的产品进入市场提供各种信息，帮助会员拓展产品销售渠道。通过县、乡、村三级协会，建立规范行业自律、统一生产标准，协调企业、合作社和养殖户有组织地开展生产、加工和销售。由此，滩羊协会成为产业发展的黏合剂，“龙头企业+协会+合作社+农户”的规模化产业链条与组织体系逐步建立起来，并在产业实践中不断丰富与完善。

（二）标准化：通过标准进行治理

随着滩羊产业规模的不断扩大，治理难度也大大增加。如何使滩羊市场从无序走向有序，成为摆在地方政府面前最紧迫、最棘手的任务。虽然滩羊协会的成立和运转在一定程度上降低了滩羊市场的治理负荷，但面对如此庞大的治理规模，仅有协会是远远不够的，尚需探索新的治理机制。在此背景下，通过标准化来进行治理的机制应运而生了。这一治理机制围绕“三大关键环节”——生产、加工和销售，以“四大体系”（生产体系、质量追溯体系、品牌宣传保护体系[①]、市场营销体系）和“六统一”（统一购销价格、统一市场开拓、统一品牌宣传、统一营销策略、统一生产标准、统一饲草料使用）为抓手来展开。

标准化的起点肇始于何谓滩羊与如何生产滩羊。只有界定了滩羊，才能将滩羊与非滩羊区分开来；只有界定了如何生产滩羊，才能从生产过程中发掘生产滩羊的独特性。在2015年11月22日发布的《盐池滩羊商品羊判定及胴体分级》中规定，盐池滩羊应符合下列要求：（1）产地界定。产于盐池县境内8个乡镇及与其接壤的相似生态区域，如同心县韦州镇、下马关镇、马高庄乡、红寺堡区太阳山开发区、灵武市五里坡乡、马家滩镇、磁窑堡镇等部分地区。（2）外貌特征。具有滩羊的典型外貌特征，主要是毛呈毛辫结构；具有典型的滩羊头部特征，一般有黑色、褐色脸斑或眼圈，少量个体头部为纯白，长脂尾，一般尾尖至飞节。在此前后，《标准化羊场建设规范》《饲草包膜青贮加工调制技术规程》《青贮饲料调制技术规程》《羔羊育肥技术规程》《盐池滩羊商品羊判定及胴体分级》《盐池滩羊肉生产技术规程》《肉羊全混合日粮加工饲喂技术规范》《舍饲滩羊高频繁殖饲养管理技术规程》《羔羊早期补饲技术规程》等繁育、饲养、屠宰、加工、包装、储藏、运输、烹饪等标准相继发布。

在饲育环节，2017年启动滩羊三级繁育体系建设。投入资金460万元，针对基础母羊补助、种公羊投放等环节予以补助，以达到保种提纯的目的。在基础母羊补助方面，投入资金500万元。根据《滩羊国家标准》《盐池滩羊商品羊判定及胴体分级》《盐池滩羊肉生产技术规程》等地方标准，对存栏滩羊基础母羊2000只以上和200只以上按生产标准操作、群内无杂种羊的保种基地和规模养殖场、规模养殖大户等经验收合格后每

---

① 鉴于品牌宣传保护体系将在品牌化部分进行详细的论述，此处不再赘述。

只补贴 100 元和 50 元。种公羊投放方面，利用项目资金 160 万元，投放优质种公羊 2000 只。2018 年，进一步实施盐池滩羊品种保护和选育提高工作。投入资金 890 万元，对种公羊投放及示范场、保种基地的基础母羊予以补助。种公羊投放方面，利用国家良种补贴项目安排投放滩羊种公羊 2000 只，每只国家补助 800 元，补助资金 160 万元。滩羊养殖示范村培养方面，2018 年新增滩羊养殖示范村 30 个，补助基础母羊 5 万只，每只补助 100 元，补助资金 500 万元。在滩羊标准化养殖示范场培养方面，全县培育滩羊标准化养殖示范场 30 个，改造和完善养殖基础设施，推广滩羊标准化舍饲养殖技术。每个示范场以奖代补 5 万元—10 万元，补助资金 150 万元。2018 年 9 月 23 日，盐池滩羊基因（SNP）鉴定成果发布会在盐池县举行。宁夏农林科学院联合中国农业科学院北京畜牧兽医研究所、北京康普生农业科技有限公司利用全基因组重测序和生物信息学分析的方法，经过几年的努力，发现滩羊区别于绵羊品种的特异的 25 个 SNP 基因位点，构建滩羊基因组变异的“指纹图谱”，从基因组水平精准区分滩羊与其他地方肉羊品种资源，通过对模型的不断优化，开发了盐池滩羊基因（SNP）鉴定技术，形成了从“样品采取—基因检测—结果分析—报告出具”的标准化流程。①

在饲草料环节，2017 年开始实施饲料统一研制配送政策。投入资金 600 万元，研制开发盐池滩羊专用饲料和具有独特配方的子品牌饲料。充分发挥三级协会和龙头企业的作用，对养殖户根据订单养殖协议，统一配送滩羊专用系列饲料。2018 年进一步加强滩羊专用饲料的研发推广，补助资金 50 万元。结合《盐池县 2018 年牧草产业发展实施方案》推进柠条平茬和秸秆综合利用，以滩羊养殖示范村、示范场为主开展柠条等饲料研

① 杨之汀：《盐池“院地合作”破解滩羊基因密码》，《宁夏日报》2018 年 10 月 8 日。

发推广应用。

在畜牧技术服务环节，2015 年开展抓好培训服务，规范操作管理工作。组织相关专业技术人员、乡镇畜牧兽医站技术人员、乡镇专业干事，按照技术要求、技术标准、技术规程，加强技术服务，完善滩羊产业发展各类档案资料。同时科学整合各类培训资源，加强对养殖户的科学培训，加强对规模养殖园区的防疫和管理培训，提升滩羊标准化水平。2017 年，进一步加强了防疫检疫工作。一是通过招聘、录用、考核等形式，加强县、乡、村防疫人员队伍建设。二是加强固定边卡和临时边卡检疫工作。三是通过防疫检疫工作，监督盐池滩羊肉产品流通。四是做好重大疫病应急预案和应急物资储备。五是探索政府购买畜禽防疫服务。2018 年，深入推进基层畜牧兽医社会化服务体系改革，加强基层畜牧兽医技术队伍建设，推动滩羊产业绿色发展、标准化生产。

在屠宰环节，2015 年投入资金 400 万元，用于补助按规划设计要求在盐池、银川建设滩羊广场和新建标准化滩羊专用屠宰加工厂建设。2017 年投入资金 50 万元。一是争取或通过挂靠的方式在大水坑、惠安堡、高沙窝等乡镇所在地建设专业屠宰场（点），并在县城新建活羊交易市场。二是对养殖户到县城屠宰场屠宰的运输成本给予适当补助。2018 年，由滩羊集团公司负责，对盐池滩羊屠宰专区、销售专区和银川国际商贸城滩羊展示销售中心进行专区管理。

在运输环节，2015 年投入资金 75 万元，用于补助企业购买 10 吨及 10 吨以上容量冷藏配送车，每辆补助 15 万元，补助 5 辆车。2016 年县财政投入资金 100 万元，用于补助企业购买 5 吨及以上容量冷藏配送车，每辆补助 5 万元；购买 10 吨及以上容量冷藏配送车，每辆补助 15 万元。2017 年投入资金 50 万元，对企业、合作社等购买 5 吨以下容量冷藏配送车每辆补助 3 万元，5 吨及以上容量冷藏配送车每辆补助 5 万元，10 吨及以上容量冷藏配送车每辆补助 15 万元。同时，投入资金 100 万元，对空运和汽运冷鲜配送的运输费予以补助。2018 年，建设以盐池滩羊肉为主的盐池特色（富硒）农产品展示配送中心，完善基础设施，规范管理制度，逐步实现外地企业、商户以盐池滩羊肉为主的特色农产品由滩羊集团统一配送。

在市场监督环节，从 2015 年开始，每周 1 次对县内、每月 1 次对区内、每季度 1 次对区外滩羊肉专卖店进行监督检查；将检查结果以正式文件专报县委县政府，同时定期在《宁夏日报》《银川晚报》《新消息报》和吴忠市的市级报刊，以及微信、微博等媒体公布。2016 年，开展打击欺行霸市，维护市场交易秩序行动，对压价收购肉、皮和合伙欺诈养殖户的行为依法进行严厉打击。

在质量追溯环节，2016 年县财政投入资金 400 万元，用于滩羊肉产品包装物二维码客户端查询系统、防疫及饲养信息追溯系统、电子出证、终端操作等进行研发和优化，探索建立滩羊肉销售物联网系统，逐步建设、完善滩羊肉产品质量追溯体系和生产加工标准，并对村级防疫员采集源头信息予以补助。2017 年投入 400 万元，在全县范围内，滩羊全部佩戴电子芯片，推进使用二维码扫描进程，实现系谱、养殖、加工、销售等信息全程追溯。2018 年，启动实施盐池滩羊产业经营监管暨质量管理大数据平台建设项目。建立盐池滩羊全景监控、饲料投入品、防疫和疫病防控、产品销售等大数据库，使产业链加工企业数据共享，实现滩羊从养殖到餐桌的可追溯；通过大数据平台对全县滩羊产业发展具体情况、产业链各主体经营数据进行采集分析，为盐池滩羊产业发展提供客观准确的政策依据，推动盐池滩羊产业可持续发展。

总之，透过滩羊产业标准化建设，既有效降低了市场的治理负荷，又提高了市场的治理效能。由此，滩羊市场秩序进入稳定发展的良性阶段，下一步在于如何确保盐池滩羊完成从优质到优价的华丽转身。其中，标准化只是优质的前提，但能否优价，还取决于滩羊的品牌化过程。

（三）品牌化：价值增值的助推剂

品牌化是提升产品价值的必要环节，是价值增值的助推剂。在羊肉市场上，盐池滩羊品牌化的核心工作是如何发掘出滩羊的核心价值、找准目标消费群体。只有塑造出独特的产品品牌，使消费者（购买者）形成对品牌的认同，价值增值才能成为可能。

脱贫攻坚以来，盐池县素来重视盐池滩羊的品牌宣传与保护。2015年，盐池县投入150万元用于在列车车厢、机场广场、高速公路广告牌、宁夏5A级旅游景点和微信平台、重点销售城市媒体等方面进行广告宣传。2016年，投资宣传费60万元，在目标销售城市开展精准宣传花费30万元；“盐池滩羊”专题片拍摄制作花费30万元。与此同时，盐池滩羊品牌设计、品牌传播和品牌体系建设也在有条不紊地展开。

1. 品牌设计

2016年，盐池县委托浙江大学中国农业品牌研究中心进行了“盐池滩羊肉”的区域公用战略品牌规划。2016年6月，课题组重点围绕盐池滩羊肉好在哪里、产业发展的瓶颈问题在哪里以及滩羊文化脉络渊源在哪里进行了调研。通过调研，深入了解盐池滩羊养殖加工、产品流通、品牌推广、市场营销、文化脉络、产业发展等现状。在此基础上，课题组提出了相应的建议。

滩羊是单胎动物，一年只产一胎，一胎仅产一只羊崽。2015年，全县滩羊产量仅为4万吨，这在一定程度上制约了盐池滩羊产业的规模化、产业化发展。在当地养羊户看来，这是制约产业发展的不利因素。然而，在课题组看来，“物以稀为贵”正是盐池滩羊创建品牌的优势所在。经过深入挖掘，课题组发现除了产量难得外，盐池滩羊还具有诸多稀缺品质。在此基础上，课题组提炼出“六个难得”作为盐池滩羊的价值基础（见图 4-1）。以此为基础，又提炼出品牌的核心价值——“盐池滩羊，难得一尝”。

（1）**气候难得**：冬长夏短，春迟秋早，日照充足，蒸发强烈；

（2）**碱水难得**：盐湖环绕，天然弱碱水，均衡肉质营养；

（3）**饲草难得**：盐州草原，175 种优质牧草，115 种中药材；

（4）**羊种难得**：毛股天然卷曲，肉质不膻不腻，盐池独有；

（5）**育养难得**：一年一胎，一胎一只，精心呵护；

（6）**产量难得**：仅为内蒙古羊肉产量百分之一，供不应求。

图 4-1　盐池滩羊肉品牌的价值基础——“六个难得”

盐池县农牧局于 2005 年成功注册了“盐池滩羊肉”证明商标，于 2010 年获得“中国驰名商标”称号，且已被盐池养殖户、企业接受并使用，在消费者中也已具有一定的品牌影响力。因此，课题组仍以此为品牌的主形象。然而，仅以此商标无法形成盐池滩羊肉的差异化形象。鉴于此，课题组设计出一个个性鲜明、特色突出的盐池滩羊肉辅助形象，以丰富产品的符号体系。辅助形象以一只典型盐池滩羊形象作为图形创意的基础，最终形成以“盐池滩羊肉”五个汉字为躯干，勾勒出一只活灵活现的盐池滩羊形象。同时，在图形中以宁夏为背书，助力形成消费认知。

2. 品牌传播

盐池滩羊肉的品牌传播策略也建立在课题组《"盐池滩羊肉"区域公用战略品牌规划》的基础上。课题组经过调研后认为：羊肉消费在我国肉类消费市场中属于非大众、非必须消费。有两类人会购买羊肉：（1）严选食材的使用者（多为高级酒店大厨，必须对酒店采用的食材负责）。（2）热衷美食的食用者（老饕食客）。基于此，课题组认为"大厨"和"吃货"两大群体为核心消费者，建议采取社群营销为主。

2016 年 10 月 19 日，"盐池滩羊肉"品牌战略规范发布暨 G20 杭州峰会宴会使用盐池滩羊肉推介会在杭州举行。最终，盐池滩羊肉被确定为 G20 杭州峰会专供食材，开始了从地方特产到国宴食材的华丽转身。此后，"盐池滩羊"宣传推介活动在全国各大城市陆续展开（见表 4–5）。继 G20 杭州峰会之后，在金砖国家厦门峰会和上合组织青岛峰会上，盐池滩羊肉再次成为国宴食材，"盐池滩羊肉"的品牌价值也飙升至 68 亿元。

表 4–5 "盐池滩羊"宣传推介活动汇总

推介年份	推介日期	推介城市	活动名称	参与企业
2016 年	10 月 19 日	杭州	"盐池滩羊肉"品牌战略规划发布暨 G20 杭州峰会宴会使用盐池滩羊肉推介会	宁夏盐池县鑫海食品有限公司
	12 月 14 日	深圳	"盐池滩羊"品牌宣传暨产品推介会	宁夏荣宝食品有限公司
	12 月 19 日	天津	宁夏"盐池滩羊"品牌宣传暨产品推介会	宁夏盐池县奋林农畜交易中心（有限公司）
	12 月 30 日	银川	宁夏盐池·福建泉州产业合作经贸洽谈会	工信和商务局（牵头）

续表

推介年份	推介日期	推介城市	活动名称	参与企业
2017 年	3 月 11 日	三亚	“天涯北望・盐州有味”宁夏“盐池滩羊”品牌宣传暨文化旅游推介会	宁夏盐池县大夏牧场食品有限公司
	3 月 27 日	西安	宁夏“盐池滩羊”品牌宣传暨文化旅游推介会	县文化旅游局（牵头）
	5 月 9 日	上海	宁夏“盐池滩羊”品牌宣传经贸合作暨文化旅游推介会	宁夏盐池多司得滩羊股份有限公司
	6 月 23 日	北京	“盐池滩羊”品牌参加第二届世界厨师艺术节、宁夏“盐池滩羊”品牌宣传暨产品推介会	盐池县溯源滩羊产业科技发展有限公司
	11 月 6 日	厦门	宁夏“盐池滩羊”红寺堡红酒品牌宣传暨经贸合作文化旅游推介会	宁夏盐池滩羊产业发展集团有限公司
	11 月 29 日	广州	宁夏“盐池滩羊”品牌宣传暨经贸合作文化旅游推介会	宁夏盐池滩羊产业发展集团有限公司
	12 月 19 日	南京	宁夏“盐池滩羊”品牌宣传暨经贸合作文化旅游推介会	宁夏盐池滩羊产业发展集团有限公司
2018 年	10 月 15—21 日	北京（一县一品）	北京王府井品牌扶贫主题展览周	中品世纪（北京）科技发展有限公司
	11 月 17 日	北京（长富宫饭店）	北京长富宫饭店举办了“臻鲜之旅”盐池滩羊尊享品鉴会	绿缘良品（北京）科技有限公司
	2018 年 10 月至 2019 年 2 月	上海	盐池县政府与盒马公司战略签约发布暨“盐池滩羊”品牌盒马全国十城门店推广活动	宁夏盐池滩羊产业发展集团有限公司
	10 月 29 日 11 月 5 日	长沙	第十六届中国国际农产品交易会暨湖南卫视“乡人乡味”优秀农产品推介晚会	盐池滩羊产业集团有限公司 盐池县奋林农畜产品交易中心有限公司
	6 月 21—26 日	长沙	“湘约宁夏”——“神奇宁夏走进长沙”宁夏生活体验周暨宁夏好物“滩羊之乡多彩盐池”品牌宣传活动	盐池滩羊产业发展集团公司

续表

推介年份	推介日期	推介城市	活动名称	参与企业
2018年	11月20—27日	海口	“冬游宁夏·享受阳光”2018海南国际旅游岛欢乐节宣传推介会	县文化旅游局（牵头）滩羊产业发展集团公司、昫盐文化旅游投资发展有限公司
	9月7—9日	南京	2018第八届中国·江苏国际餐饮博览会	宁夏盐池滩羊产业发展集团有限公司、盐池县鑫海公司、宁夏荣宝食品有限公司、宁夏溯源科技发展有限公司

除了“走出去”推介滩羊外，盐池县委县政府还将企业与消费者“请进来”。2017年首届盐池滩羊美食文化旅游节于9月29日至10月5日在盐池举行，旅游节以“走进多彩盐池，品味滩羊美食，共谋品牌发展”为主题。本次旅游节活动有滩羊选美、滩羊肉地方十大金牌菜评选、名厨滩羊肉新菜品发布、中国羊肉产品区域公用品牌暨盐池滩羊品牌发展高峰论坛、推介会及项目签约仪式、长城徒步大赛、明星演唱会、美食音乐节等多项活动。活动中举行了滩羊选美的决赛，种公羊、种母羊和二毛糕羊的冠军花落各家，总奖金4万多元。现场还支起了直径1.5米的九口大铁锅同煮精选上好滩羊肉，让来宾和群众品尝。上海大世界基尼斯总部还向盐池颁发了“最大滩羊雕塑”基尼斯纪录证书。

3. 品牌体系建设

在《盐池县2018年滩羊产业发展实施方案》中，盐池县谋划建立盐池滩羊品牌宣传保护体系建设。具体措施包括：（1）实施品牌提升工程。大力实施品牌战略，将盐池滩羊品牌文化元素融入盐池全域旅游品牌打造和美丽乡村建设中，充分利用自治区内外交通客运站点、公交车体、大型广告牌等宣传展示盐池滩羊品牌文化，提升“中国滩羊之乡”“国际滩羊美食之乡”品牌知名度。围绕滩羊美食文化旅游节、航空嘉年华、房车露营大会等重大旅游节会精心策划，通过品牌宣传、产品展示、美食文化宣传等形式，提升滩羊品牌文化的影响力和美誉度。（2）创新宣传推介模式。通过组织文化名人体验采风，创作品牌文化精品，讲好盐池故事，精准定位消费群体，瞄准大中城市的中高收入人群和经济发达地区，立体式宣传推介滩羊品牌产品。总结盐池滩羊品牌宣传暨文化旅游招商引资推介会成功经验，创新品牌推介模式，多渠道推介“中国滩羊之乡”——盐池，进一步提高盐池滩羊肉的高端市场占有率和产品竞争力。（3）加强商标使用管理。学习借鉴国内农产品区域公用品牌管理先进经验，委托专业团队修订《盐池滩羊地理证明商标使用管理办法》，规划布局区外大中城市和银川市区滩羊肉授权销售网点，积极探索盐池滩羊肉连锁经营和区域授权的管理模式，完善商标许可使用退出机制。加强部门协作，争取自治区、吴忠市业务主管部门的支持，加强对授权许可使用“盐池滩羊”商标的直销店、餐饮体验店、网店的监督检查。开展盐池滩羊肉销售市场专项检查，规范市场运营管理，积极探索建立异地维权打假、联合执法机制。

2018 年 10 月 13 日，“寻味盐池 · 鲜天下”盐池滩羊品牌推广会暨盐池县政府与盒马鲜生战略合作启动仪式在上海举办，盒马鲜生选取了上海、北京、西安的三个店面同步开展“寻味盐池 · 鲜天下”的路演活动。这一活动标志着盐池滩羊正式入驻多家盒马鲜生零售门店，开启了“优质”到“优价”的零售新模式。

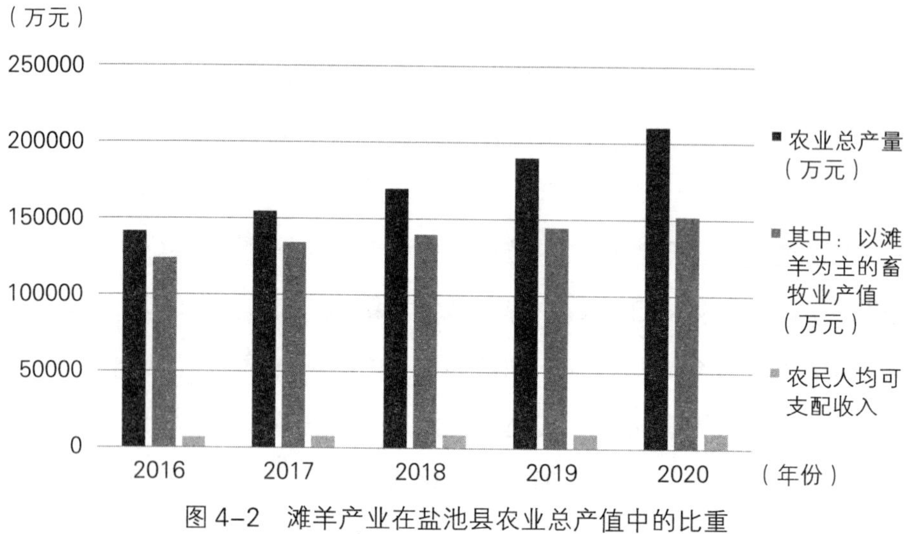

图 4-2 滩羊产业在盐池县农业总产值中的比重

经过几年的品牌建设，2016 年盐池滩羊荣获“一带一路”农产品品牌建设应用贡献奖和第十四届全国农产品博览会金奖。2017 年荣获最受消费者喜爱的中国农产品区域公用品牌和中国百强农产品区域公用品牌，成功创建为国家级农产品地理标志示范样板，入选全国商标富农十大典型案例，被认定为中国重要的农业物质文化遗产。由此，盐池滩羊完成了从地方特产到国宴食材的成功蜕变，成为带动农户脱贫致富的“一号产业”，以滩羊为主的特色产业对农民增收的贡献率达 60% 以上（见图 4-2）。

三、盐池产业“4+X”：辅助产业的培育

从 2013 年开始，盐池县委县政府坚持把滩羊等特色优势产业作为贫困群众脱贫的主导产业，突出精细管理、精深加工、精准扶持，加快特色产业持续发展步伐。在发展“一号产业”——滩羊产业带动贫困户脱贫的同时，盐池县还结合本地的资源禀赋，以市场为导向，积极培育中草药、

黄花菜、牧草、小杂粮等特色产业作为辅助的产业发展格局，共同助推贫困户脱贫致富奔小康。

（一）"4+X"的构成要素及其特点

盐池县产业体系中的"4+X"，"4"是指包含黄花菜、小杂粮、优质牧草和中药材四种在内的辅助性特色优势产业，"X"是指盐池当地的其他特色产业，比如滩鸡、黑毛猪、肉牛等。它们共同构成了盐池现代农业产业体系：一方面，要依托创新推动产业发展；另一方面，又要依靠产业发展带动贫困群众增收，从而带领当地贫困群众走出一条特色富民之路。

1. 黄花菜——"皇帝的女儿不愁嫁"

黄花菜具有适应性强、栽培简单、灌水少、效益高的特点，是扬黄灌区作物结构调整、农民增收致富的首选作物。由于独特的地理和气候优势，盐池种植的黄花菜具有品质好、花蕾肥大、菜条丰润、色泽鲜亮、营养丰富等特点。经验测，盐池黄花菜的蛋白质、总糖、硒、钙、磷等含量均高于其他地区黄花菜的含量，属于优质黄花菜品种。因此，黄花菜不仅是美味的食品，还是难得的保健品。在原农业部发布的全国679个"名特优新"农产品目录名单中，盐池黄花菜以其独特的优势入选。盐池县于2002年开始在惠安堡镇扬黄灌区试种黄花菜，2010年开始大规模发展，成为优势特色作物。盐池县始终把黄花菜作为带动群众脱贫致富、加快种植结构调整的特色优势产业来抓，先后出台了黄花菜种植、晒场建设、托盘购置、生产加工、市场开拓等方面扶贫的政策，制定了宁夏回族自治区唯一的《宁夏露地黄花菜生产技术规程》《黄花菜制干技术规程》等生产标准规范，并指导农户实行全程绿色标准化种植，着力打造有机、富硒、高端特色的农产品。

2. 小杂粮——“中国荞麦之乡”

盐池县属温带大陆性季风气候，一年四季干旱少雨、光照充足、昼夜温差大，历史上是优质小杂粮的主产区，种植历史悠久，耕作方式传统。在盐池的旱作雨养农业区，大气、土壤、灌溉水等基本没有污染，自然环境优良，非常有利于发展高品质无公害、绿色有机小杂粮，还被原农业部认证为“天然绿色农产品生产基地”。近年来，盐池县充分发掘这些优势资源，利用40%的耕种土地种植荞麦、谷子等小杂粮，发展小杂粮良种繁育基地。盐池小杂粮的年种植量达40万亩，其中荞麦35万亩、糜子2.5万亩、谷子1.5万亩、各种豆类1万余亩，年总产量约3000万千克。荞麦作为盐池县种植规模最大、分布最广的传统农作物，也是当地特色小杂粮优质品种之一。

3. 牧草——“盐池滩羊的美食”

盐池县的阳光强度大、日照时间长、雨水少、昼夜温差比较大，这种条件极利于植物中营养成分以及糖分的积累。因此，盐池牧草富含蛋白质以及其他有机物质。牧草作为盐池滩羊的饲草料，随着滩羊产业的兴旺不断得到发展壮大。盐池县牧草资源丰富，干草原草场、荒漠草原草场、沙生植被草场、盐生植被草场4类草场混生，生长着559种维管束植物、130余种中草药。盐池县经退耕还林、退耕还草之后，自然生态条件逐步改善，经历了产业发展与自然生态从恶性循环到良性互动的转变。滩羊产业的发展，生态条件的改善，均为优质牧草产业的发展奠定了良好的外部环境。

4. 中草药——“中国甘草之乡”

盐池县的中草药发展是以甘草为主导带动发展的。盐池县是宁夏甘草资源的集中分布区和历史上“西正甘草”的主产区，被称为“中国甘草之乡”。这味被广泛用于中医药方的草药，其味道本身就是甜的。20世纪后期的几十年里，盐池县遍地是野生甘草，挖甘草成为当地农民的一种谋生手段。盐池所产的甘草片、甘草浸膏占全国市场60%的份额。早期，由于农民过度采挖甘草，导致草场退化、沙化加剧，生态环境遭受严重破坏，使得野生甘草资源濒临灭绝。从2000年开始，国家明令制止滥挖甘草。2002年，盐池县实施全境封山禁牧，禁挖甘草并鼓励农户人工种植甘草，通过封育补植、草原飞播等措施，加大对野生甘草资源的保护力度。

5. X——其他特色产业

盐池县在做好县级“1+4”主导产业的同时，不搞“一刀切”，注重坚持因户因人施策；出台专门的扶持政策，充分发挥乡镇多种经营的主动性，大力推进“一村一品、一户一业”，让适合家庭经营的特色产业遍地开花。让群众逐渐从发展黑毛猪、滩鸡等可快速获益且能稳定增收的小产业中得到“真金白银”，培育了增收致富新的增长点。2005年6月，盐池县向各乡镇贫困村、贫困户发放滩鸡30万只。县农经局牵头成立的滩鸡养殖合作社统一购进饲料，免费送货，每吨节省200元，每只鸡节约饲草料成本0.5元；统一育雏提供仔鸡，每只节约采购成本0.9元；当年全县农户饲养的129万只滩鸡全部售罄。与此同时，盐池县共选派包括10名大学生在内的49名科技特派员到滩鸡养殖园区和孵化场创业。2006年，盐池利用714万亩草场鼓励农民养殖滩鸡达到280万只，全县有2.5万农户参与滩鸡养殖，全年实现纯利润560万元。2017年，盐池县支持每个乡镇发展多种经营项目3—5个，完成肉牛（肉驴）养殖255头、黑毛猪养殖1.2万头、滩鸡养殖14万只，完成红葱种植1729亩、拱棚建设727座、特色种植1632亩、豆类作物种植2689亩。

（二）从“小散户”到“大市场”：扩大市场规模，抵御市场风险

综观中国贫困地区多年的脱贫攻坚史，其实不难发现，产业扶贫的本

质就是要提升贫困群众进入市场的能力。在盐池，扶持贫困户养殖滩羊，不仅仅是通过资金、政策扶持让他们多养些羊，更重要的是解决市场问题。通过龙头企业、合作社的带动，让贫困群众能够“借船出海”，跟市场经济紧密连在一起，获得更多的发展机会。

1. 通过建立示范基地和依托协会订单，以扩大市场规模

盐池县鼓励贫困群众种植黄花菜及经营其他特色产业，不仅要解决资金、技术的问题，更要着眼于市场行情、引入市场主体参与等问题。如果缺乏市场主体带动，缺少对市场行情的敏锐分析，仍然是以往的“小散户”传统模式，依靠仅有的土地和种植量投入瞬息万变的市场中，贫困群众的收益很难得到保障。原因是贫困群众小而散的生产方式很难对接大市场，而他们本来就底子薄、能力弱，经不起市场的风吹草动。那么，盐池县在脱贫攻坚战中，是如何通过“小散户”转变为“大市场”的呢？

盐池县在黄花菜产业中，注重规模化发展和高标准示范基地的建立，仅针对黄花菜产业的补贴近千万元。[①] 目前盐池以惠安堡镇为重点，花马池镇、冯记沟乡为补充，共种植黄花菜超过5万亩。已建成花马池镇城西滩和惠安堡镇隰宁堡2个万亩黄花菜种植基地，培育专业合作社3家，申报“坤美”“蕙宣王”“阳春”黄花菜商标3个，盐池县国家黄花菜种植标准化示范区项目于2018年7月14日顺利通过自治区验收。这些行动都为黄花菜的规模生产和销售打下了牢固根基。

---

① 补助环节的具体内容：（1）种植补助。新增黄花菜每亩补助700元，按“3∶2∶2”比例分3年补助。即2016年秋季、2017年春季移栽的黄花菜，2017年验收合格后每亩补助300元，2018年验收合格后每亩补助200元，2019年验收合格后每亩补助200元。（2）晾晒加工设施补助。对企业、合作社、农户建设晾晒加工设施，混凝土晒场每平方米补助30元，农户自购托盘（规格120㎝×60㎝×12㎝）每个补助16元。（3）贷款贴息补助。企业贷款贴息标准为同期同档次贷款基准利率的60%，合作社大户为同期同档次贷款基准利率的70%。（4）鼓励企业、合作社积极开拓黄花菜外销市场。对建立黄花菜产品线上、线下销售网络或实体销售店，年销售规模达到200吨以上的企业、合作社，每个奖补3万元—5万元，累计不超过10万元。（5）龙头企业扶持。对种植规模大、加工销售数量多、带动能力强的龙头企业和合作社，实行一事一议给予直接补助。

在小杂粮和牧草产业中，盐池县依托农业合作社、龙头企业或行业协会的市场基础，对产业生产和种植规模进行统一协调和计划。在盐池县大水坑镇，已经培育出30多个专业合作社，60%的农户与公司或协会签订了种植订单，农户种植小杂粮、牧草积极性大大提高，大水坑镇成立的滩羊产业发展协会实现了业务各村全覆盖，将统一协调全镇规模化养殖和滩羊出售。以盐池县中部草畜产业带为重点，根据立地条件和牧草生长期生物学的要求，采取施肥平衡化、灌溉节水化、作业机械化、管理科学化等标准化生产模式，提高牧草产量和质量。此外，盐池县奋林农畜产品交易中心帮扶23户贫困户，为每户赠送10只到15只滩羊并实行"代养"，贫困群众每月来中心学习科学养殖技术，还能领到"分红"。这些做法打消了贫困群众原本的顾虑，为其投身小杂粮和牧草种植产业解除了后顾之忧。

盐池县在其他的特色产业中，为了落实"万企帮万村"精神，以大水坑商会为首的企业、行业协会等群体积极行动，大力扶持贫困户发展产业，支持养殖肉驴、滩羊、滩鸡，筹资15.7万元分别为28户贫困户购买了10头肉驴、120只生产母羊、300只滩鸡；商会还与贫困户签订了养殖和回收协议，派技术人员现场指导，并以高于市场价格回收，规避了贫困户的养殖风险，帮助那些参与的贫困户全部顺利实现脱贫。

2. 观测农产品价格指数和农牧业扶贫保，以抵御市场风险

盐池县地处毛乌素沙漠，气候干旱少雨，常年风沙肆虐，农作物经常因为干旱、大风而减产甚至绝收，给当地农民造成重大损失。另外，市场价格的波动也经常给贫困群众造成不小损失。上述因素都在不同程度上影响了贫困群众发展特色产业的积极性。如何抵御市场风险，确保农户稳定增收？以大水坑镇为例，他们立足当地小杂粮、牧草和滩羊养殖产业优势，组建专业生产合作社，引进公司或成立加工企业，镇上扶持在二道沟

村和摆宴井村建起小杂粮加工厂，在新泉井村、东风村建成饲草料加工厂，引进盐池县溯源滩羊产业科技发展有限公司和奋林农畜产品交易中心。该镇还积极推动商贸物流发展，开工建设德昌铁路物流中心，盘活大水坑农贸市场、奋林农畜产品交易中心，鼓励年轻人发展电子商务。

一方面，农产品价格指数保险很好地发挥了保险稳定器的作用，这只是盐池县创新开展“2+X 扶贫保”中的 1 个险种。盐池县还推出了家庭意外综合保险和大病补充医疗保险 2 个基本险种，以及黄花菜种植保、荞麦产量保等其他 9 个可选择险种，既兜住了群众因病、因灾、因意外致贫返贫底线，也确保了贫困群众脱贫路上“零风险”。

另一方面，为了保证贫困群众达到正常收入水平，鼓励他们脱贫致富，盐池县联手中国人民财产保险公司推出了专为贫困群众量身定制的农牧业保险。如黄花菜种植保险金额为每亩 1000 元，主要承担因自然灾害及晾晒期间连续阴雨造成的黄花菜损失；荞麦产量保险责任为每亩 64 千克等。具体内容有：对于黄花菜产业发展中面临的市场风险，盐池县推行扶贫保险方案。[①] 从投保对象、保额、保费标准、保费承担以及保险责任都做出了明确的说明。对于牧草种子市场价格保护，盐池县则采取激励性机制，对那些稳定牧草种子市场、高于市场价格 10% 以上收购 1000 吨以上的企业，给予一次性 5 万元—10 万元的奖励。

（三）从“初加工”到“深加工”：提高附加值，延长产业链

市场是一只无形的手，产业扶贫既要遵循市场规律，又需要市场力量的介入和推动。不单是盐池，我国绝大部分的贫困地区多以出售农牧产品

① 盐池县 2016 年扶贫保险实施方案规定：（1）投保对象：盐池按县种植黄花菜的建档立卡贫困户。（2）保额及保费保准：保险金额 1000 元 / 亩，保费 60 元 / 亩。（3）保费承担：自治区财政补贴 50%，县财政补贴 30%，扶贫专项资金缴纳 20%。（4）保险责任：在保险期间内，由于自然灾害及晾晒期间连阴雨给贫困人员种植的黄花菜造成损失时，保险公司负责赔偿。

和初级加工产品为主，产业基础薄弱，产业链较短，限制了产业的市场规模和发展前景。因此，在精准安排项目的基础上，还要在延长扶贫产业链、提高附加值上下功夫，提高进入市场和抗风险的能力，真正增强贫困地区、贫困群众的“造血”功能，力争实现持续稳定发展。

1. 注重精细加工与管理，提高产品附加值

以传统的眼光来看，农牧产品的种植、养殖和销售相对来说是一个吃力不讨好的领域。因为其产品的生产周期、卖出价格和所得利润存在着基本可预期的空间，而且不会有较大的起伏和变动。但如今，很多具有区域特色的农牧产品更加注重对自身的精细加工，挖掘到产品内部可再增值和增收的部分，起到进一步加大对当地贫困群众脱贫致富的帮扶力度。盐池县的大水坑镇的做法就是很好的例子。当地政府助推在二道沟村建设农业循环示范基地，成立小杂粮加工厂、养羊场、饲料加工厂等，在小杂粮主产地对初级产品进行深加工，提升产品附加值，自行消化库存，给产品带来了更广阔的销路。过去，该镇还有近 3 万亩的撂荒地，近两年来再无撂荒地。因此，在产业扶贫中，如果能为贫困地区疏通流通渠道和壮大产业链，那么农民持续增收就不是难事。

2. 基于本地优势产业，延长壮大产业链

在小杂粮产业中，加大订单收购和加工。鼓励支持成立小杂粮产业协会，支持小杂粮种植、加工、销售企业、合作社等新型经营主体发展。盐池县按照“区域布局、点面结合、因地制宜、突出特色”的总体思路，拨付专项资金，主要用于支持小杂粮种植，以及小杂粮收购加工、新产品研发、市场开拓及线上线下销售等。其中，主要围绕社会化服务、订单收购和加工、贷款贴息、杂粮产品线上线下销售四大方面展开。对订单收购盐池县范围内农户种植的小杂粮原粮，且规模达到 500 亩或加工量达到 100 吨以上的企业、合作社及大户给予每亩 10 元或每吨 150 元的补贴。对年

加工原粮规模达到1000吨以上的企业、合作社给予10万元补贴，补助资金50万元。

盐池县在中药材产业中，发展一批中药材产业经济合作组织。按照“民办、民管、民受益”的原则，积极鼓励扶持发展中药材专业合作社、农民经纪人，大力推广“龙头企业+农民专业合作社+基地+农户”的产业化组织形式。充分发挥农民专业合作社和农民经纪人“引导生产、联结市场、塑造品牌、指导服务”的作用，引导农户和农产品加工企业形成联结关系紧密、推进机制完善、竞争能力突出、带动能力较强的产业化经营体系。支持专业合作社建立和完善中药材技术推广体系，抓好新品种、新技术引进、试验和示范工作。出台优惠政策，扶持个体药商药贩，组建中药材中介服务机构，扶持加工企业，形成企业带基地农户的发展模式。

（四）从“地方特产”到“国字品牌”：立足精准扶持，突出品牌推广

产业是扶贫攻坚的重要基础，一个地方即使再贫穷，有了产业支撑，就有了造血功能与内生动力，就能够依靠自身努力和主动作为摆脱贫困。盐池县的脱贫攻坚工作之所以能够取得喜人成果和长效发展，正是在于它对标精准，立足本土资源禀赋，充分发挥自身产业、产品的优势，将“地方特产”变为“国字品牌”辐射至全国各地，并不断推广和壮大。盐池县依托“中国滩羊之乡”“中国甘草之乡”“中国荞麦之乡”三大“国字号”品牌，坚持把滩羊等特色优势产业作为贫困群众脱贫的主导产业，突出精细管理、精深加工、精准扶持，推动“一村一品”“一户一业”和三次产业跨界融合发展，筑牢稳定脱贫致富根基。

1. 紧抓“精准”二字，深挖区域特色和产品价值

盐池县在小杂粮产业中，因其绿色品牌的确立和推广极大地带动了产业价值的跃升。近年来，盐池县以荞麦为主的小杂粮绿色食品企业不断发展壮大，带动了荞麦产业的发展，使全县荞麦种植面积不断扩大，已形成以荞麦为主的小杂粮优势特色产业。2012 年，盐池县被中国特色之乡推荐暨宣传活动组委会评定为“中国荞麦之乡”。从 2013 年开始，盐池县委县政府把推进杂粮绿色基地建设和杂粮绿色食品精深加工作为县域经济发展的主导产业，以测土配方施肥、粮油高产创建和现代农业基地示范建设等惠农项目为引领，以“山逗子”“对了”“山野香”等加工企业为龙头，按照“企业 + 合作社 + 基地 + 农户”的生产模式，积极组织企业通过 ISO900 质量管理体系认证、QS 认证和绿色食品、有机食品认证等。目前，盐池县杂粮年加工能力超过万吨，生产各种杂粮、杂粮粥、杂粮面粉、杂粮挂面、杂粮冷冻食品、杂粮礼品、杂粮精装礼品 7 大系列 180 多个品种，产品远销北京、上海、天津、香港等地。

2. 做大做实“国字品牌”，扩大品牌影响力

盐池县注重对甘草品牌的宣传保护。深入挖掘“盐池甘草”资源优势和文化内涵，充分利用中阿博览会、盐池县首届“航空节”等平台，通过组织甘草研讨会、各类推介会、电视广告宣传等形式，不断扩大“盐池甘草”品牌影响力，持续提升“亿嘉”“润达”等甘草产品知名度。修订完善“盐池甘草”中国驰名商标管理办法，规范“盐池甘草”商标使用，加强执法监管，发挥好其市场带动效应，为中药材产业发展拓展市场空间。1995 年，盐池县被国务院命名为“中国甘草之乡”。2008 年成功注册“盐池甘草”原产地证明商标，2010 年被命名为宁夏著名商标。“盐池甘草”商标 2012 年 8 月被国家工商总局认定为“中国驰名商标”。盐池人工甘草种植始于 20 世纪 80 年代，经过探索实践，甘草栽培技术趋于成熟，产品

市场需求旺盛，价格持续上扬。2006年以来，盐池将甘草确定为五大特色优势产业之一。盐池县不断加大甘草产品研发攻关力度，研发了甘草酸、甘草总黄酮、甘草多糖等10多个产品的生产工艺。以甘草为主要原材料的深加工企业先后落户盐池，都顺生物化工、拓明公司、紫金花药业、普凡生等企业生产的甘草凉茶、甘草饮片、甘草膏、甘草浸膏、甘草糖等深加工产品享誉市场。

盐池县同样重视对小杂粮品牌的宣传推介。建设以小杂粮为主的特色产业富硒产品展示区投入20万元，创建国家、自治区级名优产品分别奖补10万元、5万元，创建无公害、绿色、有机认证分别奖补1万元、2万元、3万元，参加自治区内外小杂粮品牌宣传推介活动每次分别奖补0.5万元、1万元，补助资金40万元。此外，还有一些其他特色产业都得到了市场的认可，如盐池滩鸡蛋获国家地理标志保护产品。

（五）从“小买卖”到“扶贫大格局”：全面带动，多点发力

盐池县坚持把滩羊、甘草、小杂粮、黄花菜等特色优势产业作为贫困群众脱贫的主导产业，撬动金融机构的信贷资金，破解农字号企业融资难题，定向扶持脱贫群众发展特色产业。原本囿于固定规模的农产品交易，只能是农户和商人之间的“小买卖”。如今，借着脱贫攻坚的春风，将这些特色产业发展出乡村旅游扶贫、乡村电商扶贫等创新形式，为盐池贫困群众脱贫致富、早日迈向小康生活做出重要贡献。

1. 构筑农村生态旅游模式，拓宽贫困群众增收渠道

盐池县将乡村旅游作为全域旅游发力重点，依托黄花菜①、大接杏和以荞麦为主的小杂粮等特色产业，整村推进发展旅游新模式。这几年，

---

① 截至2017年，全县黄花菜种植面积累计达到6.1万亩，亩均产值1万元左右，辐射带动全县3950户农民种植黄花菜，黄花菜成为当地群众脱贫增收的主导产业之一。

随着宁夏全域旅游示范区的创建和人们旅游观念的变化，乡村旅游正在成为一种新时尚。越来越多的人开始踏上盐池这块独具特色的土地，结合其旅游定位，搭配不同的旅游主题，在不同的旅游线路上享受不同的美景与美食。因此，盐池当地很多农村贫困群众开始做农家乐，搞绿色蔬菜种植、采摘，通过发展旅游产业，实实在在地促进了当地的贫困户脱贫。

近两年，盐池曾先后在高沙窝镇、惠安堡镇、麻黄山乡举办了首届黄花菜、荞麦花、杏花观赏和采摘节。同时，盐池还结合美丽乡村建设计划，做好种植基地观光景点规划、基础设施建设、文化内涵提升，打响乡村旅游盐池品牌。此外，盐池县还利用“红古绿”特色旅游和光热资源优势，借助全国农村电子商务示范试点县的有利条件，积极发展旅游扶贫、电商扶贫等新业态，拓宽贫困群众增收渠道，实现贫困群众持续稳定增收。

2. 线上线下联动发展，全面促进脱贫致富

盐池县已经从农村电商人才培养、农产品品牌质量安全体系创建等十个方面实施“电商筑梦计划”，打造“下地能弯腰、上桌点鼠标”的农村电商生态环境，盐池县正在探索一条以电商为引领的脱贫致富新路。

盐池县不仅依托滩羊、甘草等“国字号”特色产业，加快传统产业电商化进程，累计完成线上线下销售额 11.65 亿元[①]，还积极构建“政府 + 电商 + 企业 + 农户”的发展模式，成立电商联盟“抱团作战”。目前，盐池已经建成县级电商综合运营服务中心、8 个“一乡一品”电商旗舰店和 9 个村级服务站，完善县乡村组四级仓储分拣中心和物流配送体系。同时，盐池还大力培育了以电商培训、专业电商创业孵化为主的新平台，该平台

① 此数据为 2017 年统计数据。

将全国特色农产品采样后研发成美食，通过众筹模式线下开设特色美食馆，线上采购食材，延伸了产业链，有 110 人次接受了创客培训，“帮你赚”“快点送”等平台运营，“放羊娃”等一批本土电商异军突起。在拓展特色农产品线上市场中，盐池县与全球尖货食材电商“联盟元素”合作，将超过 2000 吨盐池滩羊羊肉销往全国高端市场，占全县销量的 15%。目前，盐池县和中国中药材电商领军企业“绿金在线”共同打造的“绿聚人”大宗农特产品交易平台投入运营。“绿金在线”有 600 万高端客户，通过这个平台每年将 1 亿多元的盐池农特产品配送到全国各地。

此外，盐池还积极建立完善的中药材电商物流服务体系。以“互联网 +”的理念，加快提升中药材物流信息化服务水平，使物流信息化管理技术和中药材新型养护技术得到普遍应用。依托盐池县润达甘草生物科技有限公司，在盐池县永生物流工业开发区加快建设宁夏中药材电子商务平台，推广应用现代物流管理技术，完善物流服务功能，推广应用仓储管理系统（WMS）及条形码、二维码、无线射频识别等技术，提高中药材物流的信息化水平。力争建成便捷、畅通、规范、安全、高效的专业化中药材电商服务平台，使其成为宁夏乃至西北地区中药材产业开拓销路、打造品牌、实现效益的重要平台。

总的来说，盐池“1+4+X”产业格局的打造，最大的特点是适合什么，就干什么。因为扶贫没有一成不变的模式，每个地区的资源禀赋不同、气候环境各异。因此，盐池县的精准扶贫工作，正是依托自身的资源禀赋，充分发挥“中国滩羊之乡”“中国甘草之乡”的品牌优势，聚合政府有形之手、市场无形之手和贫困群众勤劳之手，从而确立了以绿色高端滩羊产业为主导，黄花菜、小杂粮、牧草和中药材为辅助，以及其他特色产业的“1+4+X”现代农业产业体系，走出了一条具有盐池特色的富民之路。

四、产业体系：成效与经验

盐池县充分发挥“中国滩羊之乡”等品牌优势，组建了盐池滩羊产业集团和县乡村滩羊协会，努力提升滩羊肉品牌价值。同时，以市场为导向，大力发展黄花菜、小杂粮、优质牧草和中药材产业以及适合家庭经营的其他产业。2018 年，羊只饲养量为 315.7 万只、累计种植黄花菜面积达到 8.1 万亩、小杂粮种植 44.2 万亩、一年生优质牧草 12.9 万亩、中药材 1.3 万亩。从盐池县“1+4+X”产业的实际发展效果来看，贫困户收入的 80% 以上来自特色产业，以滩羊为主导的特色产业对农民增收的贡献率超过 80%。盐池县的产业兴旺既带动了贫困户顺利实现脱贫致富，又产生了显著的“溢出效应”，以滩羊为主、极具可持续性农业全产业链布局的逐步完善，有力地推动了盐池乡村振兴。

（一）扶贫产业：资源禀赋与国家战略的精准契合

盐池县的产业选择不是“另起炉灶”，而是基于地域资源禀赋，寻找与国家战略的契合点，从而在精准定位的优势产业上锲而不舍、久久为功。滩羊一直是盐池县最具优势和特色的畜牧业资源，独特的水源、饲草、品种、育养和产量成就了盐池滩羊的独特品质。与此同时，中药材、牧草、黄花菜和小杂粮等在盐池也具备一定的发展基础，继续选择发展这些产业具有比较优势。但是，在选择产业时，盐池县除了考虑地域资源基础外，同时贯彻落实生态循环农业、粮食安全、健康中国国家战略，在经济发展中始终坚持民生为本，从而推动盐池县域经济的高质量发展。

1. 滩羊主导：守住历史与自然的馈赠

2000 年滩羊被农业部列入国家级保护的中国独特的绵羊品种。盐池滩羊肉质细嫩，膻腥味极轻，蛋白质含量高，脂肪分布少且均匀，微量元素硒含量达到 0.073 毫克 / 千克，肉毒碱 2820 毫克 / 千克，维生素及钙、磷、铁含量远高于其他羊肉，堪称保健食品，属不可多得的羊中珍品。古时就是王公贵族、商人巨贾的钟爱之物。《本草纲目》中这样记载：“滩羊肉能暖中补虚、补中益气、镇静止惊、开胃健力，治虚劳恶冷、五劳七伤。”

盐池滩羊属于保护物种，盐池是滩羊的主产区和全国唯一的滩羊保种区。滩羊的独特性得益于盐池干燥、富集光热的气候，硫、磷、钙等矿物质丰富的碱性水土，种类繁多、含有 110 余种中草药在内的天然牧草，这些独特的自然条件让滩羊可以在辽阔、平坦的贺兰山东麓下生长繁育。

但是，滩羊作为盐池头号产业的发展之路并不是一帆风顺的。盐池农民世代养羊，一直以来有着养羊的传统，但是在盐池滩羊品牌打响以前，羊肉一直卖不上价，很多农户养羊甚至连成本都难以收回，大多滩羊都是被农户自己吃掉。同时，滩羊的过度放养给脆弱的草原带来了极大的破坏，沙漠化越来越严重。“谷贱伤农”以及优质牧草供给不足，导致滩羊的饲养量直线下降，滩羊规模逐渐缩小，从数百万只锐减到 2005 年的几十万只。

面对发展困境，盐池县并没有放弃滩羊改换其他产业，而是选择逐一破解难题，守护住、守护好滩羊这一历史与自然的馈赠。2003 年 5 月，盐池县开始全面实施封山禁牧，从恢复生态环境入手，大力发展牧草、中药材、柠条等，提高植被覆盖率，同时，将这些作物作为滩羊舍饲养殖饲料供给的主要来源。到 2017 年，滩羊饲养量达到 311.2 万只，滩羊肉价格在 52 元 / 千克以上，逐渐地，盐池县在破解难题的过程中实现了以滩羊为头号致富产业打赢脱贫攻坚战。同时，因势利导、顺势而为，同步实现了牧草、中药材等多个产业的发展，不仅保护好了滩羊品种资源，而且实现了县域整体经济的发展。

2. 生态农业：实现半荒漠地区的绿色增产

盐池县地处宁夏中部干旱带，年均降雨量不足300毫米，年蒸发量在2000毫米以上。20世纪70年代至90年代，由于过度放牧、乱采滥挖甘草、大面积开耕荒地、毁草种田，县境内60%的草原沙化，每平方千米每年流失土壤达到5000余吨，全县水土流失区域每年流失土壤538万吨。"羊群啃草原，农田挤草原"，最终造成了"风沙吃农田，羊群吃不饱"的恶劣环境状况。水土流失使土地资源中宝贵的"水"和"肥土"流失，玉米亩均产量不足300斤，旱耕地更是"十种九不收"，粮食产量大幅下降，畜牧业出现衰退现象。同时，大量泥沙注入黄河，给更大范围地区造成了灾害。生态环境持续恶化，"一年一场风，从春刮到冬"成为当时的真实写照，人与自然的矛盾不断激化。

如果仅从人居环境来说，盐池县的自然条件算不上优势，甚至是比较劣势。但在国家生态循环农业战略指导下，当独特的自然条件与特定的产业结构结合时，就产生了"1+1>2"的功效，比较劣势因此转换为比较优势，实现生态和经济的共赢。盐池县将生态恢复摆在首要位置，大力发扬自力更生、艰苦奋斗的老区精神，全面实施封山禁牧、封山育林，牢固树立"绿水青山就是金山银山"的发展理念，举全县之力做好"生态"文章，持续推进草原生态保护治理等重点工程建设，统筹兼顾草原生态与农民生活，把草原生态保护与农民增收紧密结合起来，确保生态安全、农民生活改善。

一是高度重视草畜平衡发展，全县年种植一年生优质牧草10万亩以上，制作青（黄）贮、野草打储、柠条包膜青（黄）贮等15万吨，从整体上解决禁牧封育后饲草料短缺问题，确保畜牧业稳步发展和禁牧工作的顺利开展。二是着力于柠条资源的开发利用，大力发展柠条转饲加工，以林补饲、以林助畜。每年平茬柠条近 40 万亩，为农户直接增加收入 400 余万元，为加工企业提供经济效益 800 万元左右，柠条年转饲能力达到 3 万多吨，有效补给了全县 300 万只滩羊的饲用，为全县封山禁牧、羊畜圈养提供了充足的饲料，对全面草原禁牧和生态建设起到了极大的促进作用。三是建设高效节水灌溉工程 49 处，发展高效节水灌溉面积 42.3 万亩，占全县灌溉总面积的 90% 以上。因地制宜发展牧草、中药材、籽瓜、油料等低耗水经济作物，切实提高了旱作高效节水补灌区经济效益，每年节水 1200 万立方米、节肥 1850 吨、解放劳动力 4800 个、省地 6500 亩、经济作物种植面积占比达到 69%、增收 1.34 亿元，为农业可持续发展奠定了基础。

随着生态状况和生产生活条件全面改善，“风吹沙子走、抬脚不见踪”逐步成为当地群众渐行渐远的记忆。全县林木保存面积达到 440 多万亩，200 多万亩沙化土地得到不同程度的治理，50 万亩流动沙丘基本得到固定，120 万亩退化草原植被逐步恢复，产草量由每亩 48 千克增加到每亩 168 千克，全县植被覆盖率提高到 60% 以上，初步实现了由“沙进人退”到“人进沙退”的历史性逆转。同时，进一步提高了农产品的产量和效益。

3. 粮食安全：连接新时代“健康中国”市场需求

粮食安全关乎国之安危，民之存亡。虽然我国粮食的自给率一直保持在国际粮农组织提出的粮食安全标准，但仍不能放松对粮食产量的要求。因此，盐池县基于国家粮食安全战略，结合地域自然、历史基础与农作物的生长需求，全力做好小杂粮产业。盐池县历史上是优质小杂粮的主产区，2005 年被农业部认证为“天然绿色农产品生产基地”，2018 年种植荞麦、糜谷、豆类等小杂粮 40 万亩，其中荞麦 35 万亩、糜子 2.5 万亩、谷子 1.5 万亩、各种豆类 1 万余亩，年总产约 3000 万千克。在县境南部山区建设以荞麦、苦荞为主的绿色杂粮生产基地10万亩以上，实行“统一品种、统一施肥、统一田间管理、统一机械作业”，重点示范推广榆荞4号、信农1号和西农9978等荞麦新品种，示范区平均亩产125千克，较当地紫花荞麦每亩增产45%以上，亩增加产值近200元，农民户年均增收4000元。

同时，盐池县产业的选择瞄准需求侧，针对新时代人们对农产品需求更健康、多元的理念，着力提升供给质量。经济飞速发展，人民生活水平稳步提升，对生活质量也提出了更高的要求。中国特色社会主义进入新时代，我国社会的主要矛盾已转化为人民日益增长的美好生活需要和不平衡不充分的发展之间的矛盾。“民以食为天”，经过40多年的改革开放，中国社会已经告别了食品匮乏的时代，人们的食物消费结构和消费标准发生了根本变化。在当前中国日常食物消费实践中，人们对食物品质提出了更高的期待，绿色、生态、有机、健康等成为消费者普遍关注的焦点。

在此情势下，盐池县抓住市场机遇，在发展特色优势产业时从如下四个方面入手：一是从生产入手，制定了黄花菜、小杂粮等生产标准规范，并指导农户实行全程绿色标准化种植，着力打造有机、富硒、高端特色农产品。二是从标准入手，积极组织企业通过ISO900质量管理体系认证、QS认证和绿色食品、有机食品认证等。三是从深加工入手，生产各种杂粮粥、杂粮面粉、杂粮挂面、杂粮冷冻食品、杂粮礼品、杂粮精装礼品6大系列180多个品种，产品远销北京、上海、天津、香港等地。四是从宣传入手，组织企业参加各类特色农产品展示展销会，加大对外宣传，提高产品知名度，打响“绿色、生态、有机、富硒”四张牌，把握经济发展的主动权。

4. 民生为本：“一户一业”精准对接群众需求

在抓好主导产业的同时，盐池县坚持以民为本、因户因人施策，出台专门扶持政策，充分发挥乡镇多种经营的主动性。盐池县各级领导干部深入每个贫困村，对贫困户问症把脉，深入分析贫困户致贫原因，找准增收路子；整村推进方案既有全县规划，又细化到行政村、自然村、贫困户，逐村、逐户讨论审定方案，“一户一策”精准到位；落实具体帮扶责任人，逐户制订帮扶计划，集中力量实施精准化、个性化帮扶。

扶持引导每个贫困村发展1—2个主导产业和主打品牌、每户群众有1—2个主导增收项目。大力推进“一村一品、一户一业”，充分尊重贫困群众发展意愿，需求什么就扶持什么，适合什么就发展什么，不搞一刀切。大力发展滩鸡、黑毛猪、肉牛等小产业，实现了家家有产业、户户有项目、人人有干头。群众从发展黑毛猪、滩鸡等可快速获益且能稳定增收的小产业中得到了“真金白银”，培育了增收致富新的增长点。针对部分困难群众因老弱病残、自我发展能力不足的问题，采取光伏企业担保贷款、群众长期受益的方式，安装屋顶光伏，实施光伏分红，年均稳定增收3000元以上。

（二）产业塑造：“倒推法”因势利导完善产业格局

为何盐池群众以前养羊没能脱贫，但现在滩羊却成了支柱产业？盐池县是如何实现贫困户收入的80%以上来自特色产业的？其实，盐池县的产业发展之所以能够带动贫困人口脱贫致富，关键在于选择好产业、塑造好产业，同时充分发挥政府职能，细致做好配套服务工作，注重抓生产与抓市场同步。

选择好了产业，如何塑造好产业成为盐池县面临的最大难题。2003年5月，盐池县实施封山禁牧后，养羊的成本过高成为农户最为忧心的问题。在传统的放养模式下，除了人力外几乎没有成本，而封山禁牧后的舍饲养殖，农户养羊的成本急剧上升，既需建羊舍，又要购买玉米秸秆、苜蓿等饲料，一只羊的饲养成本至少增加600元，而当时一只羊的售卖价格仅二三百元，滩羊虽然是羊中珍品，但却面临无人赏识的困境，滩羊养殖成了亏本的买卖。

盐池县委县政府经过仔细考察、多番论证，决定实行“倒推法”为盐池滩羊寻找出路，壮大滩羊产业，从而推动农户自发扩大养殖规模。所谓的“倒推法”，即滩羊产业的“三步走”战略：“品牌战略”实现“卖上价”，“科学养殖”解决“怎么养”，“规模发展”决定“养多少”。“倒推法”的主要目的是让滩羊卖上好价钱，农户获得了实实在在的好处，才能主动科学化、专业化地养殖滩羊。

滩羊产业在发展过程中，品牌化、科学化、规模化逐渐形成良性循环，最终构建盐池滩羊规模化养殖、专业化生产、产业化经营的发展格局。此外，盐池县还将品牌化、科学化、规模化的战略，应用到黄花菜、小杂粮等其他特色产业的实践中，从而实现盐池产业的多元化发展，带动盐池百姓增收致富，成功打造特色化“盐池产业”。

1. 品牌价值再造，逆转“薄利少销”困境

一般而言，盐池滩羊一年一胎、一胎一只，与其他品种的羊相比，盐池滩羊的产量要远远低得多，就2015年盐池滩羊肉产量来看，2.7万吨羊肉甚至难以满足仅上海一座城市两个月的消费量。产量低从根本上遏制了盐池滩羊的发展道路，因此，滩羊产业不能实行“薄利多销”的发展模式。不能拼量就只能拼质，然而就在2005年以前，珍贵稀有、肉质细腻、营养丰富的优质滩羊肉却没有实现“优价”，滩羊肉价格一度低迷，成为“物以稀为贵”的反例，在市场中没有立足之地，销量不尽如人意，既无价又无市。

为拓宽市场渠道，盐池县转变“等客上门”的陈旧观念，瞄准中高端市场，不断提升品牌知名度和产品附加值，最终实现“盐池滩羊，难得

一尝”。盐池县依靠滩羊的优良品质，通过各种渠道大力宣传，推动盐池滩羊品牌价值的大幅提升。2005 年，盐池成功注册“盐池滩羊”产地证明商标，成为宁夏回族自治区“中宁枸杞”“太西煤”“盐池滩羊”三个地方证明商标之一。2008 年“盐池滩羊”被认定为“宁夏著名商标”，2010 年荣获“中国驰名商标”称号，2011 年获得“中央电视台魅力农产品嘉年华最具人气奖”，2012 年“盐池滩羊肉”获农业部农产品地理标志认证，2016 年，盐池滩羊肉走上了 G20 杭州峰会餐桌，2017 年，盐池滩羊肉摆上了金砖五国国宴餐桌，品牌价值高达 68 亿元。2016 年，经过深加工的“至尊滩羊”羊肉卷在山西、山东等地的市场卖出每千克 380 元的高价，在上海沃尔玛超市，盐池滩羊肉也以每千克 240 元的售价成为上海最贵的羊肉，而且销量可观。盐池滩羊成功实现了从“薄利少销”到“有市高价”的华丽变身。

2005 年，盐池县被农业部认证为“天然绿色农产品生产基地”。2013 年，“盐池黄花菜”获农业部农产品地理标志认证。在 2017 年供给侧改革与果菜产业绿色发展全国年会暨第十五届中国果菜产业论坛上，“盐池黄花菜”荣获“2017 全国果菜产业绿色发展百佳地标品牌”和“2017 全国十佳蔬菜地标品牌”荣誉称号。2018 年，盐池县在宁夏回族自治区率先成立了宁夏黄花菜研究院，培育扶持黄花菜新型经营主体 33 家，注册黄花菜商标 10 个，累计种植黄花菜达到 8.1 万亩，年产黄花鲜菜 1.8 万吨，实现产值 1.5 亿元，种植户户均纯收入 2 万余元。此外，除了黄花菜，盐池县的山逗子小杂粮、恒纳地毯等被评为“宁夏名牌”产品。盐池县充分发挥“中国荞麦之乡”和“盐池谷子”“盐池糜子”等中国农产品地理标志保护产品的优势，建设标准化生产基地，2018 年，盐池县种植荞麦、糜谷、豆类等小杂粮 40 万亩，其中荞麦 35 万亩、糜子 2.5 万亩、谷子 1.5 万亩、各种豆类 1 万余亩，年总产约 3000 万千克。

2. 科学提质，确保以质取胜

品牌的打响离不开滩羊的优质，只有以有机产品国际标准为目标，更进一步实现滩羊品质的提升，才能实现“盐池滩羊”品牌的经久不衰。盐池县通过制定科学化的标准，以确保“盐池滩羊”绿色养殖、质量安全和品质提升。在选用优质盐池滩羊良种的基础上，通过饮用当地天然盐湖沟泉咸水和食用“绿色甘草复合饲料”，经科学规范饲养改良后的优质盐池滩羊品种，变得肉质更加上乘。盐池县同步制定了滩羊从养殖、屠宰到加工等关键环节的全程操作技术标准规范 27 项。强化品牌保护和管理，成立了品牌监管机构，从品牌许可使用、产品来源、流通环节等进行全过程监管。严格落实保种、饲养、加工等关键环节的质量把控，大力推行全流程无污染饲喂技术，打造从生产到餐桌的绿色通道，实现质量追溯全体系、监管无缝隙，确保了盐池滩羊肉的品质纯正和质量安全，并实现了全县农民人均可支配收入的一半以上来自滩羊产业。

盐池科学化的现代农业发展，不仅实现了以滩羊为主的养殖业的优质，也推动了种植业的保质增收。“靠天吃饭、看老天爷‘脸色’确定收成”曾是盐池县农业生产的真实写照。作为国定贫困县，盐池县由广阔的干旱草原和荒漠草原构成，年平均降雨量只有 300 毫米左右。水资源匮乏严重影响了盐池县农业生产，经济社会发展受到很大掣肘。如何改变盐池县的贫困现状？如何让国定贫困县、革命老区、民族地区走出发展缓慢的困境？盐池县通过科技创新发展现代化农业，确保农业生产获得了较好的收成，从而改变了落后的面貌。

为了解决水资源问题，盐池县积极开展节水农业的研究推广，成为解决农业生产用水的长久之计，持续推动县域经济发展。2007 年，由宁夏回族自治区科技厅和盐池县政府联合建立的盐池县城西滩设施农业科技示范基地，占地面积 40 亩，试验温棚 20 座。园区建设主要目的是从节水农业、工厂化育苗、规范化种植、测土配肥、病虫害综合防治等方面进行科技攻关。通过连续 10 年的打造，园区总结了一套适合宁夏干旱风沙区的设施农业综合配套技术，通过对科技成果的集成示范，为中部干旱带设施农业生产提供了技术指导。

盐池县是“中国甘草之乡”，以甘草为主的中药材成为支撑县域经济发展的另一特色支柱产业。盐池县强化种苗繁育、规范化种植、病虫害防治等重点环节的科技创新引领，使甘草育苗、直播发芽率、成苗率提高了 20% 左右。以甘草为主的中药材抚育种植面积每年稳定在 20 万亩，甘草、黄芪亩产量突破 1000 千克，中药材产业在科技支撑下快速发展，每年产值达 1.5 亿元，每户农民收入增加近 1000 元，成为滩羊产业之后又一朝阳产业。

3. 规模种养，抵御风险，稳定市场

产业扶贫是实现贫困人口稳定脱贫的根本之策。贫困人口自身发展产业的能力欠缺，发展意识、市场意识落后，缺乏专业技能，且多以老弱病残为主，同时缺少发展资金，也没有抵御风险的能力。因此，产业扶贫的关键在于如何解决好贫困人口产业发展能力的问题。

“规模化”产业扶贫是提升贫困人口产业发展能力的有效途径。盐池县正是深刻地认识到这一点，在产业发展的过程中建立“企业 + 协会 / 合作社 + 养殖园 / 基地 + 农户”的模式。通过专业性的公司、合作社或者大户，以农村产业发展中最具竞争力的群体带动贫困人口一起发展，将企业、合作社、协会等核心经营主体与农户紧密联系起来，实现核心主体与农户收益捆绑，完善二者的利益联结机制。企业追求利润最大化的同时，带动贫困户脱贫致富，并实现盐池县支柱产业的良性发展。

盐池县培育扶持鑫海等 18 家龙头企业，发展滩羊养殖合作社等新型经营主体近 500 家，建设滩羊养殖棚圈 3.3 万座、滩羊规模养殖基地 326

个，滩羊养殖主体呈现“企业 + 协会 + 规模养殖园区（场）+ 养殖户”的结构组成，辐射带动农户 1.98 万户，规模化养殖比例达 60%。积极与多司得等多家县内养殖企业对接协作，成立了乡村两级滩羊产业发展协会，对滩羊肉产品实行统一规划管理、统一价格出口、统一质量认证，通过滩羊产业发展协会及时发布滩羊肉指导价格，扶持企业以高于市场 10%—15% 的价格收购滩羊肉。借助村级组织阵地平台，实行“乡统村、村统组、组统户”的养殖销售模式，滩羊肉购销渠道进一步畅通，销售量不断增加，仅天津市场的平均月销量就达到 2—3 吨。2016 年，盐池滩羊肉进入杭州、深圳、天津等城市的大型连锁商场 20 余家，四星级以上酒店 12 家；与深圳、顺德、东莞、惠州等地的 10 家门店签约订单百余单，特别是进入了广州鸣泉居度假村等高端餐饮市场，引起业界广泛关注。2017 年，盐池县滩羊饲养量 311.2 万只，存栏 126.5 万只，出栏 184.7 万只，实现产值 10.2 亿元。

2007 年 5 月，盐池县设施农业协会正式成立，全县 6 个乡镇 1011 户农户加入了协会。2000 年以前，花马池镇下王庄农民种植温棚蔬菜由于技术含量低、产品质量较差，一些小商贩借机压价，损害了菜农的利益和生产积极性。设施农业协会成立后，从种植技术和市场营销等方面着手解决问题，蔬菜亩收入从 6000 元一下子增长到 2 万余元。盐池县在推进农业产业化进程中，注重产业化经营和组织形式的现代化，让加入合作社的众多农户都成为现代企业的股东，农民专业合作社已经成为盐池县一个新的农业品牌衍生地。

（三）盐池产业：从“田间”到“餐桌”的全产业链模式

较工业和服务业而言，农业尤其是传统农业的利润几乎不存在爆发性增长的空间。农业细分领域中大多存在如下共性：单位面积产值相对较低，投资周期相对较长，收益相对较为稳定。公认的传统农业平均利润率在2%—8%。在现代自然科学技术基础上建立起来的现代农业，通过科学化的手段，实现农业规模化发展，从而大幅度地降低生产成本，逐渐向更高的回报率发展。

随着现代农业的快速发展，其竞争主体已彻底转变，不再是传统模式下的产品间的竞争，而是产业链间的竞争。只有整条产业链具备比较优势，才能真正实现产业的可持续发展，为产品在市场上长久立足提供强大动力支撑。农业产业链向工业、服务业的纵深延伸与整合，能够有效弥补农业在生产、经营等方面竞争力不足的短板，同时推动农业产业结构调整，带动农民增收致富。

盐池县深刻认识到一个产业的“单打独斗”即使能够在市场中获取一席之地，也只是暂时性的。即使产业暂时性的“成功”，带动了贫困人口脱贫，但从长远来看，贫困人口不仅难以实现脱贫后的致富奔小康，甚至还存在相当大的返贫风险。贫困人口本身就存在严重的能力贫困问题，一旦产业发展遇到困难，其辐射效应减弱，贫困人口难以再从产业中获益，同时，收益瞬间降低后，贫困人口还会产生较大的心理落差，由此可能导致返贫风险和社会不稳定风险同步加剧。因此，盐池县充分发挥政府的统筹引领作用，依托资源禀赋，打响盐池滩羊、黄花菜、小杂粮等盐池本土品牌，聚合政府有形之手、市场无形之手和群众勤劳之手，不断完善滩羊产业链，同步培育特色单品产业链，实现农村第一、第二、第三产业融合发展，从而真正推动盐池产业的可持续发展，逐步实现脱贫富民的目标。

1. 政府引领是关键

在盐池县扶贫产业的选择、塑造过程中，盐池县委县政府深度参与其中，主动与新型经营主体、农户等其他市场行为者建立密切的合作关系，积极扩大政府职能和服务范围，真正实现政府引领的作用。

一是在扶贫产业的选择上，盐池县委县政府具有超前思维和全局意识，并没有因为滩羊市场一时的低迷而放弃滩羊产业。盐池县选择以滩羊产业为主导，根据县域的资源禀赋、历史文化，精准对接国家发展战略，选择发展牧草产业保障滩羊养殖饲草料的充足供应，并推动中药材产业发展，借助中药材作为饲料的补充，保障滩羊的品质。同时，根据县域的发展传统和地域条件，选择发展黄花菜、小杂粮等特色产业，逐步形成以滩羊为主导，黄花菜、牧草、小杂粮、中药材为支柱，适合家庭经营的小品种为补充的“1+4+X”现代农业产业体系。二是在扶贫产业的塑造上，盐池县委县政府面对滩羊市场不景气的困境，探索出适合滩羊产业发展的“倒推法”。通过品牌化战略打通滩羊市场渠道，卖上好价钱的滩羊让农户看到了希望，从思想上发生不愿意养滩羊到愿意养滩羊和养好滩羊的转变，并通过一系列的补贴政策，引导农户科学养羊，主动加入滩羊协会。同时，将滩羊的产业塑造模式推广到其他特色农业，实现盐池特色农产品从没有市场到迈入高端市场的华丽转型。三是在推动贫困农户的产业发展上，实行金融扶贫，改变以往直接发钱给物的扶贫模式，通过一系列的贷款、保险政策，保障农户有钱发展产业，降低产业发展风险，用效果说话，引导农户主动发展产业，依靠双手勤劳脱贫致富。

2. 以“品牌突围、全程监管”为突破点

一个好的品牌的诞生是一项系统化、科学化工程。好的产品品牌的形成，首先是产品的质量，包括产品的取材、研制、工艺等。其次是有发展的眼光，准确把握市场需求，能够抓住机遇，才能将产品做大做强。这就离不开产品的定位、命名、包装、推广等，每一个制定环节都是关键的一环，都需要精心考量与策划，让其符合并满足市场中消费者对品牌在使用价值、精神情感等层面的价值追求。最后极为关键的是全方位监管，从生产到加工过程中的多个环节入手，不断提升并保证品牌产品的质量，从而提升品牌竞争力。监管中不可缺少的就是品牌保护，其他同类产品的复制、模仿极易误导产品的目标受众，为防止恶意竞争而导致损害品牌名誉，通过注册在先、制止混淆、查处假冒来保护品牌。

以盐池滩羊品牌的成功打造为例，盐池县委县政府就是抓好品牌塑造的每一个环节，最终将盐池滩羊打造成为国宴食材，推动滩羊肉成功迈进高端市场。盐池滩羊作为羊中珍品，其优良品质毋庸置疑，针对滩羊一年一胎一崽的低产量特性，将发展目光瞄准高端市场；在一系列的商品品牌认证、质量认证的基础上，引进行业领域中著名的专家学者，深度挖掘盐池滩羊的特有价值，并通过不断地宣传推广，借助品牌推介会、文化旅游节等活动，将盐池滩羊从盐池推广到全国各地甚至海外，积极开拓高端市场。

在这一过程中，盐池县委县政府并没有放松对盐池滩羊的监管。先后制定了滩羊从养殖、屠宰到加工等关键环节的全程操作技术标准规范 27 项。同时，强化品牌保护和管理，成立了品牌监管机构，从品牌许可使用、产品来源、流通环节等进行全过程监管。严格落实保种、饲养、加工等关键环节的质量把控，大力推行全流程无污染饲喂技术，打造从生产到餐桌的绿色通道，实现产业全链条、质量追溯全体系、监管无缝隙，确保了盐池滩羊肉的品质纯正和质量安全。

盐池县委县政府以“盐池滩羊”品牌为抓手，致力于提升盐池滩羊品牌影响力以及产品附加值，从而掌握了盐池滩羊的品牌话语权。盐池滩羊品牌的成功打造，不仅推动了持久稳定的产品价格体系的建立，解决了滩羊等优质农产品与消费市场适配不良的痛点，而且真正将盐池滩羊的规则制定权掌握在手中，让滩羊等优质农产品借助产品效果说话，重新让市场关注点回归产品价值本身，从而在市场持续性反馈中不断修葺产业。“盐池滩羊”从地方品牌逐步走向高端市场并成为国宴级别食材的过程，真正通过品牌化战略实现了产品转型、产业兴旺、群众致富的连锁性发展，激活了盐池滩羊产业的内生动力，实现了滩羊产业的良性发展。

3.“多元化布局”构建滩羊产业链

盐池县坚持“以羊为主、草蓄并举、科学养殖、加工增值、品牌带动、规模发展”的发展策略；以产业标准化建设为目标，突出龙头带动、市场拓展、优质优价三个重点；抓好保种、提质、稳量、增效四个关键，同步完善产业链的利益联结机制，不断强化种草、养羊、加工、销售全产业链培育。

盐池县在“副产业”的选择上，并不是完全“另辟蹊径”，就牧草产业而言，即在一定程度上考虑到了滩羊这一主产业的产业延伸发展。积极引导农户开展人工饲草地建设，打造牧草产业，从依赖天然草原放牧向舍饲养殖转变，在合理调整畜群结构的同时，提高了牲畜出栏率和商品率、饲草产量和质量农牧。以冯记沟乡为例，围绕“草畜一体”的主导方向，2018 年新增藜麦、燕麦等优质牧草种植面积 5000 亩，优质牧草种植面积累计达到 6.5 万亩；依托马儿庄村鑫宇饲料加工厂，探索“企业 + 高校 + 合作社”的集体经济运营模式；针对本地天然牧草分布状况，合理配制滩羊饲料配方，保证舍饲滩羊种质。在“种养结合、草畜平衡、循环利用”的发展模式下，牧草产业综合生产能力明显提高，为畜牧业实现优质、高效、健康发展提供了可靠的物质保障。并带动周边养殖户开展标准化滩羊舍饲养殖，促进生产方式由一家一户小规模粗放经营向集约化和标准化生产方向转变，实现滩羊产业和草原生态建设协调发展、农民增收的目的。

有了充足的优质饲料保证，盐池通过建立“养殖、加工、销售”产业链利益共享、风险共担的联盟机制，实现企业等核心经营主体与农户利益的紧密联结，企业利润最大化的同时带动农户增收。一是政府借助

“企业＋协会＋规模养殖园区（场）＋养殖户”的养殖模式，通过科学化、标准化、规模化养殖滩羊，将盐池打造成全国高端羊肉生产基地。二是由政府牵头，重点对进入盐池滩羊屠宰专区的屠宰和订单养殖收购以及全国大中城市等集中销售盐池滩羊肉予以补助；采取订单收购、核量奖补的形式，鼓励加工、销售企业与养殖户建立稳定的购销关系。同时，借助村级组织平台，实行“乡统村、村统组、组统户”的养殖销售模式，滩羊肉购销渠道进一步畅通，销售量不断增加。

此外，盐池县紧紧围绕滩羊走向高端市场的既定目标，研发滩羊肉“即食、即烹、即热”深加工产品和高档、富硒产品，开发羊杂、羊血、羊胎盘等滩羊副产品，鼓励企业开发滩羊二毛裘皮、滩羊毛新产品及滩羊宣传品，进一步提高滩羊产品附加值。

4.“单品打造”产业链，培育经济新增长点

盐池县委县政府并没有只局限于滩羊产业链的发展，而是结合县域发展历史、资源禀赋、民生实际，围绕黄花菜、小杂粮、中药材等产业，进行单品产业链打造，从而提高农户种养的经济效益，增加贫困人口收入，同步实现产业扶贫良好的社会效益。

以盐池县的黄花菜产业链打造为例，盐池县按照“因地制宜，以水调结构，以水定作物”的科学发展理念，按照“企业＋合作社＋基地＋农户”的生产模式，加快黄花菜产业发展。率先强化政府规划引领、机制创新、政策支持和配套服务，鼓励引导企业、合作社、大户以及农户等各类农业经营主体，进入种植基地、产品研发、市场营销等领域发展。优先安排交通便捷、劳动力资源丰富、环境无污染的扬黄及库井灌区区域进行统一规划布局，适度集中连片并结合种植情况，选择核心区建设晾晒加工设施、设备。建设黄花菜种植高效节水试验示范区 100 亩，引进黄花菜新品种 10—20 个，开展黄花菜引进种植、高产栽培以及鲜花

保鲜技术研究，组织开展黄花菜产业研讨观摩、交流培训等工作。坚持走绿色、品牌、功能农业发展的路子，大力推行标准化生产，加强化肥、农药等种植加工环节投入品及产地环境监管，确保消费者安全和盐池黄花菜的品牌声誉。同时，延长产业链，增加附加值，充分挖掘黄花菜食用、药用、观赏等多种功能，立足长远，统筹规划，发展集黄花菜种植加工、休闲观光、研究示范为一体的现代农业，推进第一、第二、第三产业深度融合发展，为农业经济发展注入新动力。

第五章 金融利民：从借不着钱到银行优质客户

金融作为现代经济的核心，在经济发展和消费生活中具有不可替代的重要作用。党的十九大报告指出，坚决打赢脱贫攻坚战，从金融供给侧结构性改革角度来看，金融扶贫是打赢脱贫攻坚战的关键支撑。党的十八大以来，盐池县坚持问题导向，大胆创新突破，在前期资金互助社的发展基础上，全县形成了包括互助资金、千村信贷、资金捆绑、企业参与、评级授信、惠民小贷、融资担保和保险保障的全方位、立体式金融扶贫体系，解决了贷款难、贷款贵的深层次问题，开创了以“信用建设＋产业基础＋金融支撑”“三位一体”金融扶贫的“盐池模式”，为脱贫攻坚注入了强劲动力。盐池县将金融扶贫作为脱贫富民的重要举措，聚合政府有形之手、市场无形之手和群众勤劳之手精准发力，有效破解了金融扶贫小额信贷全国性“十大难题”，走出了一条“依托金融创新推动产业发展、依靠产业发展带动贫困群众增收”的富民之路。本章将回顾盐池县金融扶贫历程，说明金融生态体系的具体内容，讲述盐池人的金融创新故事，以此阐释盐池经验的深刻内涵。

“穷可贷，富可贷，不讲信用不可贷。”这是一句在盐池县广为流传的话。在信贷领域，“富可贷”不稀奇，但“穷可贷”并不符合一般金融机构的贷款逻辑。在缺乏资产抵押的情况下，金融机构给穷人发放贷款，一旦穷人无力还款，将很难追回贷款本息，发生坏账的风险极高。所以在过去，人们普遍认为，放贷款给穷人，这是一项不可成功的任务，因为他们的信用不好，不值得贷款给他们；因此即使最发达、最富裕的国家，它的金融体系也并不具有普惠性。[①]但穷人又特别需要资金转圜生计、发展生产，正如格莱珉银行创始人穆罕穆德·尤努斯所言：“对于贫困的人们来说，金融服务就如同氧气，没有钱，会导致进一步的贫困甚至是死亡。”[②]在我国贫困地区，缺资金、贷款难，也曾经是阻碍农村贫困人口脱贫致富的“拦路虎”。

如何解决贫困人口贷款难的问题？20世纪90年代开始，我国扶贫开发实践中即展开了相关探索，金融扶贫的“盐池模式”就是这种探索的一个成功案例。特别是党的十八大以来，盐池县坚持问题导向，大胆创新突破，在前期资金互助社的发展基础上，全县形成了包括互助资金、千村信贷、资金捆绑、企业参与、评级授信、惠民小贷、融资担保和保险保障的全方位、立体式金融扶贫体系，解决了贷款难、贷款贵的深层次问题，开创了以“信用建设+产业基础+金融支撑”“三位一体”金融扶贫的“盐池模式”，为脱贫攻坚注入了强劲动力。2016年8月30日至31日，全国金融扶贫工作培训班在宁夏回族自治区盐池县召开，金融扶贫的“盐池模式”得到广泛认可。

---

①② 穆罕穆德·尤努斯：《我们为什么要给穷人提供贷款》，《新华日报》2017年4月18日。

一、脱贫先天困境与资金互助

贫困是一种物质生产与生活状态。在很多贫困地区，由于自然环境不稳定，生产条件不可控，这些地区的生产长期不能摆脱低水平生产陷阱，在再生产过程中无法累积必要的财富实现持续发展。因此，贫困地区需要借助一定的条件和制度，消除不可控因素的影响以实现发展起飞。那么，环境和条件因素是如何影响盐池发展的，为什么资金互助社会成为盐池摆脱贫困实现发展的路径选择，它又是如何建立和发展起来的？本节重点论述资金互助社作为盐池扶贫重要举措的发展过程。

（一）恶劣环境是脱贫的先天困境

长期以来，盐池县农村家庭收入始终处于低水平状态。如表 5-1 所示，1985 年，盐池县农民人均纯收入为 365 元，但人均总支出却达到了 404 元。在统计的 8 个村中，有 5 个村的家庭经济入不敷出，全年总支出占纯收入比重最大者达到了 144%。其中于 2006 年成为互助资金试点的曾记畔村，1985 年全年总支出占纯收入比重达到 123%。

表 5–1 1985 年盐池县部分农村村庄收入和支出情况[①]

	全年总收入（元）	全年纯收入（元）	全年总支出（元）	全年总支出占总收入比重（%）	全年总支出占纯收入比重（%）
旺四滩	10596	9209	8022	76	87
李庄子	19592	17065	15041	77	88
官滩	13146	11376	10332	79	91
郑家堡子	15036	12786	15552	103	122
佟记圈	15757	12762	15590	99	122
曾记畔	9864	8497	10492	106	123
王卷	12399	10282	12877	104	125
斗沟子	10888	8545	12285	113	144
合计	107278	90522	100191	93	111
人均	432.6	365	404	93	111

进入 21 世纪，与全国水平相比，盐池县农村家庭收入仍处于很低的水平。如表 5–2 所示，2000 年，盐池县农村住户家庭人均纯收入为 1136 元。同期全国农村居民家庭平均每人纯收入为 2282 元，盐池县农民人均纯收入不到全国平均水平的 50%；2005 年，盐池县农村住户家庭人均纯收入为 2005 元，同期全国水平为 3370 元，比例有所上升，但仍不到 60%。据《盐池县扶贫开发志》的数据，2000 年，盐池县农民生活消费总支出为 1202 元，其中食品消费 710 元，恩格尔系数为 59%[②]，处于刚刚达到温饱水平的贫困状态。

①② 盐池县扶贫开发志编纂委员会：《盐池县扶贫开发志》，待刊稿。

表 5–2　2000 年、2005 年盐池县农村住户收入情况[①]

	2000 年		2005 年	
	总收入（元 / 人）	纯收入（元 / 人）	总收入（元 / 人）	纯收入（元 / 人）
收入	2017	1136	3769	2005
工资性收入	311	311	380	380
家庭经营收入	1589	768	2956	1207
第一产业	1484	38	2776	1085
农业	425	–	1222	595
林业	–	–	26	25
牧业	1060	662	1528	465
第二产业	45	–	18	13
第三产业	60	–	162	109
财产性收入	22	22	25	25
转移性纯收入	95	34	408	393

从表 5–2 数据还可以看出，家庭经营收入是盐池农村家庭收入的主要来源，2000—2005 年，家庭经营收入占总收入的比例基本没变，约为 78%。在家庭经营收入中，农牧业收入是主要来源。盐池县土地面积大，属中温带大陆性气候，适合发展种植、养殖业。因此，农牧业收入是农村家庭收入的主要来源。从 1981 年包产到户开始，农村劳动力得到解放，农牧业产量总体上稳中有升；直到 2000 年，农牧业收入占农民全年总收入的比重始终维持在很高水平（如图 5–1 所示）。

① 盐池县扶贫开发志编纂委员会：《盐池县扶贫开发志》，待刊稿。

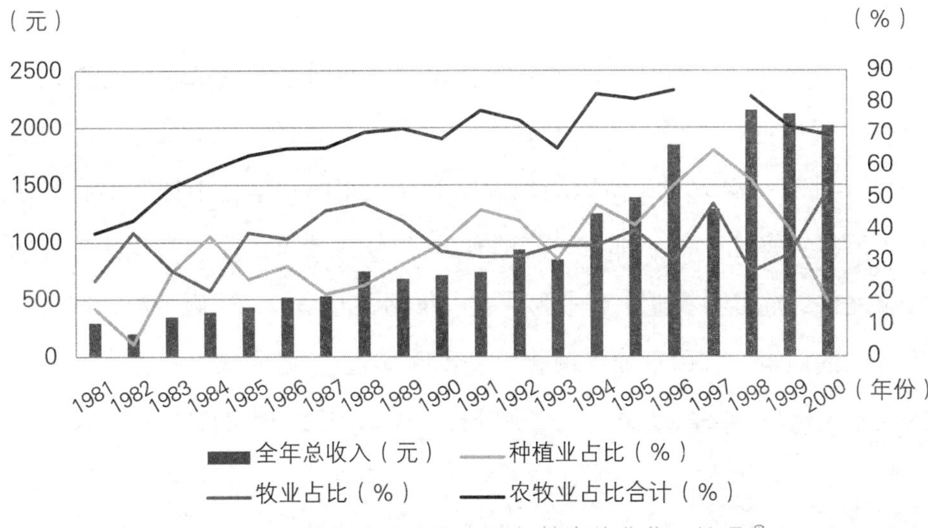

图 5-1 盐池县农民家庭主要年份农牧业收入情况[①]

在工资收入方面，如表 5-2 所示，2000 年，盐池县农村人均家庭工资性收入仅为 311 元，占家庭人均总收入的 15.4%，占家庭人均纯收入的 27.4%；2005 年，全年人均工资性收入为 380 元，占全年人均总收入的 10.08%，占全年人均纯收入的 18.95%。由此可见，盐池县农村家庭的外出务工收入水平很低。据《盐池县扶贫开发志》的描述，盐池县老百姓受“两亩地，一头牛，老婆孩子热炕头”传统小农思想的影响，只知道在田地里“刨食”，不愿意出外“捞金”，因此，家庭收入主要靠农业和畜牧业生产维持。

作为盐池县农村家庭主要收入来源的农牧业，却始终受到自然灾害的威胁。盐池县的自然灾害主要有干旱、风沙、霜冻、冰雹、洪灾、热干风等，其中以干旱、风沙对农牧业生产危害最大，其次是霜冻。冰雹一般多在局部地区发生，但危害也很大。1981—2016 年气象资料统计结果显示，

① 盐池县扶贫开发志编纂委员会：《盐池县扶贫开发志》，待刊稿。其中 1997 年数据有误，图中未显示。

在36年间有30年发生了较为严重的自然灾害（见表5-3）。虽然盐池地处西北干旱地区，但夏季却洪涝灾害频发，不同程度的洪涝灾害发生有15年，局部地区冰雹灾害发生14年。此外，严重的旱灾有8年，即每隔3—4年就有一次大旱，所以当地农民有“三年两头旱，十种九不收”之说。风沙灾害几乎每年都有，其中有10年较为严重。风沙为盐池县自然灾害之首，危害农牧业生产最为严重。每到冬春季节，风起沙流，摧苗打禾，吹蚀地表，农田草原沙漠化程度不断加重。“遇此情况，农人播种数次而不能保苗，常因此而一再推迟播种，贻误农时和影响农作物生长。”①频繁发生的自然灾害，严重制约了盐池县的农业生产，致使农牧业产量忽高忽低，极不稳定。

表5-3　1981—2016年发生自然灾害情况②

自然灾害	发生年份数
风灾、沙暴	10
干旱	8
冰雹	14
洪涝灾害	15
低温冻害	2
至少发生一种灾害	30

盐池县农民的生计模式决定了其与借贷资金的密切关系。一方面，与外出务工不同，农牧业生产是需要资金投入的生计途径。另一方面，受自然灾害影响，依靠农牧业收入的盐池县农村家庭农业经营一直处于较低水

① 盐池县扶贫开发志编纂委员会：《盐池县扶贫开发志》，待刊稿。

② 盐池县扶贫开发志编纂委员会：《盐池县扶贫开发志》，待刊稿。根据1951—2016年盐池县自然灾害年表整理而来。

平，始终没有储蓄积累。要摆脱贫困的死循环，借贷资金提高生产经营水平成为关键。

长期以来普遍处于贫困状态的盐池县农村家庭，很难从熟人圈中获得借贷资金，而从“嫌贫爱富”的金融机构中获得贷款的可能性又十分渺茫。在这种背景下，贫困村村级互助资金为盐池县农村家庭摆脱贫困提供了重要机会。互助资金的主要目标就在于，探索建立互助资金与农民的生产、技术、销售合作结合的有效方式，在有效缓解贫困村农户资金短缺的同时，促进了贫困村各种生产要素的整合，提高了贫困村生产经营的水平和市场竞争能力。

（二）资金互助成为脱贫的坚实路径

盐池县现阶段的金融扶贫始于 2006 年建立的互助资金。这一年，国务院扶贫办和财政部研究决定，在全国十几个省份遴选部分贫困村试点资金互助，为每个村平均注入 15 万元财政扶贫资金。经过十几年的发展，盐池县资金互助脱颖而出，扶贫成效显著，为金融扶贫打下了坚实的基础。然而，盐池资金互助的发展并不是一蹴而就的，其经历了从制度建立到规范、创新的发展历程。

1. 资金互助循序起步

2006 年按照上级要求，盐池县选择了麻黄山乡下高窑村、王乐井乡曾记畔村和花马池镇芨芨沟村三个村作为试点，自治区财政为每个村级发展互助资金安排了 20 万元。这三个村具备良好的试点条件，包括正在实施“整村推进”扶贫规划、具有一定的资源条件发展产业、有一个好的领导班子且村风民风淳朴。每个村建立资金互助社来管理互助资金的使用，并由村民大会民主选举产生的互助资金管理委员会进行管理。为了确保资金安全，互助资金管理委员会要接受村委员会指导及全体村民的监督，互助资金必须在指定的农村信用社开设专用账户管理。互助资金的使用范围仅限于支持贫困农户开展农业生产性项目，为了扩大资金规模，政策上鼓励村内农户以自有资金入股或其他方式进行补充。

互助资金投放有严格的程序。第一，必须有超过管理委员会成员 80% 的委员出席，且村委会必须有代表参与（但不具有表决权）。经管理委员会同意后，将借款农户、资金额度、用途、期限、担保方式（三户联保或财产担保）等内容进行公示。第二，每户每年度使用额度原则上不超过 3000 元，期限不超过一年，特殊情况由农户提出申请，经资金管理委员会同意后可延续 3 个月。第三，农户用款利息标准由管理委员会组织村民确定，原则上不高于人民银行规定的同期贷款基准利率，也不能低于同期贷款基准利率的 50%。第四，贫困户最多只能连续 3 年使用互助资金。农户借款的资金使用用途一旦确定，不得随意变更，如需变更，需提出变更申请，经管理委员会同意。私自变更用途的，除收回资金外，2 年内不予受理资金使用申请。第五，资金使用到期日 15 日前，由管理委员会负责通知用款人还款日期及金额。农户持信用社确认后的通知书到管理委员会办理还款协议。超过还款期限 15 日的，由管理委员会负责催收。超过 30 日的，由管理委员会将未归还人员名单在全村范围内公示，并将按照用款协议内容执行收回，2 年内不再给其安排任何扶贫项目。

此外，村级资金互助社还受到上级部门的管理和监督，互助金管理委员会要与县扶贫部门、财政部门签订责任书。其中，财政部门积极配合、监督、检查资金使用管理工作，及时了解并解决资金运行中出现的问题，引导贫困农户选择好项目，为贫困农户发展生产提供必要的信息、技术服务。乡镇财政所要加强对互助资金管理委员会使用资金的监督管理，指导资金管理委员会做好资金核算，建立完备的财务与档案管理制度，确保资金运行安全。

不过互助资金的初期发展并不顺利，困难主要来自贫困农户观念和产业发展限制。根据曾记畔村党支部书记朱玉国的回忆："挨家挨户做工作、讲政策，到最后还是有很多资金趴在账上，贷不出去。老百姓穷惯了、穷怕了，一想到借钱第一是没地方花，第二怕还不上。"[①] 也就是说，最初的互助资金并没有充分利用起来，农户或贫困户对此还没有心理准备。尽管他们在客观上有资金需求以改进生产，但是长期以来落后的经营方式，使他们在借贷发展生产上还缺乏相应的准备。表 5-4 显示了 2007—2009 年曾记畔村互助资金的运行情况。

若以 2018 年曾记畔村 762 户计算，2007 年入股农户比例仅占 14%，2008 年仅增长不到 3 个百分点，直到 2009 年才翻了一番，达到 29%；从平均每户股数看，虽然入股户数增加了，但平均股数从 2 股下降到了 1.5 股。

表 5-4　2007—2009 年曾记畔村互助资金运行情况

	2007 年	2008 年	2009 年
入股户数（户）	105	126	221
入股股数（股）	203	248	337
平均每户股数（股）	1.9	2.0	1.5
入股股金（元）	81200	99200	134800
每股股金（元）	400	400	400
平均每户股金（元）	773.33	787.30	609.95
借款户数（户）	105	126	220
借款金额（元）	203000	305000	407900
平均每户借款金额（元）	1933	2421	1854

① 郭亚莉、朱玉国：《互助资金，托起贫困村的"中国梦"——宁夏金融扶贫工程的创新与发展》，《中国西部》2014 年第 10 期。

续表

	2007 年	2008 年	2009 年
资金总额（元）	281200	304755.84	346152.35
当期余额（元）	78200	49755.84	38252.35
资金使用率（%）	72.2	86.0	91.4
回收利息（元）	13889.6	24375.15	43338
农户分红（元）	4861.36	6929.02	14905
平均每股分红（元）	46.3	54.99	67.44
转入本金（元）	5555.84	11352.35	17598.5
转管理费（元）	3742.4	6093.78	10834.5

从借款状况看，借款户数与入社入股户数一样，2007 年曾记畔村借款户数 105 户，2008 年 126 户，到 2009 年发展到 221 户，说明入股农户均有资金需求。从平均每户借款金额看，2007 年每户借款 1933 元，2008 年达到 2421 元，2009 年借款户数增加，平均借款额下降到 1854 元。

从资金使用角度看，2007 年资金总额 281200 元，其中上级财政拨款 20 万元，入股资金 81200 元，当年借出 203000 元，资金使用率 72.2%。2008 年资金总额达到 304755.84 元，在上年基础上增加了新增股金、从回收利息转入的本金 5555.84 元，上级奖励资金 5 万元，当年资金使用率达到 86%。至 2009 年，资金总额 346152.35 元，同样转入股金、利息转本金以及奖励资金，当年资金使用率达到 91.4%。从资金使用情况可以看出，曾记畔村资金互助社的运作逐渐进入正轨，闲置资金不断减少，资金使用率不断提高。

总的来看，资金互助社在建立初期，农户有一个接受、适应、磨合的过程，经过 2 年的运行，农户们逐渐对资金互助社有所了解，更多农户开始借款。曾记畔村是资金互助社发展较好的村，这种慢慢接受的过程，对于自我发展、自我管理能力的培养十分有益。

2. 资金管理规范发展

2009—2011 年，在上级政府部门的指导下，结合本地实际和资金使用规律，盐池县互助资金在管理上实现了规范化运作，为今后的推广奠定了良好的制度基础。

首先，盐池县规范了互助资金的范围、来源和运作原则。根据中央和自治区政府的要求，盐池县把互助资金的范围严格限定在农村，尤其是贫困村。资金来源除了中央和自治区财政扶贫资金补助外，还可以引导村民按一定比例的自有资金入股参与，也可吸纳无任何附加条件的社会捐赠资金补充、壮大规模，实现民用、民管、周转使用、滚动发展。根据建立互助资金的宗旨、目标和要求，互助资金运作坚持以下原则：一是围绕一个目标，即增加贫困农户收入。二是突出两个紧扣，即紧扣扶贫宗旨、紧扣互助互济。三是做到三个限制，即参加互助社的人员限本村村民，赠股限于建档立卡在册的贫困户，借款限于已参加互助社的本社社员。四是提供四项服务，即提供资金服务、信息服务、技术服务和法律服务。五是坚持群众自愿，即贫困农户入社自愿、退社自由。

盐池县在互助资金的产权归属方面，做出了明确规定：互助金所有权，互助资金中财政扶贫资金、捐赠资金和其他帮扶资金及其增值滚入本金部分归所在行政村全体村民所有；村民缴纳的互助金及其所得红利归其本人所有；互助资金的使用权归互助社全体社员；互助金收益权，互助资金运行中产生的占用费收益，在扣除运行成本后，根据互助资金构成按比例分配。把互助资金的产权归属清晰化，可以进一步提高村民的积极性，加强互助资金使用监督。

其次，盐池县规范了资金互助社组织和管理。盐池县村级发展资金互助社（简称互助社）由贫困村村民按照章程，自愿参加成立，属于非营利性的群众性互助合作组织。在内部组织结构上，互助社管理机构包括理事会和监事会，取代原来的资金管理委员会；理事会和监事会成员由互助社社员选举产生，作为独立的组织，避免了管理过程中存在的乱干预、不干预等现象。在功能上，理事会负责互助资金的运行与管理，监事会负责互助资金运行与管理程序的监督。除了内部监督，乡镇人民政府负责互助资金项目的组织实施与管理，县级及县以上扶贫部门、财政部门负责项目的指导和监督。在互助社的身份方面，互助社采取注册登记制度，统一以“××村村级发展资金互助社”为名称，按非营利性互助合作组织性质，在县级民政部门注册登记，取得独立法人资格。

最后，盐池县规范了资金互助社的运行规则。在入社方面，加入互助社和使用互助资金限于本村村民。实行农户自愿入股和政府配股、赠股的办法，每股股金 1000 元，每户最多可入 3 股；贫困户配股比例不得低于 6∶4，经济条件较好的农户，可以入股，但不配股。在借款方面，社员借用互助资金的额度一般最多 3000 元，第一次借款期限最长一年，第二次借款时，视社员的信用度和项目情况可适当延长使用期，但需按规定由社员提出申请，经理事会批准后方可延期，延期时间不得超过 2 年。互助资金采取有偿使用的办法，社员借款需交纳一定占用费。社员使用互助资金需先提出书面申请，经理事会审查并张榜公示。盐池县互助资金实行社员责任担保制度，采取五户联保，社员自由组合，风险共担，相互监督，保证资金安全运行。在监督方面，互助资金的操作必须公开透明，社员入股、政府配股、赠股以及资金投放、回收、占用费分配等情况都要及时在村务公开栏公示，接受群众和主管部门的监督。在退社方面，社员加入“互助社”2 年以后，由理事会研究同意后可进行股权转让；社员如自愿要求退社，经理事会研究同意，只退个人入股资金和应得红利，政府配股、赠股部分用于扩展其他社员入股。

在从试点村向其他村庄普及资金互助社的过程中，盐池县总结前期运作的经验并吸取教训顺利在县内推广资金互助。一是广泛宣传发动群众。从曾记畔村2007—2009年的运行结果可以看出，资金互助对于广大村民还是新鲜事物，大家对其不太了解，明显延缓了互助资金的推广。因此，在前期采取多种形式进行深入宣传，通过宣传发动，让广大群众充分认识互助资金的便捷性和利民性、成长性优势，熟知互助资金使用管理原则，充分调动贫困农户参加互助社的积极性。二是成立互助社，召开全体村民大会或村民代表大会，由全体村民选举自己信得过、公道正派、有责任心、懂经营的村民组成互助社理事会和监事会；同时结合实际细化操作规程，完善各项规章制度，使之成为全体社员共同遵守的行为准则，保证互助资金合规运作，安全运行。三是严格制定资金运作规程，及时发放借款与按期回收借款。在15天内完成项目审定、借款审批和张榜公示，20天内借款社员凭“一卡通”领到互助资金借款；借款到期前两周内，互助社理事会将《还款通知书》及时送达借款社员，社员据此到开设专用账户的金融机构还款，并在10天内完成社员下一轮借款的项目审定、借款审批和张榜公示，15天内使借款社员在金融机构领到新一轮借款。

3. 构建良好制度基础

2009年，黄承伟、陆汉文、宁夏等人针对贫困村村级发展互助资金的研究，指出互助资金面临这样几个问题[①]：一是村级互助资金面临可持续性问题，包括社区环境的限制、人力资源的限制以及扶贫目标的可持续性。二是互助资金与地方政府、村“两委”的关系，村级扶贫互助资金在实际操作运行中与地方政府、村“两委”的职权关系也是影响互助资金正

① 黄承伟、陆汉文、宁夏等：《贫困村村级发展互助资金的研究进展》，《农业经济问题》2009年第7期。

常运行与健康发展的重要问题。三是互助资金面临的制度环境，缺乏可靠的制度环境是村级扶贫互助资金所面临的又一难题，主要表现为当时互助资金实践仍然处于试点探索的阶段，没有明确的法律地位和与之匹配的法律制度规范，相关政策也不清晰。

盐池县从多方面很好地解决了上述问题。首先，在制度环境构建方面，关于互助资金与地方政府、村“两委”的关系。2007 年互助资金的运作主要在村“两委”的操作下进行，并且管理委员会的成员多数为村“两委”成员。2009 年盐池县以资金互助社理事会和监事会取代管理委员会，明晰了两个机构的职责。但是村“两委”对资金互助社的作用是显而易见的，包括组织动员、提供办公经费与场所，以及互助资金运作更好地衔接本村产业发展，所以理事会保留至少有一名村“两委”班子主要成员参加。盐池县资金运作过程中充分调动互助社与村“两委”两方积极性，推动资金互助社的发展。其次，关于互助资金面临的制度环境，盐池县采用了互助社注册登记制度，要求按非营利性互助合作组织性质，在县级民政部门注册登记，取得独立法人资格。县、乡（镇）人民政府积极帮助符合条件的互助社在当地民政部门登记注册，并依法对其实行有效监管。

除了上述制度化规范以外，盐池县本身拥有资金互助社成长的良好社会土壤。关于可持续性问题：在社区环境方面，盐池县地处西北干旱、半干旱草原地区，地势平坦，交通方便，行政村内各自然村人口聚居度高，为资金互助社的建立和发展提供了良好的社区环境；在人力资源方面，如前文所述，盐池县地处西北，信息闭塞，长久以来农户思想保守，外出务工较少，因此，为资金使用和产业发展保持了较为完整的人口结构，同时由于本地农户收入低，所以资金互助社管理人员的聘用成本低，为资金管理提供了人力资源；在扶贫目标方面，盐池县属于贫困县，大多数人口属于贫困人口，资金的扶贫目标基本不会偏离，贫困瞄准精度高；在产业方面，盐池有滩羊、黄花菜、小杂粮等特色产业，这些特色产业在充分挖掘品牌潜力和深加工后，具有明显的高附加值特征，盐池农户可以用较小的投入获得较高回报。2010年后，在特色产业培育和资金互助社的前期示范作用下，农户发展生产的热情高涨，资金需求十分旺盛。

更为重要的是，盐池县基层党建工作为互助资金在全县推广奠定了良好的组织基础。盐池县始终把基层党建工作作为扶贫开发工作的重中之重，充分发挥基层党组织在脱贫攻坚中的战斗堡垒作用，坚持以开展星级基层服务型党组织创建活动为抓手，推动基层党组织成为带领群众脱贫致富的“火车头”。这些组织上的发展有效克服了不少地区存在的互助资金工作中思想认识不到位、不积极，不愿创新、不敢创新，怕“蹚浑水”、怕担责任等诸多问题。

（三）制度创新巩固互助资金成果

党的十八大以来，盐池县结合本地实践与上级要求对互助资金，在财务管理和组织管理方面不断创新改进，为互助资金在全县范围内推广和稳定运行奠定了良好的制度基础。

1. 财务管理创新提高运作效率

规范占用费的使用。互助社作为在民政部门登记注册的非营利性社会组织，不得有吸储、分红等金融运作行为。因此，取消占用费收益40%用于农户入股分红的规定。在占用费的收益分配上，首先，规范了相关操作称谓，把原来的“公积金”称谓改为“运行成本”，“滚入本金”部分改为“公积金”，增加“公益金”分配科目。其次，占用费收益的分配，40%作为公积金转入本金，用于吸纳新项目户、扶持贫困户和鼓励先进项目户发展生产；20%作为公益金，用于扶持贫困户或村内的公益事业；40%作为运行成本，用于互助社的办公费和管理人员误工补助等支出。最后，占用费收益的分配使用需经社员大会讨论决定，使用情况需公示公开。2015年，各互助社用于管理人员误工补助费用不得超过运行成本的70%。

2012年，盐池县在试点工作中发现全县互助社普遍存在占用费率过低的问题，不能满足互助社正常运行和持续健康发展的要求。根据人民银行公布的一年期贷款利率（年息6.56%）和互助社运行的实际需求，盐池县把互助资金占用费率从不高于人民银行公布的一年期贷款基准利率的150%调整为月息8‰。到2015年，互助社社员借用互助资金只需交纳政府补助和其他渠道投入部分的资金占用费，社员交纳的互助金部分不再收取占用费。根据人民银行公布的贷款基准利率和互助社运行的实际需求，互助资金占用费按月利率7‰左右执行，具体占用费率由各互助社理事会召开社员大会确定。2017年又进一步对占用费使用做了调整，其中互助社所提取的公益金先用于为互助社社员购买保险，剩余部分可转入村集体经济。公益金转入村集体经济必须召开社员大会，经三分之二以上社员同意后可将其纳入村集体经济收入，解决空壳村的问题。转入村集体经济的公益金主要用于村公益事业、文化活动等支出。

调整社员交纳互助金比例。由于取消了分红，盐池县不再使用互助资金股份概念。互助社社员交纳的“入股资金”改称为“交纳互助金”，“配股资金”改称为“配置资金”。放宽入社农户交纳互助金的比例，从原来的不得低于6∶4，放宽至最低可限于2∶8，即社员交纳互助金200元，可借款使用互助资金1000元，原则上入社农户借款使用互助资金不超过3000元；在政府增加互助资金补助的情况下，社员交纳互助金1000元，可借款使用互助资金5000元；在政府投入100万元以上的生态移民村，社员交纳互助金1200元，可借款使用互助资金6000元，但首次借款不得超过3000元，严禁大额借款使用互助资金。

至2015年，盐池县又进一步放宽了入社农户交纳互助金的比例，最低可限于 1∶9，即社员交纳互助金 100 元，可借用互助资金 1000 元。原则上，入社农户借款使用互助资金不超过 6000 元；在政府补助资金超过 50 万元的贫困村或政府投入超过 100 万元的生态移民村，社员交纳互助金 1000 元，可借款使用互助资金 10000 元，但首次借款不得超过 5000 元，严禁大额借款使用互助资金。

规范财务管理，严格执行“一本一证”制度。盐池县互助社必须建立互助资金专户、专账并由专人管理。账簿要设置总账、互助金收入账、占用费收入账、互助金借款明细账、银行存款账、现金账和管理费支出明细账，同时设辅助性台账。对专用凭证资料必须分年度按要求装订，不得遗失。对总账、明细账、台账、专用凭证资料构成互助社的财务档案，需永久保管。“一本一证”制度，是保证资金安全和项目健康发展的基础。盐池县互助社在登记入社农户缴纳互助金和借款发放信息表时，必须要求农户提供本人银行一本通和农户本人身份证复印件，并将这些信息如实填写，存档备查。农户到相关金融机构取款时，需出示本人身份证、互助社开具的转账支票、借款借据和本人银行一本通。在条件不允许的地方，可使用现金支票取款，但必须保证一个联保小组一张支票，严禁大额现金支票取款。

2015 年，为进一步方便社员借款，提高办事效率，盐池县根据上级要求简化了互助资金借款审批手续。将以前的《社员借款申请表》、《社员借款审批表》和《社员借款担保协议》统一合并简化为《宁夏贫困村互助资金社员借款审批表》。

高度重视项目风险防范、严格五户联保制度落实。互助社发放借款是没有抵押的小额信用借款，五户联保是防范风险十分重要的基础性工作，是相互监督、相互制约、利益共享、风险共担以及村民自治的集中体现。互助社在吸纳村民入社时，要尊重社员意愿，在社员之间落实五户互助联保制度，成立互助联保小组，推荐互助联保小组长，签订互助联保协议，建立互助联保档案。社员每次借款需由互助联保小组审定，并由其中不借款者为借款社员提供书面担保，在借款人未还清借款时，担保人不得享受借款。在一个联保小组内，同时借款人数不得超过三分之二，借款额度可在小组成员间协商调整，但不得超过 9000 元。严禁以虚假联保名义套取大额借款。

从 2012 年开始，盐池县开始探索互助资金与金融资金的关联合作。互助资金项目小而灵活、小而便捷，且在本村内以法人管理、民主管理的方式运行，优势很多。但是，由于受资金规模和运行规则的限制，互助资金还不能完全满足社员发展生产的资金需求。随着互助资金项目的影响日渐扩大，这种供需矛盾更加突出。盐池县充分利用互助资金项目操作运行机制的优势，积极吸引金融机构资金进入互助资金，使之与互助资金捆绑运行，利益共享、风险共担，以有效解决互助社社员发展资金短缺的问题，促进互助资金健康运行和可持续发展。2015 年，为使广大社员获得更多发展生产的资金支持，允许各互助社按照扶贫资金管理办法和互助资金运行规则，捆绑放大银行贷款，开展了金融扶贫创新工作。各互助社在利用互助资金捆绑放大银行贷款时，必须按照互助资金运行规则和流程，同社员签订好《互助社社员借款审批表》，将互助资金借款发放给社员，然后由社员自愿将互助资金借款集中打包，用于捆绑放大银行贷款的担保抵押。

此外，在加强资金管理方面做了进一步制度设计。（1）加强风险防控。依托县互助资金管理中心和乡（镇）民生服务中心，加强对互助资金监管，防范风险。2017 年，全县所有互助社资金管理模式由“村级管理、现金收付”全部过渡到“社财乡管、银收银付”。借款的发放和回收都通过“一卡通”完成，禁止大额取现。单笔支出超过最高借款限额的，需由县扶贫部门同意后开支，最大限度保障资金安全。与金融机构合作，将互助社社员还款情况纳入金融机构征信系统，有效防范逾期还款风险。

（2）逐步实现信息化监测管理。加强互助资金信息化建设与“社财乡管”管理模式相结合。2015年在全县使用互助资金自动化监管系统，2016年实现全覆盖。（3）启动退出机制。对互助资金运行管理和互助社建设进行动态评级与绩效考核。对互助资金运行管理不善、存在高危因素的项目村，在整改后仍不能正常运行的，启动退出机制。（4）探索购买社会服务的形式，加强互助资金的外部监管。聘请社会专业机构对互助资金运行情况进行审计、评估、监督，聘请第三方专职人员进行互助资金记账、财务处理等工作。

2. 组织制度创新，降低运作风险

为了确保互助资金的安全、有效运行，盐池县还积极探索和建立了其他相关辅助制度，如防控风险的风险准备金制度，规范运作的互助社运行管理评估制度，并在多年探索的基础上，在互助资金显现局限的情况下进行大胆创新。

互助资金风险准备金制度。为了进一步探索贫困村互助资金试点管理机制，规范风险准备金管理，提高资金风险防范能力，确保互助资金项目健康、可持续发展，盐池县结合本地实践经验和上级规范管理要求，建立了互助资金风险准备制度。

互助资金风险准备金（简称风险准备金）由互助社在每年发放借款收取的占用费中按一定比例提取的，是用于弥补因不可抗力造成互助资金损失而设立。风险准备金只能用于弥补不可抗力因素造成的互助资金借款损失。因国家政策调整等原因，需对互助社进行清退时，如互助资金的集体资本和国家补助资金不能弥补其损耗或不足以支付社员交纳的互助金时，即可使用风险准备金。

风险准备金由各互助社提取的风险准备金建立，即从占用费滚入本金的部分中，按50%标准提取，并存入风险准备金专用账户。风险准备金

实行总额控制，在县级层面，收缴的风险准备金数额以不超过全县互助资金总量的 10% 为限。收缴额度达到规定数额后，可采取先收缴后返还的方式，用于壮大互助资金规模或村公益事业。风险准备金产生的利息收入，全部用于扩充风险准备金本金或银行相关费用。

风险准备金的使用有明确的范围：一是区域内出现对农业生产和人员生活造成重大影响的自然灾害，如地震、洪灾、雪灾、风灾、旱灾、流行疾病或局部地质灾害导致社员的自然资源和人力资源丧失，借款不能收回。二是因国家政策调整和互助社退出项目运作等因素，而非互助社社员因素需要互助社进行资产清算，造成损失的。三是其他特殊情况。

2014 年，宁夏回族自治区的互助资金风险准备金实行总额控制，即总规模控制在 3000 万元以内。盐池县根据上级要求对互助资金风险准备金调整为 200 万元，超出限额的资金用于互助资金壮大、信息平台建设、业务骨干和互助社社员实用技术培训、项目监测管理、公益事业、文化活动等。从 2017 年起，盐池县暂停提取公积金和风险准备金，将占用费分配比例统一调整为运行成本 70%，公益金 30%，运行成本的 70% 用于互助社管理人员工资补贴，30% 用于互助社办公经费开支。

贫困村互助社运行管理评估制度。为全面了解和掌握贫困村互助资金和互助社的运行管理情况，科学评价互助资金运行绩效，探索对互助社分类指导的途径和方法，推动互助资金持续健康发展，盐池县建立了贫困村互助社运行管理评估制度及相关标准。

第一，在评估内容方面，主要包括互助资金运行管理、互助社运行管理、互助资金效益凸显、互助资金拓展创新。资金运行管理方面主要在严格执行项目操作运行规定方面，包括资金使用效率、借款发放与回收、资金安全性与风险控制等。互助社运行管理主要包括农户入社率、贫困户入社率和财务台账、基础资料建设、公示公告、收益分配，以及互助社监事会履职等。互助资金效益凸显主要包括互助资金与产业、合作社相结合，促进农民增收，项目对农民人均纯收入增长的贡献率等。互助资金拓展创新强调互助资金与金融资金捆绑贷款、金融保险等运行方式，以及项目激励机制的建立与运用等。

第二，在评估标准方面，互助社被分为A、B、C、D、E五个等级，评估包含了互助资金项目操作、运行、管理规范等20条标准（见表5–5）。

表5–5　贫困村互助社运行管理评估标准

评估标准内容	达标要求
1. 正式注册登记并取得机构代码，互助社章程及各项管理规章制度健全。	√
2. 农户对互助资金的基本概念、操作运行等情况的知晓率。	90% 以上
3. 为农户办理入（退）社手续、农户交纳互助金符合项目操作规定的程序和比例。	√
4. 农户受益面大，贫困户入社率。	50% 以上
5. 贫困户借款达到当年借款户的比例。	40% 以上
6. 严格按照项目操作规定与程序，及时审核、发放、回收借款，执行“一本一证”规定。	√
7. 借款用于农户增收项目，经济效益明显。	√
8. 单笔借款额度不超过社员大会决定的最高限额。	√
9. 最长借款期限。	12 个月
10. 当年发放借款额占互助资金总额的比例。	95% 以上
11. 互助社运行管理规范，进入“千村信贷”捆绑贷款机制。	√
12. 到期还款率，无逾期情况。	100%
13. 严格按照规定收取占用费；收益分配、提取风险准备金、收支平衡或略有盈余，无违纪现象。	√
14. 建立了完善的财务管理制度，运行管理规范。	√
15. 互助社及入社社员档案、各类基础资料完备，会议、公示公告等制度落实。	√

续表

评估标准内容	达标要求
16. 建立互助资金管理信息平台，录入信息与账簿、档案等原始资料一致。	√
17. 互助社监事会认真履职，能够监督、核实互助资金运行管理各个环节工作。	√
18. 建立了互助互济、激励发展机制，滚动发展效益突出，促进农民增收。	√
19. 凸显“村‘两委’+ 互助社 + 合作社 + 新农村”（四位一体）综合效益，项目社区文化活跃。	√
20. 互助社理事会在成立后至少每 3 年进行一次改选，理事会、监事会成员由社员大会民主选举产生，且相互不得兼任。	√

基于以上标准，五个等级分别满足以下要求：

（1）A 类互助社：其中 A1 类为全部符合上述标准，A2 类不符合上述第 4、第 11、第 12、第 19、第 20 条标准。

（2）B 类互助社：按 A 类标准评估，在有百分比、借款时间、财务管理、借款逾期、提取风险准备金等硬性条件中，如有一项不符合，且不属于 C 类和 D 类互助社的，可评定为 B 类互助社。

（3）C 类互助社：互助社出现以下任何一种情况，即评为 C 类。

C1. 存在吸储或从事其他未经许可的金融和经营活动。

C2. 占用费收入用来分红。

C3. 跨行政村吸纳农户加入互助社的。

C4. 将互助资金集中借给企业和大户经营，且获利后进行分配。

C5. 不良借款率达到 10% 以上（不良借款率指逾期 30 天及 30 天以上的借款）。

C6. 近期连续 6 个月的借款余额低于互助资金总额的 70%。

C7. 贫困户入社率低于 20%，或贫困户借款户数占入社贫困户的比率不到 20%。

C8. 因以上任何一条，采取收回资金重新组建互助资金的互助社。

（4）D 类互助社：项目运行不正常，互助社理事会不能发挥作用，群众积极性不高，存在资金运行风险。

D1. 由于上述原因导致出现与国家、自治区互助资金运行管理规定相悖情况，且经整改无明显好转，已明确纳入自治区退社名单的互助社。

D2. 由于互助资金项目及其他扶贫项目实施后，互助社所在行政村的经济发展较快，导致农户对小额借款需求明显下降，资金周转率和借出率低，互助资金项目完成历史使命，已经明确纳入自治区退社名单的互助社。

（5）E 类互助社：截至评估时间，发放首笔借款时间不足一年，项目进展缓慢，账面滞留项目资金的互助社。

贫困村互助社运行管理评估由县扶贫办组织执行，按要求每年要认真开展一次互助社运行管理情况评估，准确掌握互助社的运行态势。按照评估结果，对 A 类、B 类互助社进行奖励；对 C 类、D 类、E 类互助社要采取措施督促整改、重新组建或退出。

根据规定，至 2017 年，盐池县对互助资金运行超过两年，且运行管理正常的 A 类和 B 类互助社，按照互助社的资金规模和信用等级，可将农户借款额度放大到 1 万元—2 万元，即资金规模在 100 万元以下的 A 类互助社，最高借款额度为 1.5 万元，B 类互助社，最高借款为 1 万元；资金规模达到 100 万元以上的 A 类互助社，最高借款额度为 2 万元，B 类互助社，最高借款额为 1.5 万元。这些奖励措施从一定程度上缓解了互助资金额度小、限制产业发展的局限。

此外，在保障措施上，从分类管理、项目培训和组织建设上做了强化工作。

坚持扶优扶强。加大对互助资金运行良好的 A 类、B 类互助社的资金支持力度。对项目运行管理不善、存在高危因素的 C 类、D 类项目村，彻底进行整改，及时清收逾期借款，并按规定程序收回资金进行重组，或退出互助资金，为互助资金改革创新提供坚实的基础。

加强项目培训。县扶贫部门根据职能和分工，对互助资金改革创新工作进行分级分类培训。加强对互助资金管理人员的业务培训，组织乡（镇）之间、项目村之间观摩交流，提高互助资金管理人员的业务水平和工作能力。

充分发挥基层党组织作用。坚持互助社与村“两委”的密切配合，充分发挥村“两委”班子成员的模范带头作用，采取“支部带贫困户”“党员一帮一”的方式，帮助贫困户制订生产发展计划，担保互助资金借款，拉近干部与群众之间的距离，架起干群之间的“连心桥”，促进互助资金改革创新发展。

3. 运作模式创新开拓发展局面

从2006年开始，通过探索以及在上级规定的要求下，盐池县互助资金形成的一整套较为完善的运行管理体制，不但有效缓解了贫困农户发展中资金短缺的困难，而且培育了农村信用环境，提高了农民的诚信意识，增强了村级组织的凝聚力和战斗堡垒作用，解决了“空壳村”问题，成为盐池县乃至整个宁夏扶贫工作的一个品牌。但在互助资金运行中仍存在筹资渠道单一、借款额度偏小、少数互助社管理不够规范等亟待解决的问题。随着扶贫开发的深入，互助资金已不能满足贫困群众的发展需求，改革创新互助资金发展模式变得十分迫切。

为进一步满足贫困地区、贫困农户发展生产的资金需要，盐池县重新开始探索贫困村互助资金创新发展模式。包括：（1）组建互助资金联合社。联合社主要负责调剂各互助社之间互助资金的有偿使用，负责提供信息和监管共享服务，组织开展对各互助社工作的检查指导，考核评比。（2）批发贷款。在运行较好、条件成熟的互助社，利用互助社运行机制和平台，以互助社为单位，获得批发贷款，将获得的批发贷款转贷给互助社社员，满足贫困农户贷款需求。（3）设立村级风险补偿金。在互助资金不足且社员有较强发展愿望的互助社，探索在社员自愿的前提下，与金融机构合作，将部分或全部互助资金作为村级风险补偿金，获得最多10倍的授信额度，放大互助社社员的贷款额度。

此外，在资金与产业结合方面，开创了三种运作模式：（1）互助资金与扶贫龙头企业结合模式。将互助社作为龙头企业和贫困农户的集体经纪人，组织贫困户按照企业要求开展订单式的种植和养殖活动，龙头企业做担保从金融机构获得贷款，通过互助社为贫困农户发放生产贷款，产品由企业以市场价统一回收，实现互助资金与龙头企业发展的“双赢”。（2）互助社与扶贫合作社结合模式。发挥村“两委”作用，促使互助社与扶贫合作社相互结合，组织推荐互助社社员加入扶贫合作社，或者将合作社社员发展为互助社社员，探索将互助资金、“双到”资金作为贫困农户的股份入股合作社，形成股份制合作社，实现互助社资金优势和扶贫合作社生产优势相结合，带动贫困户增收致富。（3）互助资金与“双到”资金结合模式。将建档立卡贫困户“双到”资金注入互助社，作为贫困户入社交纳的互助金，并给予贫困户最高限额1万元的借款，提高贫困户入社率，扩大贫困户受益面。

综上所述，盐池县互助资金运作经过十几年的探索、完善，已经形成了一个较为健全的运行机制，为盐池县金融扶贫创造了条件。

二、金融生态：产融保一体化发展

互助资金缓解了贫困户和其他一般农户的资金需求，但其局限也是明显的。如借贷资金额度小，不能满足产业发展的资金需求；同时因资金总额有限，覆盖面比较狭窄，不能满足多数群众的需求。产业经济发展带有很强的规模效应，如果不能夯实产业基础，做大做强产业，盐池县就很难摆脱经济落后、脆弱的困境。因此，扩大资金借贷规模和覆盖面，成为盐池县脱贫攻坚的关键。然而，发展产业也面临极大的风险，尤其是对于农村贫困户，任何风险损失都可能使他们再次陷入困境，所以如何降低他们在发展道路上的风险，确保产业做大做强，是另一个亟须破解的难题。2015 年以来，在党中央、国务院及宁夏回族自治区党委政府、吴忠市委市政府的正确领导和政策引领下，盐池县大胆探索，创立了金融扶贫“盐池模式”。

（一）“信用 + 金融 + 产业”

经过十几年的发展，目前我国基本建立了层次多、覆盖广的农村金融机构体系。银行、信用社、贷款公司、资金互助社等金融机构持续发展能力不断增强，农村存款、贷款数额持续增长，农村地区金融服务基本覆盖。然而，受城乡二元经济结构的影响和制约，农村地区金融服务仍滞后于城市金融发展，同时，由于我国农村地域广阔、情况复杂，造成金融需求与金融供给之间的矛盾较为突出。图 5–2 显示了我国现有农村金融体系情况。[①]

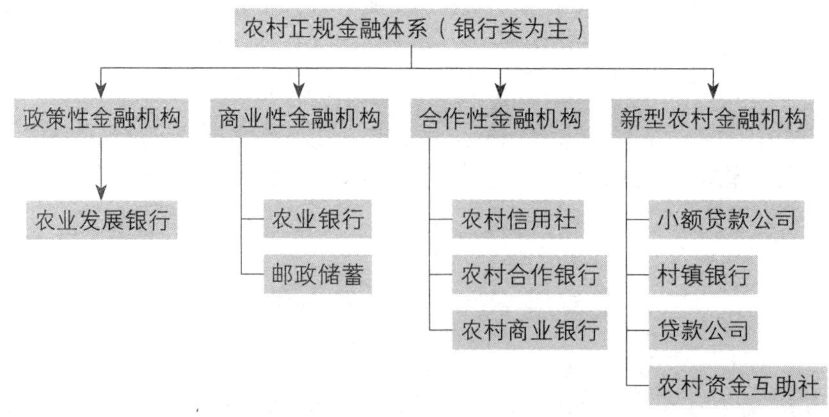

图 5–2　我国农村金融体系

① 汪小亚：《加快农村金融改革　改善农村金融服务》，《中国金融》2010 年第 5 期。

汪小亚对我国农村金融的系统研究指出，农村金融的主要问题表现在：一是金融供给主体不足，金融服务空白点依然存在。二是农户贷款难问题没有根本解决，一方面贷款额度的满足程度不高，有不少农户的贷款愿望没有被满足；另一方面微小贷款的满足程度不高。三是农户缺乏有效抵押担保物，农村地区与扩大抵押担保物相配套的登记、评估、定价等中介机构和流转市场仍相当贫乏，农村抵押担保物的价值难以形成，从而阻碍了抵押担保物的作用发挥。四是农村信贷投入不足、相关配套和扶持政策不到位，包括金融服务范围过窄，金融支农的资金来源较为单一，金融服务能力受到限制，与金融相关的其他政策措施不尽完善，影响了金融支农作用的发挥。[①] 导致上述问题的主要原因是：（1）农村地区的产业化基础较为薄弱，组织化程度不高，金融具有需求分散、额度较小的特点，金融机构开展业务的运营成本较高。（2）农业受自然风险和市场风险双重影响较大，比较收益较低，正规金融机构在农村开展业务的动力不足。（3）农村金融的供需之间存在严重的信息不对称。[②]

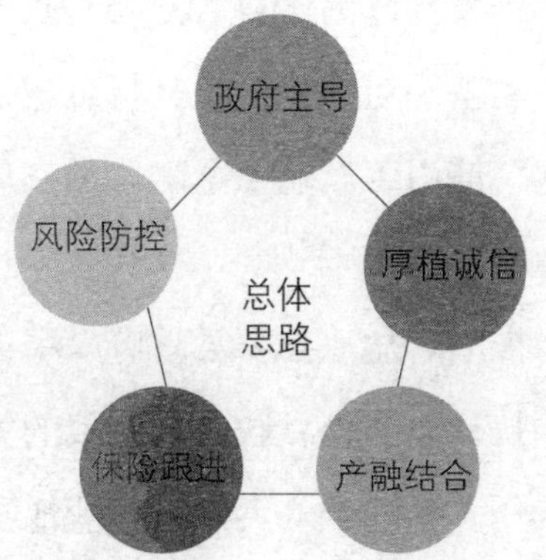

图 5–3　盐池县“信用 + 金融 + 产业”三位一体的金融扶贫新模式

①② 汪小亚：《加快农村金融改革　改善农村金融服务》，《中国金融》2010 年第 5 期。

显然，如何解决上述问题是我国金融发展的重要课题。盐池县借鉴互助资金运作经验，逐步形成“财政引导、基金运作、担保跟进、保险参与、银行放大”的金融扶贫思路，建立起“信用＋金融＋产业”（信用建设＋金融支撑＋产业基础）的三位一体金融扶贫“盐池模式”（见图 5-3）。

（二）金融扶贫“盐池模式”

盐池县“三位一体”金融扶贫模式，紧紧围绕“党政主导、厚植诚信、产融结合、风险防控、保险跟进、改革创新”的总体思路，大力发展普惠金融，探索“信用＋金融＋产业”三位一体的金融扶贫新模式，走出了一条依据互助资金构建金融扶贫诚信环境、依托金融创新推动产业发展、依靠产业发展促进贫困群众增收致富的新路子，实现了依托金融创新推动产业发展，依靠产业发展促进农民增收的目标。

1. 党政主导抓落实

为了做好扶贫小额信贷工作，盐池县委县政府认真贯彻中央和自治区扶贫开发有关精神，积极发挥政治优势，党委和政府主动作为，与银行等金融机构密切合作，调动基层组织积极性，将金融扶贫作为打赢脱贫攻坚战的核心举措，建立起“信用＋产业＋金融”的三位一体金融扶贫“盐池模式”。

一是党委政府强力推动。盐池县委县政府以中央和自治区扶贫开发有关精神为指导，把金融扶贫作为打赢脱贫攻坚战的关键一招，先后 7 次专题研究部署金融扶贫工作。党的十八大以来，盐池县相继出台了《盐池县金融发展规划》《盐池县加快扶贫开发实施意见》等一系列政策文件，在构建金融扶贫体系、制定优惠政策、防范金融风险等方面提出了一系列创新举措，形成了较为完善的金融扶贫政策体系。

二是金融机构聚力攻坚。盐池县 5 家金融机构在县委县政府的支持下，抓住农村金融市场机遇，积极参与脱贫攻坚工作，为建档立卡贫困户量身定做金融产品。为防范金融风险，县委县政府通过采取设立风险补偿金与评级授信相结合的方式，解除了银行等金融机构向贫困户发放贷款的后顾之忧，确保扶贫小额信贷六个政策得到全面推广落实。

三是基层组织示范引领。贫困户和普通民众对扶贫小额信贷政策知晓率低是制约金融扶贫的一个重要因素。对此，盐池县以“强龙工程”为依托，坚持通过党建带动扶贫，在全县范围内探索建立党员“1+1”“支部 + 合作社 + 贫困户”等助贷扶贫模式，还通过把支部建到金融链、产业链上，充分发挥村“两委”、驻村工作队和党员干部的带动作用，提升基层党组织的综合服务水平，把基层党建与金融扶贫密切结合在一起。例如，盐池县大坝村党支部积极协调两家龙头企业发展黄花菜订单收购、连片承包、加工销售，引导建档立卡贫困户贷款种植黄花菜，2016 年、2017 年连续两年每亩平均收益达到 6000 元以上，成为当地贫困群众脱贫增收的主导产业。

2. 厚植诚信强支撑

贫困户想脱贫，但脱贫得靠产业支持，发展产业得靠金融助力，贫困户难以发展产业的痛点往往在于信贷这一关过不了。盐池县坚持“扶贫先扶志”，把提高贫困户诚信意识作为推进扶贫小额信贷的“总开关”。为加快农村信用体系建设向纵深发展，盐池县建立了“四信评级”的农村信用体系。其目的在于改善“三农”金融服务，优化农村信用环境，健全政策支持体系，推动形成“多方共建、辅助银行、助力三农、服务地方”的信用保障服务机制，为农村经济发展营造良好的信用环境。

盐池县“四信评级”的内容是：对信用乡（镇）、信用村、信用组、信用户的评定，其中信用乡（镇）、信用村的评定主要以信用组、信用户的评定为基础。四级信用评定是按照“坚持标准、规范运作、强化监督、成熟一个、评定一个”的原则，坚持政府主导、人行推动、专业银行参与、乡村配合、共建共享的模式进行运作。

四级信用评定，信用乡（镇）、信用村、信用组、信用户分别有不同的评定标准。

第一，信用户评定标准。信用户的评定标准主要依据《盐池县信用户评分参考标准》中的指标进行评分，实行百分制，主要包括：（1）基本情况（占10%），包括评定对象的年龄、学历、婚姻和健康状况。（2）家庭收入及资产负债情况（占30%），包括评定对象的家庭收入等总资产及资产负债率。（3）信用状况及参保情况（占50%），包括有无不良贷款和对外担保情况。（4）遵纪守法（占10%），包括各种欠账、赌博、吸毒、邪教、近3年有无拘留或犯罪记录、有无参与聚众上访，在本村内有无重大不良影响、不良嗜好及司法诉讼记录等情况。

按信用评分得分高低将信用户分为四个级次，具体见表5-6。

表5-6　信用等级与信用得分

信用等级	综合得分
AAA级	90分以上
AA级	80—89分
A+级	70—79分
A级	60—69分

第二，信用组的评定标准。主要内容包括：（1）信用户数量占全村总户数的70%以上，同时AA级以上的信用户占比达到全村民小组50%以上。（2）本村民小组农户贷款面达35%以上。

第三，信用村的评定标准。主要内容包括：（1）本村信用组比例在70%以上。（2）本村不良贷款率在5%以下；无拖欠贷款本息的农户占辖内总数的95%以上；村级经济组织无不良贷款，以及为他人担保的贷款能履行担保义务。（3）村党支部和村委会团结务实，群众威信高；关心支持金融机构的各项工作，积极协助金融机构组织资金、清收贷款、协助开展资信评定工作；村内社会治安状况良好。

第四，信用乡（镇）的评定标准。主要内容包括：（1）辖区内信用村数量占本乡镇总数的50%以上。（2）本乡（镇）不良贷款率在5%以下。（3）乡（镇）党委、政府支持金融机构工作，乡（镇）所属企业及有关职能部门无不良贷款，协助开展资信评定工作，全乡（镇）社会治安状况良好。

信用户、信用组、信用村、信用乡（镇）的等级评定，实行层级评定。一是信用户、信用组的评定。由各村评议领导小组依据《盐池县信用户、信用组评分参考标准》打分评出后，填制《盐池县信用户、信用组信用等级评定表》，将初评结果报送至盐池县农村信用体系建设领导小组办公室审定，经领导小组召开专题会议研究，以正式文件发布后方可认定。二是信用村的评定。由各县信用体系建设信用评定领导小组依据“信用村的评定标准”开展评定，填制《盐池县信用村评定表》，并将初评结果报送至盐池县农村信用体系建设领导小组办公室审定，经领导小组召开专题会议研究，以正式文件发布后方可认定。三是信用乡（镇）的评定。由县信用乡（镇）评定领导小组依据“信用乡（镇）的评定标准”开展评定，填制《盐池县信用乡（镇）评定表》，将初评结果报送至盐池县农村信用体系建设领导小组办公室审定，经领导小组召开专题会议研究，以正式文件发布后方可认定。

2016年，全县完成所有农户“四信评级”全覆盖。共评出信用乡镇8个、信用村92个、信用组512个、信用户4.1万户。特别是将精神文明和党员评星定级纳入信用评价，助推了村风、民风的转变。获得四级信用的单位可以获得优惠政策奖励。在社会管理方面，凡入伍、入党、文明户、劳动模范评优评先等，优先从信用户中推荐产生。在金融支持方面，金融机构在安排信贷计划、分配支农再贷款或调剂资金时，优先考虑信用乡（镇）、信用村、信用组、信用户的需求，给予贷款优先、利率优惠、额度放宽的信贷支持。在财政支持方面，县财政按照国家相关扶持政策给予信用户信贷贴息扶持政策，给予信用村村委会和信用乡（镇）政府一定金额的工作经费奖励。

值得注意的是，盐池县打破传统的评级模式，向建档立卡贫困户放宽了评级授信条件，降低了准入门槛。建立了“631”评级授信模型，把原来的授信模式中诚信度占10%、资产状况占60%、基本情况占30%，分别调整为诚信度占60%、资产状况占30%、基本情况占10%（如图5-4所示）。

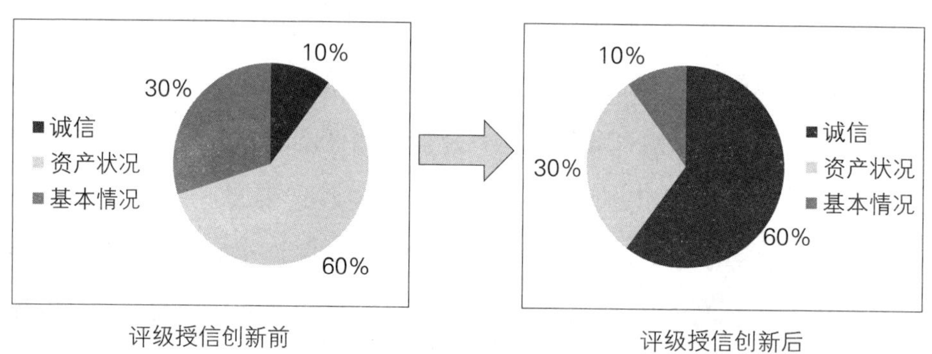

图 5-4 创新“631”评级授信模型

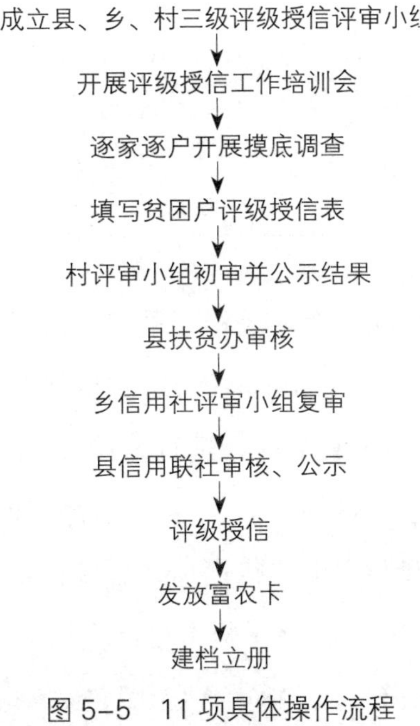

图 5-5　11 项具体操作流程

为了把基础工作做扎实，盐池县出台了《盐池县农村信用社合作联社贫困户评级授信管理办法（试行）》，制定了 11 项具体操作流程（见图 5-5），试行“一次摸底、四级评审、两轮公示”。“一次摸底”即由扶贫办、信用联社、互助社组成评审小组，先对贫困户进行逐户摸底调查；“四级评审”即由村互助社、县扶贫办、乡信用社、县信用联社逐级评审；“两轮公示”即村“两委”公示、信用社公示。评级授信分为：A 级贷款额度为 10 万元以上；B 级贷款额度为 5 万元—10 万元；C 级贷款额度为 2 万元 ~5 万元；D 级贷款额度为 2 万元以下，每 2—3 年重新评定一次（如表 5-7 所示）。

表 5-7　盐池县评级授信模式

信用等级	评分	授信额度
A 级	90 分以上	10 万元以上
B 级	80—89 分	5 万元—10 万元

续表

信用等级	评分	授信额度
C 级	70—79 分	2 万元—5 万元
D 级	60—70 分	2 万元以下

2016 年 5 月末，盐池县金融机构人员与基层干部相互协作，逐村逐户开展贫困户评级授信工作。历时 5 个月，把所有农户的信用情况由低到高分为 A、A+、AA、AAA 四个等级进行信用评级，总共评级 11203 户，完成了全县全部建档立卡贫困户的信用等级评定和授信工作，对评级较高的农户在贷款额度和利率上实行优惠。盐池县农村商业银行对被评为 A 级、B 级、C 级的 8720 户贫困户给予授信支持，授信额度达 4.6 亿元，向贫困户发放贷款 3.2 亿元，其中 A 级占 17%（1482 户），B 级占 39%（3401），C 级占 37%（3226 户），D 级占 7%（611 户）。

新的评级授信制度破解了农村金融信用体系共建共享的难题，特别是将精神文明（遵纪守法）纳入信用评价，助推了村风、民风转变；同时结合“智慧扶贫综合管理服务平台”建设，将信用评级及金融贷款情况及时录入平台、实时共享，促使了政府和金融机构的良性互动，破解了农村金融贷款精准统计的难题。

3. 产融结合促增收

盐池县抓住国家实行金融扶贫的政策机遇，充分发挥党政主导作用，与信用社、农业银行、宁夏银行、邮储银行、村镇银行等金融机构和龙头企业进行衔接沟通，以滩羊、黄花菜、小杂粮等特色产业为纽带，为建档立卡贫困户发展产业提供贷款支撑。

自 2006 年以来，盐池县在互助资金上已经取得了很大的成绩。项目村从 2006 年的 3 个增长到 2016 年的 102 个；受益群众从 2006 年的 450

户增长到2016年的1.48万户；资金总量从2006年的80万元增长到2016年的2.22亿元，累计达到5.2亿元。在互助资金不能满足需求的情况下，由互助社推荐贫困户到信用社优先办贷，信用社根据信用状况给予放大最高10倍的贷款，最高一户可贷款10万元，并根据额度给予不同档次的优惠，财政给予贴息（2万元以下给予5%的贴息）。2012年，盐池县被指定为“千村信贷·互助资金”金融创新扶贫工程试点县。这项工程旨在针对通过互助社借款仍不能满足发展需求的贫困户为对象，由互助社推荐，盐池农商行给予互助社借款金额最高10倍的贷款支持，小额贷款最高可达10万元。

此外，盐池县农村商业银行与县财政合作，创新财政资金支持模式。采取“双到”资金与互助资金“捆绑”运行方式，将“双到”资金注入互助社作为入股资金，使“双到”资金成为贫困户向互助社和农商行申请贷款的“资本”，“信用”成了贫困户融资的保障。截至2018年10月，盐池县设立互助资金项目的行政村共92家，与盐池农村商业银行有信贷合作关系项目村达88个，占全部项目村的92.6%。自2012年“千村信贷·互助资金”项目运行以来，累计发放贷款20154户16.16亿元，解决了贫困群众发展生产的资金短缺困难，同时让广大贫困户将“有借有还、再借不难”的观念根植于心。小额贷款的运作模式是以互助资金为担保基金，通过盐池县惠民信贷公司放大10倍的贷款批发给互助社，互助社再放贷给农户。2018年盐池县扶贫小额信贷贷款余额达到36亿元，符合贷款条件的建档立卡贫困户贷款率达到90%以上，贷款余额达到8亿元，符合贷款条件的建档立卡贫困户户均贷款9万元，实现了应贷尽贷，最大限度地满足了小微企业、新型经营主体和农户的产业发展资金需求。

在解决了农户发展资金问题后，盐池县立足实际，创新融资担保模式，实施融资撬动，助力龙头企业发展。盐池县通过成立滩羊集团公司向国家政策性银行批量贷款，再由滩羊集团公司把贷款分贷给企业，解决龙头企业融资难题，支持企业用于市场开拓、品牌打造、扩大养殖等滩羊产业全体系建设（见图 5–6）；整合 2000 万元的扶贫产业助贷金，撬动银行 2 亿元的信贷资金，做大“资金池”容量，对新型经营主体执行 3 年期基准利率，最高可贷款 500 万元。同时，盐池县还明确要求新型经营主体每贷款 10 万元，需带动 1 户建档立卡贫困户人均年增收 3000 元以上。

盐池县积极鼓励支持人保财险公司投身助力脱贫攻坚，其出资 5000 万元开发了助推滩羊产业发展的金融信贷产品，主要针对滩羊产业新型经营主体、养殖农户进行放贷，实行 10 万元以上 5.5% 优惠利率，政府贴息 3% 的优惠政策，为全县滩羊产业构筑低成本、高保障的融资支持。此外，盐池县还成立中民融盐扶贫担保公司，政府注资 5000 万元，社会融资 2.5 亿元，形成 3 亿元的扶贫担保基金，对建档立卡户免担保费，对涉农小微企业和新型经营主体减免担保费，支持全县特色产业发展；整合 2000 万元特色优势产业风险担保基金，对发展特色优势产业的新型经营主体执行 200 万元以内基准利率上浮不超过 30% 的贷款，对发展特色优势产业的致富带头人执行 10 万元—50 万元基准利率上浮不超过 30% 的贷款，政府贴息 3% 的优惠。

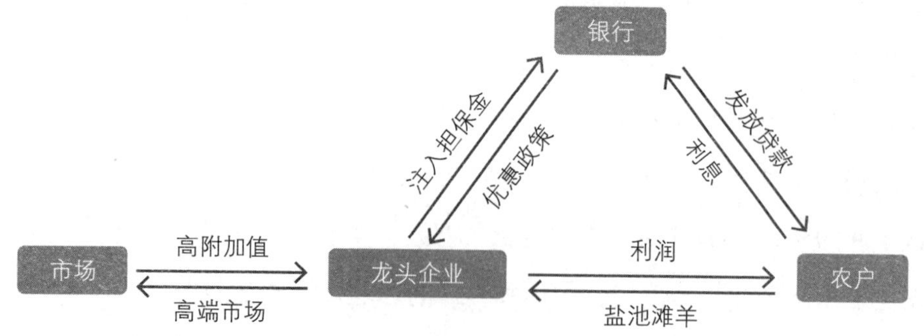

图 5–6　盐池县企业支持体系

通过以上金融创新与操作，盐池县积极协调银行对龙头企业、合作社等给予信贷优惠支持。鼓励发展“企业 + 贫困户 + 基地”和“企业 + 贫困户 + 合作社”等多种模式，引导企业把贫困村作为种养殖基地或成立合作社，由企业向银行获得贷款授信，委托银行为农户发放贷款，实行“订单式”种养，实现了“企业 + 贫困户”的融合发展。在坚持“普惠 + 特惠”的原则下，盐池县产业发展打开了新局面，迈上了新台阶，良好的金融模式为建档立卡贫困户发展产业提供贷款支撑，实现了产业发展支持“全覆盖”。

4. 风险防控做保障

为进一步巩固提升金融扶贫模式，扩大评级授信覆盖面，实现建档立卡贫困户扶贫小额贷款免担保、免抵押的目标，突破商业银行贷款 60 岁的年龄限制，鼓励县内银行对建档立卡贫困户发展产业进行信贷支持，实现扶贫小额信贷可持续发展。盐池县把风险防控放在重要位置，围绕贷款“有需求、贷得出、能收回”，完善扶贫小额贷款风险防控网络。

所谓“免担保、免抵押”贷款，其程序是，一申请：建档立卡贫困户向村委会和银行同时提出申请；三推荐：村委会收到贷款申请后向乡镇推荐、乡镇向扶贫办推荐、扶贫办向银行推荐；四审核：村委会、乡政府、扶贫办和银行四个部门分别进行独立审核（见图 5-7）。在各部门审核合格以后，最后向贫困户发放贷款。

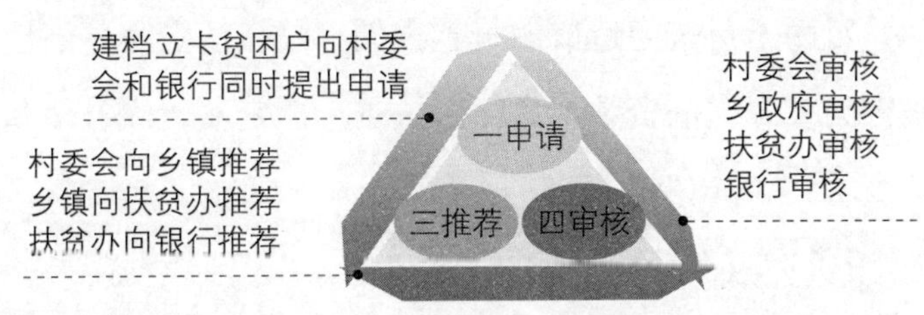

图 5-7　盐池县贫困户免担保、免抵押贷款模式

为了实现有发展意愿的建档立卡贫困户免担保、免抵押贷款全覆盖，特别是解决60岁以上和非恶意“黑名单”贫困户贷款风险补偿问题，降低银行放贷风险，出台了《盐池县建档立卡贫困户扶贫小额信贷风险补偿基金管理办法（试行）》，整合县政府、企业资金5000万元设立县级风险补偿金，与各涉农银行签订合同，建立风险补偿合作关系，让有发展意愿的建档立卡贫困户免担保、免抵押就能在银行获得贷款。因重大灾难、重大疾病等不可抗力因素造成不能偿还的，由风险补偿金和商业银行按照7：3的比例分担。

风险补偿基金适用于全县所有具有独立民事行为能力，且在与扶贫小额贷款风险补偿基金有合作关系的商业银行贷款的建档立卡贫困户。银行获得补偿的条件是：（1）经办银行以不低于风险补偿基金10倍的比例对符合条件的建档立卡贫困户发放贷款。（2）贷款利率上浮比例不得超过同期同档次贷款基准利率的20%。（3）不得以保证金、咨询费、评估费等任何形式提高或变相提高贷款成本。（4）贷款周期不超过2年，单户贷款金额不超过5万元。银行向贫困户发放的扶贫贷款到位后，财政将扶贫风险补偿基金按照贷款实际发放金额的10%存入合作商业银行，并与商业银行签署存款协议。当发生贫困户不能偿还贷款的时候，经办银行不得自行从扶贫风险补偿基金账户中划转代偿。贫困户的贷款损失由基金主管部门、贷款人推荐乡镇、扶贫办和经办商业银行共同认定，认定结果需向社会进行公示。对因不可抗力造成的贷款损失，经按法定程序清偿，仍不能追偿的，确定为损失类的贷款本息，由扶贫小额贷款风险补偿基金和经办商业银行按照7：3的比例分担。

5. 保险跟进兜底线

虽然近十几年来，盐池县的基础设施建设有了较大发展，但恶劣的自然条件和脆弱的生态环境始终制约着盐池县人民生产和生活的进一步改善，再加上长期以来群众身体健康素质较弱，文化素质普遍较低，使得抵御风险的能力十分有限。如图 5–8 所示，疾病、缺技术、意外灾害三种因素在盐池县贫困户致贫的各种原因中所占比重较大。

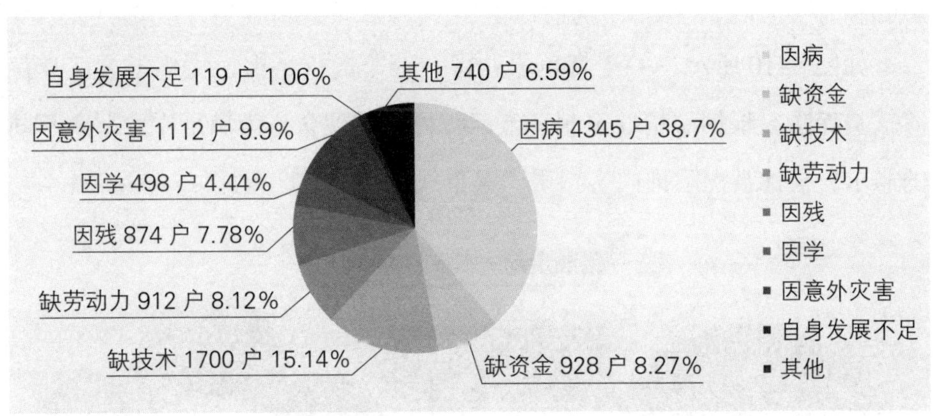

图 5–8 盐池县贫困户致贫原因分布情况

为提高全县农业人口风险保障水平，帮助贫困人口摆脱因病、因灾、因市场价格波动等致贫返贫的困扰，2016 年，盐池县在总结提升扶贫小额贷款模式的基础上，针对盐池滩羊肉市场价格波动较大、因灾因病因婚致贫比重大、贫困群众发展信心不足、能力不强等因素，按照“保本、微利”的原则，与驻地保险机构合作在宁夏回族自治区率先创新了“扶贫保”，为建档立卡贫困户量身打造了特色农业保、羊肉价格保、大病医疗补充保等 12 种扶贫保险（见图 5–9）。

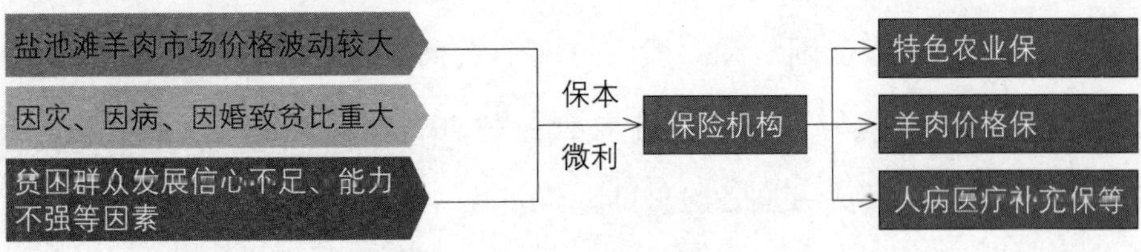

图 5–9 盐池县扶贫保模式

盐池县扶贫保的基本原则是：在风险可控的前提下，从实际出发，整合各类资金，坚持“政府引导、市场化运行、保本、微利”的原则，充分发挥保险行业优势，实现全县农村居民扶贫保全覆盖，做到脱贫路上零风险。

如图 5–10 所示，关于特色农业保、滩羊肉价格保、大病补充医疗保等扶贫保险，根据“精准定制、丰富险种”的理念，为满足广大群众不同的需求，盐池县保险部门实行了“菜单式”保险推广模式。

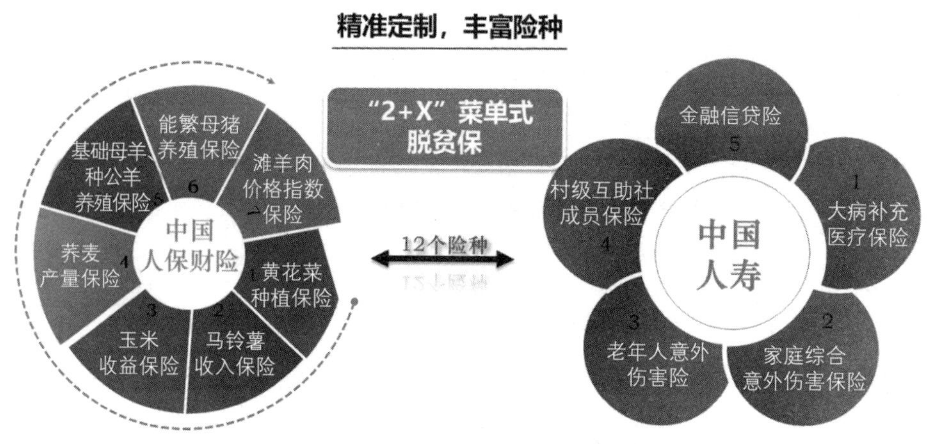

图 5–10　盐池县“2+X”菜单式扶贫保

在“2+X”菜单中，“2”即家庭综合意外伤害保险和大病补充医疗保险两个人身保险必须投保，这两个险种全县农村居民全覆盖；“X”即剩余其他 10 个险种，农户根据需求进行投保。2018 年盐池县脱贫攻坚扶贫保政策，对建档立卡贫困户和一般农户两个人身保险全额补贴；对“X”扶贫保险中产业保险群众自筹部分政府补贴 40%。表 5–8 则显示了盐池县 2018 年扶贫保险实施方案各险种的保险责任。

表 5-8　盐池县 2018 年扶贫保险实施方案各险种的保险责任

险种	保险责任
黄花菜种植保险	在保险期间内，由于自然灾害及晾晒期间连阴雨等给贫困人员种植的黄花菜造成损失时，保险公司负责赔偿。
马铃薯收入保险	因价格下跌或产量降低导致旱地马铃薯的销售收入低于保险合同约定的预期收益时，保险机构按照保险合同约定负责赔偿。保险金额根据旱地马铃薯约定合同价格和约定合同产量确定。
玉米收益保险	因价格下跌或产量降低导致保险库井灌区玉米的销售收入低于保险合同约定的预期收益时，保险机构按照保险合同约定负责赔偿。保险金额根据库井灌区玉米约定合同价格和约定合同产量确定。
荞麦产量保险	在保险期间内，荞麦产量低于合同约定产量和价格时，保险公司负责赔偿。
基础母羊、种公羊养殖保险	对畜龄在 1.5—5 岁的基础母羊和种公羊，因条款中规定的自然灾害、意外事故、疾病造成牲畜死亡，保险公司负责赔偿。
能繁母猪养殖保险	因条款中规定的自然灾害、意外事故、疾病造成牲畜死亡，保险公司负责赔偿。
滩羊肉价格指数保险	因价格下跌导致滩羊肉的销售收入低于保险合同约定的预期收益时，保险机构按照保险合同约定负责赔偿。
金融信贷险	安心贷意外伤害保险承担意外死亡、意外伤残；安心贷定期寿险承担疾病死亡、意外死亡、高度残疾。
村级互助社成员保险	主借款人承担意外死亡、疾病死亡、高度残疾；连带家庭成员承担意外死亡和意外伤残，连带配偶、子女不承担疾病死亡保险责任。
家庭综合意外伤害保险	意外伤害采用清单汇交形式承保，录入清单时按照每户户口人数（以家庭户口记载有效成员）均摊保费、保额。建档立卡贫困户投保人以县扶贫办提供为准。
老年人意外伤害险	女性年龄在 55—80 周岁、男性年龄在 60—80 周岁（以上均含 80 周岁），身体健康且具有完全民事行为能力的老年人可参加本保险。理赔范围包括意外伤害死亡或伤残保险、意外伤害保险、意外伤害医疗保险、意外伤害住院补贴。保险期限为 1 年，保险费 30 元 / 份，由老年人自愿自费购买，也可由企事业单位、社会团体组织为老年人集体出资购买，每位老年人最多可购买 5 份。

续表

险种	保险责任
大病补充医疗保险	参保一般患病群众医疗费用，在城乡居民基本医疗保险报销后，医疗费用在 5000 元至大病起付线之间目录内的医疗费用按 50% 报销，在大病医疗保险起付线之上的，大病医疗保险报销后剩余费用由大病补充医疗保险按比例报销，即个人自付的目录内医疗费用，由大病补充医疗保险报销 80%，个人负担 20%；个人自付的目录外医疗费用（对属县级以上综合医院认定的、该疾病治疗必需的、无法替代的药品和医疗器材费用），由大病补充医疗保险报销补偿 70%，个人负担 30%，保险年度内最高报销额度为 20000 元。 参保建档立卡贫困患者医疗费用，在城乡居民基本医疗保险报销后，医疗费在 3000 元以上的，大病医疗保险报销后剩余费用由大病补充医疗保险报销，即个人自付的目录内医疗费用，由大病补充医疗保险报销 80%，个人负担 20%；个人自付的目录外医疗费用（对属县级以上综合医院认定的、该疾病治疗必需的、无法替代的药品和医疗器材费用），由大病补充医疗保险报销补偿 70%，个人负担 30%，保险年度内最高报销额度为 20000 元。

设立扶贫保一方面是为了降低农户负担，另一方面是为了逐步转变群众的保险意识，实现扶贫保险由财政补贴向农民自愿转变，形成完善的人身和产业保险体系，不断提升扶贫保的投保率。

（三）改革创新破难题

为打造全国金融示范县，总结提升金融扶贫“盐池模式”，盐池县政府在 2018 年制定了全面、科学的政策强化措施，试图在强化诚信体系建设、金融扶贫风险防范机制、小微企业及农村新型经营主体融资、村级金融便民服务网点建设、金融风险防控等的基础上，秉持遇难题、破难题的勇闯精神，寻求再创新、再突破。

1. 形成金融扶贫合力

一是推进互助资金健康发展，培养信用意识，夯实金融扶贫体系的社会基础。互助资金按照“不再增资、不再扩面、防范风险，提高质量和效益”的原则运行（企业给予互助资金捐赠除外）。加强互助社的内部监管，做到管理规范化。对运行良好的 A 类、B 类互助社，要监督各互助社严格执行资金运行规则，农户先入社并交纳入社资金后再借款，社员还款时必须全额归还，保证账账相符、账表相符、账实相符。认真落实好“社财乡管”要求，规范财务管理。严格执行审计制度，一年进行一次互助社理事长责任审计和绩效考核。

二是继续加强金融信用体系建设，健全四级信用体系，评定结果真实可用，解决全县信用评定等级不一致、政策执行不一致的难题。继续建立完善乡村组户“四级信用体系”，每个乡镇、村都要成立信用评定小组，按照“1531”评定模式对评定结果核查定级，实现全县信用评定的全覆盖，对符合条件的信用乡、村、组、户进行评级授牌并落实优惠政策；完成建档立卡贫困户评级授信全覆盖，将 60—65 岁和非恶意“黑名单”贫困户纳入评级授信范围全部授信。

三是引导各类金融机构积极参与金融扶贫，充分发挥政策性、商业性和合作性金融的互补优势，形成金融扶贫合力。激励银行业、金融机构着眼全县脱贫富民大局，认真贯彻落实中央和自治区、市、县政府关于脱贫富民的各项政策，积极主动承担起助推脱贫富民的重大责任，对接 8 个乡镇，实行涉农资金存放与扶贫贷款投放规模挂钩，支持各帮扶银行统筹行内资源，创新、开发专项信贷产品，组合使用金融工具，切实发挥金融扶贫主力军作用，助推全县脱贫富民任务如期完成。

四是扩大金融服务网点覆盖面，实现贫困村的金融便民服务网点全覆盖，消除偏远乡镇金融服务网点空白，优化农村金融服务质量。加强农村金融服务体系建设，按照“大村建服务站、小村建便民点”的基本原则，完成各行政村金融综合服务站（点）建设，为农户提供小额取现、转账、便民缴费等基础金融服务。

2. 进一步解决贷款贵、贷款难的难题

一是放宽扶贫贷款获贷条件，发挥扶贫风险补偿作用，着力解决贷款年龄受限和非恶意“黑名单”贫困户贷款难问题。以国务院扶贫办信息系统录入的建档立卡贫困户为准，放宽申贷年龄限制，将具有劳动能力、有发展意愿、参加保险的贫困户申贷年龄放宽至65岁，互助资金贷款可放宽到70岁。由金融局、人民银行负责，各商业银行配合，对历史遗留的“黑名单”进行排查统计，落实“黑名单”分类释放制度，对非恶意形成的，在清偿本金后退出“黑名单”。对已退出“黑名单”的贫困户，享受与普通农户同等的贷款便利，对60—65岁以及非恶意“黑名单”建档立卡户进行倾斜，提高贷款额度，扩大贷款量，解决这部分人贷不上款的难题。

二是完善扶贫融资担保方式，优化金融服务方式，解决龙头企业、小微企业、新型经营主体贷款贵、贷款难的难题。县级各部门努力建立政、银、企、社、民利益共享和风险共担机制，注入产业助贷金。通过担保公司担保，向全县特色支柱产业滩羊养殖、黄花菜种植、设施农业、小杂粮种植等领域的种养殖大户、农民专业合作社、家庭农场、小微企业等新型经营主体及光伏扶贫户等提供担保贷款；对经政府融资性担保机构担保的新型农业经营主体（专业大户、家庭农场、农民合作社、农业产业化龙头企业）的扶贫类贷款利率进行上限控制，并按照基准利率优惠贴息。

三是继续扩大财政贴息和补贴范围，解决建档立卡贫困户、种养大户及龙头企业贷款贵的难题。通过整合财政资金，对2018年建档立卡贫困户在商业银行贷款10万元以下的基准利率全额贴息。为盐池融盐国有资本投资运营有限公司向国家开发银行以基准利率融资1.5亿元开展农业产业化扶贫项目，按1%补贴运营管理费，为贷款发展特色产业的借款人补贴担保费（2%左右）。对带动农民产业发展的合作社、家庭农场、小微企业以及致富带头人按照相关文件精神贴息。

3. 深化金融机制创新，全力防范金融风险

一是对金融扶贫“盐池模式”进行不断巩固和总结提升，增强持续发展动力。通过把金融工具链接在产业链上，把行政资源、金融资源和市场资源有效衔接起来，发挥“县、乡、村、组”四级联动功能，发挥财政、金融、产业、保险“组合拳”作用。推行“信用＋产业＋金融”的金融扶贫模式，实现信用评级、产业支持、财政引导、担保跟进、保险护航、银行放贷、风险防范、党建保障等环节的有效协同和联动，组合运用“财政＋银行＋证券＋保险＋基金”等各类财政金融工具链，以支持扶贫产业链。创新适合各类经管主体的信贷产品，积极开办农村“两权”抵押贷款，灵活运用林权、集体资产收益权等作为担保条件，设计贷款产品，为全县种养业和农产品收购、加工、销售、运输等提供全产业链的金融服务。

二是全力防范化解金融风险，切实维护金融安全，促进金融和经济良性循环健康发展。在不断改革创新的过程中，盐池县充分认识到防范金融风险的重要性，努力做好重点领域风险防范和处置，管住扶贫小额信贷“总闸门”，加强风险源头管控，对免担保、免抵押贷款进行银行数量管控，对农户贷款进行上限管控。完善金融机构支持地方经济发展金融信贷分工协作机制，降低金融风险；完善金融安全防线和风险应急处置机制，努力做到早识别、早预警、早发现、早处置。严密防范化解信贷风险、信用风险、市场价格波动风险、保险市场风险等引发的金融风险，切实防范金融网络技术和信息安全风险。

4. 优化服务体系，提高服务效率

一是提高扶贫贷款审批效率，简化扶贫贷款的审贷流程，提高建档立卡贫困户贷款效率。促进各银行业金融机构加强与政府风险补偿金和各类

担保基金的对接，集中做好建档立卡贫困户、各专业合作社和龙头企业的前期调查和评级授信；充实基层工作力量，放宽基层分支机构贷款审批权限；进一步简化扶贫贷款审贷流程，提高扶贫贷款审批效率。努力实现对农户小额贷款的审批时限控制在 5 个工作日内，其他贷款的审批时限控制在 15 个工作日内。引导各商业银行开发信贷产品，发放“金扶卡”，全面执行扶贫小额信贷政策，有效降低贷款门槛和贷款成本。充分利用盐池智慧扶贫综合管理服务平台，建立金融统计共享系统，实现全县金融数据精准统计、信用信息共享，推动各商业银行对信用评级信息的互通互认，提高贷款效率。

二是加大龙头企业金融支持，带动区域内重点产业培育，促进农业产业化发展。加强与融资担保机构合作，充分运用现有的农业融资担保平台，支持全县专业合作社和农业产业化龙头企业发展。引进证券金融机构落户盐池，帮助龙头企业、新型经营主体拓宽融资渠道，实现全县龙头企业、新型经营主体直接融资达到 10 亿元以上。在风险可控的前提下，引导和鼓励贫困户以资产入股有实力、有公信力的专业合作社或龙头企业，推行托管、托养、托销等合作模式，通过专业合作社和龙头企业带动，实现企业发展和农户增收的“双赢”目标。

三是强化金融扶贫服务保障，通过加强组织协调，完善金融扶贫政策机制，保障金融扶贫高效运转。第一，强化对重点领域和关键环节的组织领导工作，明确各有关部门的责任，切实做好组织实施工作，加强政策协调、定期协商、信息共享和风险防控。第二，强化对扶贫小额信贷、扶贫保等金融扶贫政策的宣传，建立“金融 + 信用 + 产业 + 民风”的金融扶贫大环境，通过扶贫政策大讲堂、发放宣传资料、进村入户等形式，让贫困户家喻户晓、人人皆知。第三，建立脱贫攻坚金融服务统计监测制度，完善涵盖信贷投放、信贷产品、利率和基础金融服务信息的监测体系，动态跟踪监测各金融机构脱贫攻坚金融服务工作情况，为实施政策效果评估提供支撑。第四，对金融机构量化考核，由金融局牵头，有关部门参与，对各金融机构在上年助推脱贫攻坚工作考核的基础上，按相关规定进行考核奖励。第五，强化责任追究，建立金融月度专报，对金融扶贫工作不主动去抓或工作没有效果、排名靠后的乡镇，采取通报、约谈乡镇分管领导和主要负责人等方式追究乡镇责任。

三、金融扶贫：成效与经验

盐池县以贫困村互助资金试点项目为依托，创新开展了“互助资金、千村信贷、小额信贷、融资担保”等多种金融扶贫模式，形成了“政、银、企、社、民”五位一体的扶贫开发新格局，进一步推动全县优势特色产业的发展。互助资金的经济效益、社会效益及扶贫效益明显，2015年和2016年连续两年全国扶贫小额信贷培训班在盐池县举办，金融扶贫“盐池模式”在全国推广。2016年国务院对盐池县金融扶贫工作给予表扬，并享受“免督查”和六项激励措施。

（一）互助资金：全面推行，运行稳健

1. 项目实施村实现全覆盖，农户踊跃参与，瞄准贫困精度高

如表5-9所示，从2011年三个村试点开始至2016年，经过多年建设，盐池县不断规范、完善互助资金运行制度，2014年盐池县在小范围内新增41个村，2015年达到92个行政村。

表 5-9　2011—2016 年盐池县互助金项目实施行政村与农户情况

年份	项目实施村数量（个）	入社农户（户）		互助小组（个）		
		项目村农户总数	项目村平均参与户数	互助小组总数	平均每村小组数	平均每组户数
2011 年	3	2052	684	172	57	12
2012 年	3	2052	684	172	57	12
2013 年	4	2641	660	222	56	12
2014 年	44	27991	636	1870	43	15
2015 年	92	53519	582	3968	43	13
2016 年	97	52796	544	4363	45	12

在入社农户方面，从最初 2011 年的 3 个试点村几百户逐渐发展到基本实现村内全覆盖。从 2014 年开始全面推广互助资金后，农户踊跃入社，当年每个项目村就实现平均入户 636 户。显然，如果没有前期试点工作稳健推进和完善的资金运作制度，没有获得广大农户的信任与欢迎，就难以实现如此高的入社水平。

同时，基于行政村建立的资金互助社，在行政村内各自然村建立了互助小组。2011 年，每个村建立 57 个互助小组，2016 年全面推广以后下降至 45 个，平均每个互助小组有农户约 12 个。互助小组的重要性在于，它是一个农户识别的信用筛选机制，通过建立互助小组可以把那些信用好、为人可靠的农户纳入互助社，把信誉差的农户排除在外，这个组织网络可以大大降低互助资金运行的风险。

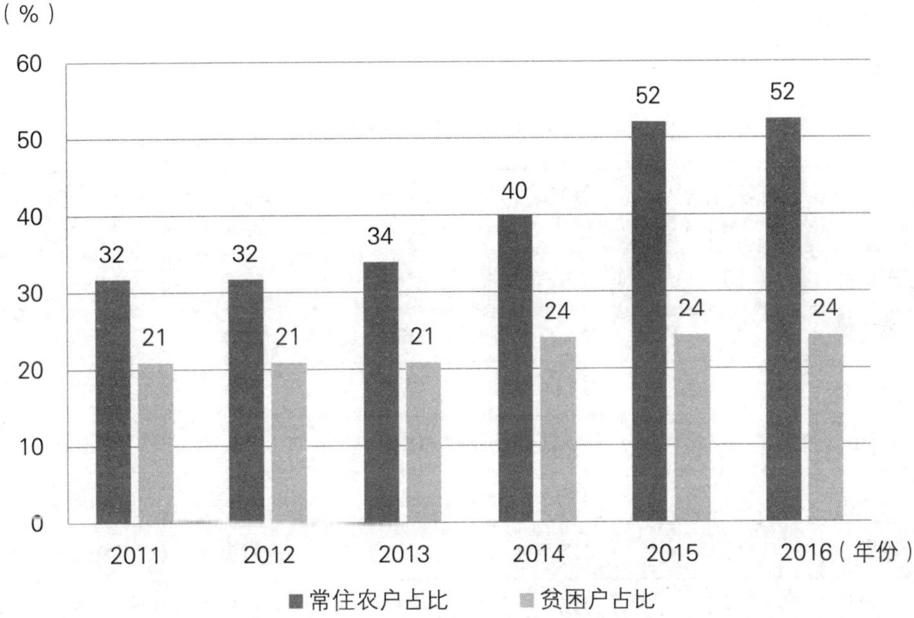

图 5-11　2011—2016 年盐池县常住农户和贫困户入社情况

作为一项重要的扶贫项目，村级发展互助资金的本金主要来自国家财政扶贫资金，这就决定了瞄准贫困是其首要目标。图 5-11 显示了常住农户和贫困户的入社情况。从图中可知，2011—2013 年常住农户的入社率约为 33%，贫困户入社率为 21%。2014 年开始全面推广互助资金后，到 2015 年常住农户跃升到 52%，但贫困户入社率并没有因为全面推广而下降，入社率有所上升，达到 24%。贫困户入社率之所以没有跃升增长，是因为每个村的贫困户占比是大致相当的。

2. 互助资金总额大幅度增长，资金来源渠道增多

表 5-10 显示了 2006—2018 年盐池县累计互助资金分配情况。从表中可知，至 2018 年盐池县全县互助资金总额近 1.95 亿元，其中资金量最大的王乐井乡曾记畔村，其互助资金达到 736 万元，最少的村也有 80 万元，全县平均每个村 190 万元。分乡镇看，王乐井乡每个互助社的平均资金量

最高，达到230万元。8个乡镇中，平均资金占有量超过190万的有6个乡镇。

表5-10　2006—2018年盐池县累计互助资金分配情况[①]

	行政村数（个）	平均值（万元）	最小值（万元）	最大值（万元）	总额（万元）
王乐井	13	230	155	736	2995
冯记沟	8	214	165	250	1710
高沙窝	9	211	150	470	1895
青山	8	200	160	285	1600
花马池	24	195	80	475	4881
惠安堡	13	193	130	425	2505
大水坑	14	157	85	275	2195
麻黄山	13	136	105	180	1770

但从最大值和最小值的差异来看，目前每个互助社的资金占有量差异较大，不过这并不是坏事，说明盐池县在互助社上没有实行平均主义，而是通过运行绩效评价，一方面提高资金使用效率，另一方面通过竞争促进互助社良性发展。

表5-11　截至2016年10月曾记畔村互助资金来源分布情况

资金来源	数额（万元）	占比（%）
中央和区财政配置资金	197	35
财政壮大村集体资金	100	18
中航油社会帮扶资金	95	17
社员缴纳互助金	57.82	10

① 分配资金来源于政府拨款、社会捐赠。

续表

资金来源	数额（万元）	占比（%）
县政府投入	55	10
宁夏金融办捐赠	20	4
互助资金增值壮大	18.6	3
宁夏红十字会捐赠	10	2
亚洲基金会捐赠	6	1
合计	559.42	100

2006 年中央拨款试点互助资金，当时 3 个村每个村中央拨款 15 万元，区财政配套 5 万元，共计 20 万元。经过 10 年的发展，其中的曾记畔村已经从最初的 20 万元增长至 2016 年 10 月的约 560 万元。作为公益事业，曾记畔村的互助资金来源广泛，除了政府配套资金外，还有大量的社会捐助，其中社会捐助占比达到 24%。此外，还有互助资金内部缴纳占比也达到 13%。

3. 互助资金使用率跃升至高水平，还款率高，逾期率低，风险可控

如图 5–12 所示，盐池县的互助资金使用率在 2013 年以前处于较低水平，2013 年当年资金使用率为 46%。2014 年全面推行以后，互助资金借款余额逐年上升。2014 年资金使用率跃升到 91%，2016 年资金使用率虽然有所下降，但是仍达到 81%。之所以出现这种质的变化，是因为“产融保”融合发展模式带来的综合发展效应。

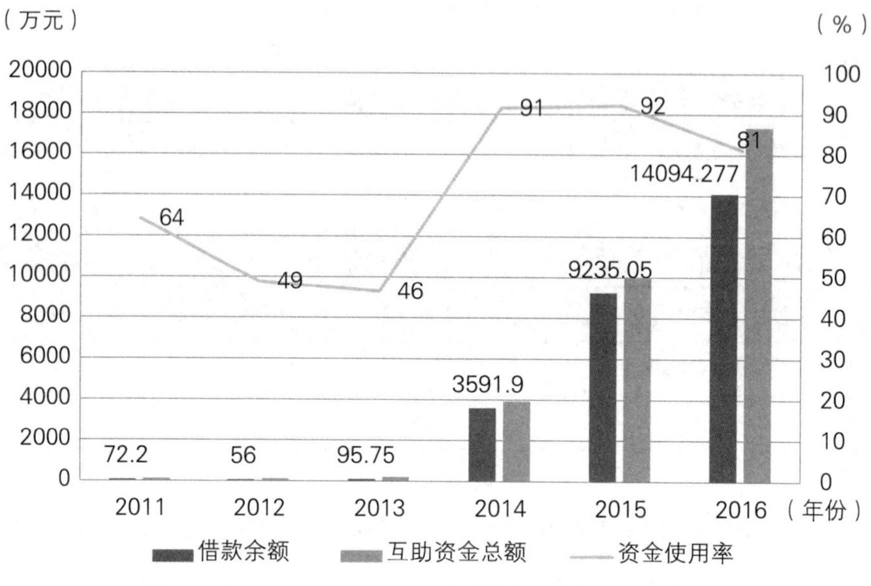

图 5-12　2011—2016 年盐池县互助资金使用情况

一方面，“1+4+X”产业发展规模的扩大，使资金有了更多的用武之地。另一方面，随着“2+X”菜单式扶贫保险服务的普及，不仅在意外和医疗上解除了贫困农户的后顾之忧，还为产业发展上了保险。在这些因素的综合作用下，农户借款的积极性大幅度提升。

表 5-12　2011—2016 年盐池县互助资金借款期限情况

年份	3 个月以下	3—6 个月占比（%）	6—12 个月占比（%）	12 个月以上占比（%）
2011 年	0	0	100	0
2012 年	0	0	100	0
2013 年	0	0	100	0
2014 年	0	0.43	99.09	0.48
2015 年	0	0.26	99.48	0.26
2016 年	0	1.71	98.12	0.17

在借款期限方面，2014 年以前试点互助社借款期均为 1 年，2014 年互助资金推广以后，极少数借款期限有短期 3—6 个月的，2016 年占比 1.71%，同时也有极少数借款超过 1 年，但比例逐年下降（见表 5-12）。

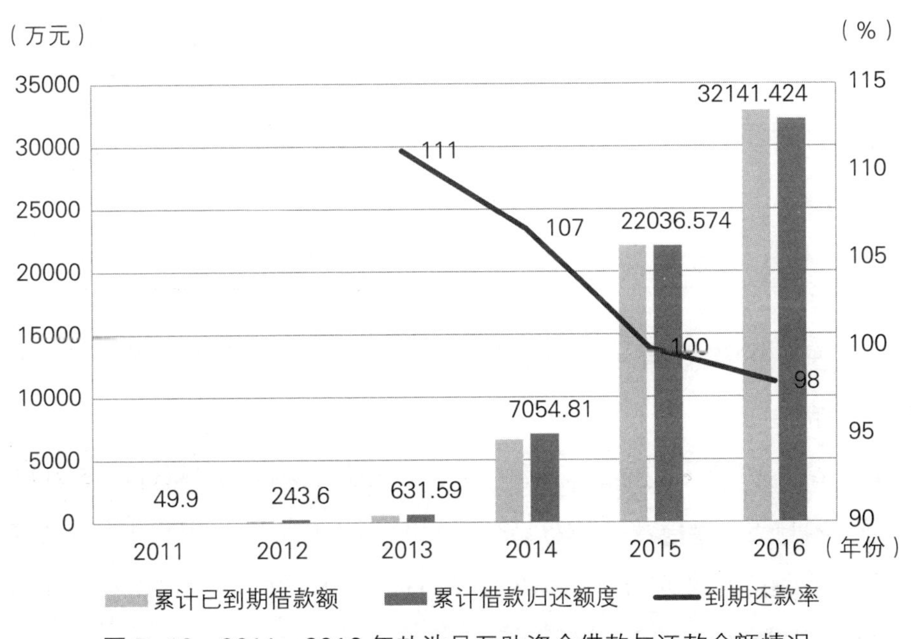

图 5-13　2011—2016 年盐池县互助资金借款与还款金额情况

在还款方面，如图 5-13 所示，2015 年之前借款额度均大于到期借款额度，部分借款进行了提前还款。2016 年借款规模进一步扩大，到期还款率略有下降，但仍达到了 98%。从逾期角度看，如表 5-13 所示，2012 年以前没有出现任何逾期情况，2013 年出现一笔借款逾期，金额为 5000 元。2015 年互助资金全面推广以后，逾期金额和逾期笔数有所上升，但逾期金额占比处在 2% 以下，逾期笔数不到 0.3%。这同时也说明，逾期的借款单笔数额较大，需要注意控制大额借款的使用情况和上限控制。

表 5-13 2011—2016 年盐池县互助金借款逾期情况

年份	累计逾期金额（万元）	累计逾期笔数（笔）	累计逾期金额占比（%）	累计逾期笔数占比（%）
2011 年	0	0	0	0
2012 年	0	0	0	0
2013 年	0.5	1	0.07	0.05
2014 年	2.6	8	0.02	0.04
2015 年	302	73	0.94	0.13
2016 年	751.5	190	1.53	0.27

4. 贫困户借款数额超过 2 万元，扶持产业以养殖业为主，资金收益大幅度提高

如表 5-14 所示，截至 2016 年盐池县互助金扶持农户超过 2.45 万户，扶持贫困户近 5800 户，贫困户累计借款约 1.2 亿元。贫困户平均借款有了大幅度增长，从 2011 年的 0.3 万元增长到 2016 年的 2.07 万元，5 年扩大了将近 6 倍。

表 5-14 2011—2016 年盐池县互助金扶持农户及借款金额情况

年份	互助金扶持农户总数（户）	其中：互助金扶持贫困户数（户）	贫困户累计借款总额（万元）	贫困户平均借款金额（万元）
2011 年	376	183	55.4	0.3
2012 年	616	411	172.4	0.42
2013 年	888	515	347.43	0.67
2014 年	9943	2801	2324.64	0.83
2015 年	20487	5494	8575.88	1.56
2016 年	24517	5775	11945.46	2.07

从扶持产业看，互助金扶持的产业包括种植业、养殖业、工业及加工

业、商业及运输业等行业。绝大多数资金扶持了养殖业，其中主要是养殖盐池滩羊，2014 年后养殖业扶持金额占比稳定在 80%。其次是种植业，2014 年以后稳定在 16% 左右。约有 3% 的互助资金扶持了商业和运输业。

在资金收益方面，随着互助资金总额的扩大以及借款数额的大幅度上升，互助金的收益也不断扩大。2011 年全县互助金收取占用费 3.42 万元，到 2016 年占用费总额达到 2248.92 万元。不仅总额上升，互助社资金占用费均值也大幅度上升，2011 年三个互助社每个收取占用费均值为 1.14 万元，2012 年上升到 5.24 万元，到 2016 年达到 23.18 万元（见表 5-14）。

表 5-15 2011—2016 年盐池县互助金年度收益及分配情况

年份	资金占用费（万元）	互助社均值（万元）					
		资金占用费	公积金	公益金	办公经费	工作人员工资补助	风险准备金
2011 年	3.42	1.14	0.11	0.11	0	0	0.11
2012 年	15.71	5.24	0.79	0.51	0.93	0.27	0.07
2013 年	44.12	11.03	2.31	0.52	1.49	1.33	0.34
2014 年	536.67	12.20	2.83	1.01	1.17	2.03	0.27
2015 年	1713.33	18.62	3.78	1.45	2.14	3.15	0.43
2016 年	2248.92	23.18	4.34	1.82	2.33	3.58	1.58

如表 5-15 所示，互助金占用费分配包括公积金、公益金、办公经费、工作人员工资补助以及风险准备金。到 2016 年平均每个互助社公积金分配 4.34 万元，公益金 1.82 万元，办公经费 2.33 万元，工作人员工资补助 3.58 万元，风险准备金 1.58 万元。

（二）贫困户银行信贷：快速增长，遍地开花

在产融保一体化发展的助推下，盐池县建档立卡贫困户的银行信贷得

到了快速发展，千村信贷、资金捆绑与小额信贷 3 种贷款渠道成为贫困户获得资金的重要渠道，其中以黄河农村商业银行的千村信贷最为突出。以下数据分析结果均为盐池县建档立卡贫困户于 2016—2018 年在各银行的贷款状况。

1. 贫困户获银行贷款，户均贷款超过 5 万元

根据统计，2016—2018 年银行向盐池县各乡镇建档立卡贫困户总共贷出 26329 笔款项，各乡镇建档立卡贫困户均获得了银行贷款。如图 5-14 所示，盐池县政府所在地花马池镇贷款贫困户所占比例最大，约占 22%。其次是王乐井乡，约占 19%。惠安堡镇居第三，约占 14%。大水坑、青山和麻黄山三个乡镇占 10% 左右。冯记沟乡的占比最低，约占 6%。

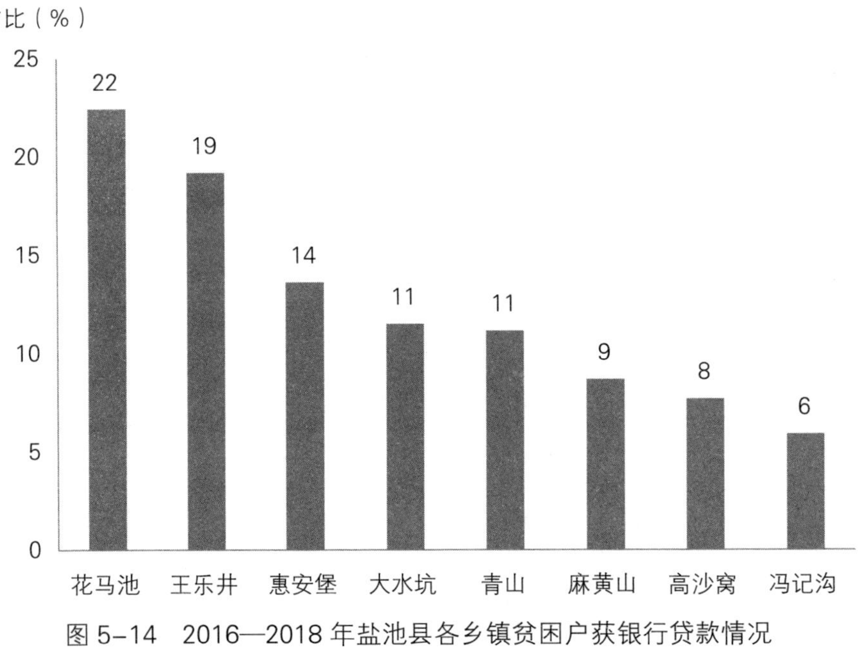

图 5-14　2016—2018 年盐池县各乡镇贫困户获银行贷款情况

虽然各乡镇在贷款贫困户的比例分布上存在较大差异，但在贷款额度上差异较小。如表 5-16 所示，2016—2018 年各银行向盐池县建档立卡贫困

户总共贷出 14.76 亿元，户均贷款额度为 5.61 万元，户中位数为 5 万元。

表 5-16　2016—2018 年盐池县各乡镇贫困户贷款总体情况

	总额（万元）	户均值（万元）	户中位数（万元）	户数（户）
花马池	32512	5.51	5	5901
王乐井	26068	5.17	5	5047
惠安堡	19367	5.41	5	3582
大水坑	17461	5.77	5	3025
青山	17342	5.91	5	2932
麻黄山	13875	6.09	5	2278
高沙窝	11784	5.84	5	2017
冯记沟	9193	5.94	5	1547

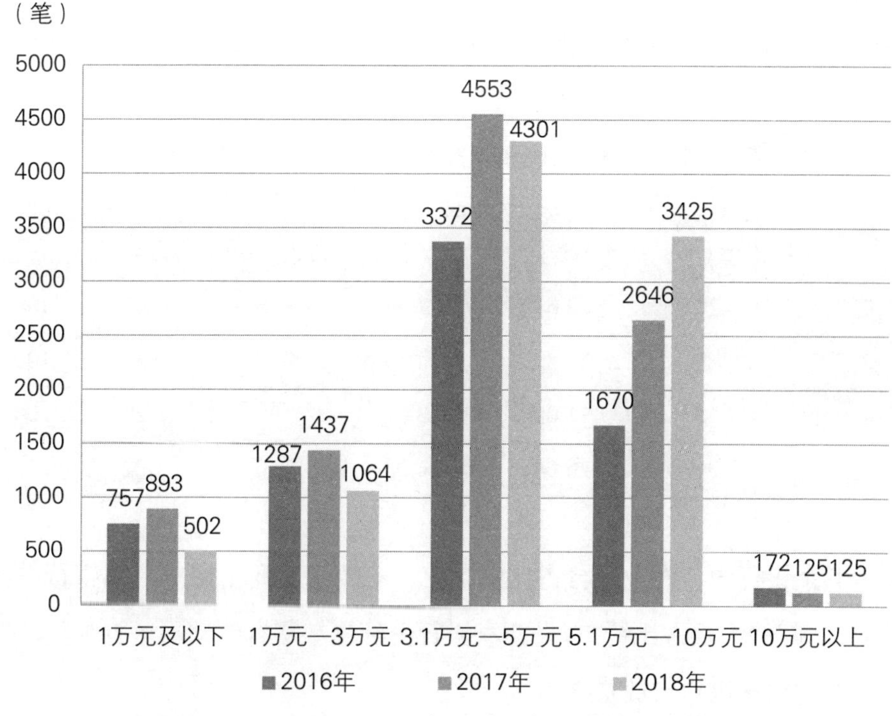

图 5-15　2016—2018 年盐池县银行贷款业务情况

由图 5-15 可知，银行贷出的款项中以 3.1 万元—5 万元居多，如 2017 年就贷出 4500 多笔，三年贷出 3.1 万元—5 万元款项共 12226 笔。事实上，绝大多数都是 5 万元贷款，在全部三年贷款中，5 万元款项占到 42%。另外，从图中还可以看出 5.1 万元—10 万元贷款的笔数增长很快，从 2016 年的不到 2000 笔，发展到 2018 年近 3500 笔。其他数额贷款数量较少，因为基于互助资金的贷款，其机制是以互助金为担保，向银行放大最高到 10 倍，2017 年后互助资金万元以上借款数量快速增长，所以银行贷款额度放大后，5.1 万元—10 万元的银行贷款相应有了较快增长。

2. 以农村商业银行为主导，其他银行跟进

2012 年，盐池县被指定为“千村信贷 · 互助资金”金融创新扶贫工程试点县，宁夏盐池农村商业银行开始在盐池县开展农村金融信贷业务，经过多年发展，目前农村商业银行已经成为银行向贫困户贷款的主体。如表 5-17 所示，盐池农村商业银行贷款笔数在各年贷款业务份额中稳定维持在 70% 左右。

表 5-17　2016—2018 年盐池县各银行贷款笔数情况

年份	村镇银行占比（%）	农村商业银行占比（%）	农业银行占比（%）	邮储银行占比（%）	其他银行占比（%）	合计
2016 年	5.25	69.67	17.64	6.45	0.99	100
2017 年	9.85	71.49	14.19	4.12	0.35	100
2018 年	7.13	71.08	13.60	5.90	2.29	100
合计	7.61	70.84	14.93	5.40	1.22	100

其余银行中，农业银行占比约 15%，三年来有所下降。村镇银行占比约 8%，邮储银行占比约 5%，两家银行份额三年略有波动。还有少数其他银行跟进向贫困户发放贷款。

表 5-18　2016—2018 年盐池县各银行贷款数额情况

贷款数额	村镇银行占比（%）	农村商业银行占比（%）	农业银行占比（%）	邮储银行占比（%）	其他银行占比（%）	合计
1 万元及以下	0.05	94.65	5.30	0.00	0.00	100
1.1 万元—3 万元	2.48	80.02	11.88	4.80	0.82	100
3.1 万元—5 万元	5.82	60.42	24.22	8.11	1.43	100
5.1 万元—10 万元	14.99	75.39	5.24	3.01	1.37	100
10 万元以上	8.77	85.55	0.00	3.55	2.13	100
合计	7.61	70.84	14.93	5.40	1.22	100

在贷款数额分布方面，1 万元及以下贷款基本上都由农村商业银行贷出，占比达到 94.66%；1.1 万元—3 万元和 10 万元以上贷款，农村商业银行是主导，前者占比约 80%，后者占比超过 85%；5.1 万元—10 万元贷款，农村商业银行占比约 75%。3.1 万元—5 万元贷款，农村商业银行占比约 60%，其余各银行也主要从事 3.1 万元—5 万元的贷款，其中农业银行所占份额较大，占比近 25%，邮储银行占比 8.11%，村镇银行占比 5.82%。此外，村镇银行在 5 万元以上贷款的占比略高，分别占到 14.99% 和 8.77%。

案例：2011 年 12 月，宁夏黄河农村商业银行与宁夏回族自治区扶贫办签署了《“千村信贷·互助资金”金融创新扶贫工程战略合作协议》。2012 年，盐池县被指定为“千村信贷·互助资金”金融创新扶贫工程试点县。宁夏盐池农村商业银行在宁夏黄河农村商业银行的统一部署下，把改善当地农村金融环境、提高群众诚信意识作为金融扶贫的基础性工程来抓。充分发挥贴近农户、根植农村的优势，与盐池县扶贫部门建立协作机制，深入推进“千村信

贷·互助资金”这一利民惠民工程。该项工程旨在对贫困户在互助社借款仍不能满足发展需求的，由互助社推荐，盐池农商行给予互助社借款金额1—10倍的贷款支持，小额贷款最高可达10万元；同时，该行会同县财政部门创新财政资金支持模式，采取“双到”资金与互助资金“捆绑”运行方式，将“双到”资金注入互助社作为入股资金，使“双到”资金成为贫困户向互助社和农商行申请贷款的“资本”，“信用”成了贫困户融资的保障。目前，盐池县设立互助资金项目的行政村共92家，截至2018年10月，与盐池农村商业银行有信贷合作关系项目村达88个，占全部项目村的92.6%。自2012年“千村信贷·互助资金”项目运行以来，累计发放该项贷款20154户16.16亿元，解决了贫困群众发展生产资金短缺难题，同时让广大贫困户将“有借有还、再借不难”的观念根植于心。

---

3. 贷款期限以1年为主

盐池县银行信贷多以互助资金、政府设置的风险补偿金作为担保，贷款期限均属于短期贷款。如表5-19所示，2016—2018年1年期贷款占绝大多数，尤其是后两年1年期贷款占到94%左右。2016年2年期贷款略多，占到18.26%，其他贷款期限占比均很少。

表5-19　2016—2018年盐池县贷款期限情况

年份	半年占比（%）	1年占比（%）	2年占比（%）	2年以上占比（%）	合计
2016年	0.99	80.61	18.26	0.14	100
2017年	3.93	95.69	0.26	0.12	100
2018年	3.5	92.93	1.81	1.76	100

从银行分布看，各银行贷款以 1 年期贷款为主，但存在一些差异。农村商业银行贷款最多，1 年期贷款占到 89%，2 年期和半年期各占到 7% 和 4%。村镇银行和农业银行的 1 年期贷款近乎 100%。邮储银行 2 年期贷款占有一定比例，约为 14%。其他银行中贷款占比很小，但却有较高比例的 2 年及以上期限贷款，占到 43%。

从贷款额度看，如表 5-20 所示，贷款额度越大，1 年期贷款所占比例就越大，其中，3.1 万元—5 万元和 5.1 万元—10 万元贷款 1 年期的比例均约为 92%。1 万元及以下贷款半年期的比例略高，占到 11.94%。

表 5-20　2016—2018 年盐池县各贷款额期限情况

贷款数额	半年占比（%）	1 年占比（%）	2 年占比（%）	2 年及以上占比（%）
1 万元及以下	11.94	80.67	7.30	0.09
1 万元—3 万元	4.94	87.62	6.73	0.71
3.1 万元—5 万元	1.70	92.14	5.32	0.83
5.1 万元—10 万元	1.61	91.82	5.83	0.74
10 万元以上	0.95	97.63	1.42	0.00

4. 贷款农户有 75% 信用良好

信用是盐池县金融扶贫的制度基础，互助资金通过五户联保培育了早期的制度信任，为农户自身获得并积攒了信用。2016 年以来政府和银行通过“四级信用”工程进一步提升了农户信用，为建档立卡贫困户的银行信贷提供了信用保障。

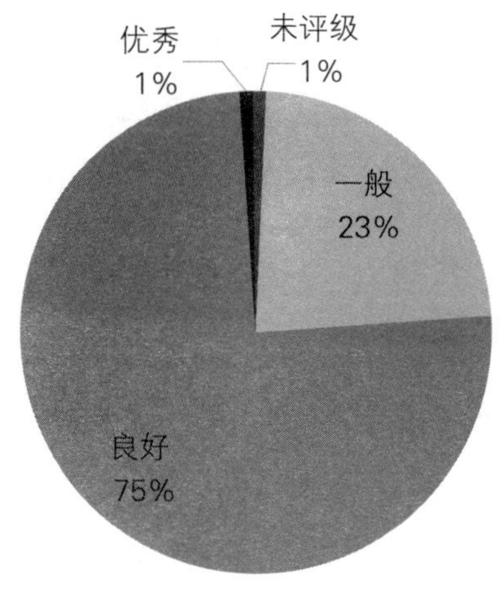

图 5-16 2016—2018 年盐池县贷款贫困户信用评级分布情况

图 5-16 显示了 2016—2018 年贷款贫困户的信用评级分布。其中，良好评级占 75%，有 23% 的一般信用贫困户获得了贷款，优秀评级的贫困户占 1%。

表 5-21 2016—2018 年盐池县各乡镇贷款贫困户信用情况

	未评级占比（%）	一般占比（%）	良好占比（%）	优秀占比（%）	合计
麻黄山	0.00	14.22	84.99	0.79	100
高沙窝	0.65	16.76	81.90	0.69	100
冯记沟	1.36	19.00	79.12	0.52	100
青山	1.13	19.91	78.48	0.48	100
王乐井	1.43	22.31	75.29	0.97	100
大水坑	0.40	23.54	74.81	1.25	100
花马池	0.63	25.67	72.61	1.09	100
惠安堡	0.00	33.70	64.15	2.15	100

表 5-21 显示了各乡镇获得银行贷款贫困户的信用评级分布，从中可

知，不同乡镇获得贷款贫困户信用评级分布存在明显差异。其中麻黄山、高沙窝两个乡镇的良好评级贫困户比例超过80%，冯记沟、青山、王乐井、大水坑和花马池等几个乡镇的比例在70%—80%。惠安堡镇良好比例低于70%，一般比例达到33.7%。

不同银行贷款贫困户的信用比例差异很大。农村商业银行贷款贫困户的信用均为良好评级，村镇银行和农业银行贷款贫困户基本上都是一般，超过90%。邮储银行有67%的贷款贫困户信用评级良好，一般评级占33%。农村商业银行的贷款占到各银行贷款总量的71%，这意味着该行获得了贫困户中的优质客户。

表5-22 2016—2018年盐池县不同信用评级贷款数额情况

	1万元及以下占比（%）	1万元—3万元占比（%）	3.1万元—5万元占比（%）	5.1万元—10万元占比（%）	10万元以上占比（%）	合计
未评级	0.00	14.89	54.79	26.06	4.26	100
一般	1.82	9.43	59.87	28.03	0.85	100
良好	10.31	15.96	41.78	30.12	1.83	100
优秀	1.42	11.35	76.24	10.99	0.00	100

表5-23 2016—2018年盐池县不同信用评级贷款期限情况

	半年占比（%）	1年占比（%）	2年占比（%）	2年以上占比（%）	合计
未评级	1.06	50.53	4.26	44.15	100
一般	0.58	97.90	1.52	0.00	100
良好	3.75	88.54	7.18	0.53	100
优秀	1.06	98.94	0.00	0.00	100

表5-22和表5-23显示了不同信用评级获得的贷款数额和期限分布。从这两张表中可以看出，信用评级与贷款数额和期限关联性较低。关联

性分析表明信用评级与贷款数额和期限基本无关联，这说明盐池县信用评级对贫困户贷款是一个门槛制度，跨过门槛后，贷款数额和贷款期限的信用等级差异很小。

（三）扶贫保险：承保积极，理赔到位

为防止贫困人口因病、因灾、因重大事故返贫，保障贫困人口稳定增收，提升其抵御重大疾病和农业自然灾害的能力，盐池县紧密围绕贫困村、贫困人员、重点扶贫产业，大力发展扶贫保险服务。创新推广“2+X”菜单式扶贫保险服务，提高保险保障水平，促进保险精准对接扶贫开发，为扶贫开发工作取得积极成效提供有力保障。在“2+X”菜单中，“2”指家庭综合意外伤害保险和大病补充医疗保险两个人身保险必须投保，这两个险种全县农村居民全覆盖；“X”即剩余其他 10 个险种，农户根据需求进行投保。

1. 必保人身保险覆盖全县建档立卡户，堵住再次贫困的窟窿

表 5-24 显示了 2018 年盐池县扶贫人身保险实施方案，家庭综合意外伤害保险和大病补充医疗保险（保障型），实行统一标准，享受统一政策，建档立卡户全额缴费，政府全额进行补助。

表 5-24　2018 年盐池县扶贫意外、疾病人身保险实施方案

保险名称	保险范围	产品名称	保险费率	保费来源
家庭综合意外伤害保险	建档立卡贫困户	国寿农村小额意外伤害保险（2013 版）	100 元 / 户	财政资金
		国寿附加小额意外伤害费用补偿保险	100 元 / 户	
		国寿农村小额定期寿险（A 型）	100 元 / 户	
大病补充医疗保险（保障型）	建档立卡贫困户	大病补充医疗保险	90 元 / 人	财政资金

表 5-25 显示了中国人寿保险公司盐池分公司对家庭成员意外伤害保险和大病补充医疗保险的承保和理赔情况。在两年半时间中，总共收取保费 1132.1 万元，理赔 2115 件，理赔金额 1112.58 万元，理赔金额占收取保费金额的 98%。其中 2017 年 5 月 1 日—2018 年 5 月 31 日，理赔 1203 件，理赔金额 683.19 万元，超出保费金额 68%。

表 5-25　2016—2018 年盐池县人身保险承保与理赔情况

		2016 年 4 月 1 日—2017 年 4 月 30 日	2017 年 5 月 1 日—2018 年 5 月 31 日	2018 年 6 月 1 日—2018 年 11 月 30 日	合计
家庭成员意外伤害保险	理赔件数（件）	387	600	334	1321
	理赔金额（万元）	155.58	234.79	106.14	496.51
大病补充医疗保险	理赔件数	119	603	72	794
	理赔金额（万元）	104.42	448.4	63.25	616.07
两险合计	收取保费（万元）	316.56	407.38	408.16	1132.1
	理赔件数	506	1203	406	2115
	理赔金额（万元）	260	683.19	169.39	1112.58
	理赔金额占比（%）	82	168	42	98

2. 涉及金融人身保险托底金融风险，保障金融系统运行平稳

为了确保互助资金和小额信贷运行平稳，避免因还不起款而出现贷款违约，增加贫困户家庭负担的问题，盐池县自 2016 年以来创新推出了金融信贷险、村级互助社成员保险，这两个险种是“X”中的两个人身保险。

表 5-26　2018 年盐池县扶贫涉金融人身保险实施方案

<table>
<tr><th>保险名称</th><th>保险范围</th><th>产品名称</th><th>保险规则</th><th>保险费率（%）</th><th>保费来源</th></tr>
<tr><td rowspan="3">金融信贷险</td><td rowspan="3">18—65 岁</td><td>安心贷意外伤害保险</td><td>—</td><td>0.25</td><td rowspan="3">群众自筹</td></tr>
<tr><td rowspan="2">安心贷定期寿险</td><td>30 万元以下</td><td>0.40</td></tr>
<tr><td>30 万元以上</td><td>0.45</td></tr>
<tr><td rowspan="6">村级互助社成员保险</td><td rowspan="6">16—65 岁</td><td rowspan="2">国寿农村小额扶贫贷款借款人定期寿险</td><td>主借款人借款金额</td><td>0.25</td><td rowspan="6">互助社占用费收益金</td></tr>
<tr><td>主借款人家庭其他成员按照主借款人借款金额</td><td>0.50</td></tr>
<tr><td rowspan="2">国寿安心意外伤害保险</td><td>主借款人借款金额</td><td>0.25</td></tr>
<tr><td>主借款人家庭其他成员按照主借款人借款金额</td><td>0.50</td></tr>
<tr><td rowspan="2">国寿农村小额扶贫贷款借款人意外伤害保险</td><td>主借款人借款金额</td><td>0.25</td></tr>
<tr><td>主借款人家庭其他成员按照主借款人借款金额</td><td>0.50</td></tr>
</table>

如表 5-26 所示，金融信贷险、村级互助社成员保险的承保对象为劳动力人口，保险对象是因意外伤害和死亡导致无法还款的，可以同时投保主借款人和其他家庭成员。两个保险的保费来源不同，金融信贷险的保费来源于农户自筹，村级互助资金保险的来源是互助资金占用费的收益金。

据中国人寿保险公司盐池分公司统计，在金融信贷险方面，2016 年 1 月 1 日至 2018 年 11 月 30 日，累计收取保费 732 万元，累计赔付 1091 万元，赔付率为 149.04%；在村级互助社成员保险方面，2017 年 1 月 1 日至 2018 年 11 月 30 日，累计收取保费 64 万元，保费是由各互助社筹资，累计赔付 60 万元，赔付率为 94%。

案例：侯德利，男，53岁，盐池县青山乡杨成沟村村民，建档立卡户。2018年5月因胰头恶性肿瘤在宁夏人民医院就诊治疗，共花费医疗费18.22万元，对这个原本家庭条件就不宽裕的贫困户来说，无疑是雪上加霜，保险公司在接到报案后，第一时间收集资料，开通绿色通道。基本医疗和大病保险两项报销共计12.39万元，剩余金额为5.83万元，扣除应个人承担的费用后，中国人寿按照大病补充医疗保险赔付4.39万元，累计报销16.78万元，有效解决了被保险人看病难问题，减轻了被保险人家庭经济困难。①

案例：任生金，男，高沙窝镇大疙瘩村村民，建档立卡户。2017年3月6日在202省道驾驶摩托车发生交通事故，当场身亡。中国人寿宁夏分公司按照“信贷险”“扶贫保家庭成员意外伤害保险”“互助资金”的理赔规则，分别赔付5万元、4.5万元、1万元保险金，总计赔付10.5万元死亡保险金，对被保险人家庭起到了有效的经济补偿作用。②

①② 《中国人寿盐池支公司“扶贫保”工作开展情况汇报》。

表 5-27　2018 年盐池县扶贫财产保险实施方案

保险名称	保险金额	保险费率	保费	保费来源				承保计划	约定收益	
				中央财政补贴占比	自治区财政补贴占比	县财政补贴占比	群众自筹占比		亩产	单价
黄花菜种植保险	1000 元 / 亩	6%	60 元 / 亩	0%	50%	30%	20%	5000 亩	—	—
马铃薯收入保险	700 元 / 亩	4%	28 元 / 亩	0%	0%	50%	50%	20000 亩	1000 千克	0.7 元 / 千克
玉米收益保险	880 元 / 亩	4%	35.2 元 / 亩	0%	0%	50%	50%	20000 亩	550 千克	1.6 元 / 千克
玉米种植保险	300 元 / 亩	6%	18 元 / 亩	40%	40%	10%	10%	100000 亩	—	—
荞麦产量保险	256 元 / 亩	5%	12.8 元 / 亩	0%	0%	50%	50%	300000 亩	128 斤	2 元 / 斤
基础母羊、种公羊养殖保险	600 元 / 只	6%	36 元 / 只	0%	42%	42%	16%	400000 只	—	—
能繁母猪养殖保险	1000 元 / 头	6%	60 元 / 头	50%	30%	0%	20%	5000 头	—	—
滩羊肉价格指数保险	828 元 / 只	4.78%	3.96 元 / 只	0%	0%	50%	50%	400000 只	—	23 元 / 斤

3. 产业保险防范收入损失，进一步保障金融信贷、互助资金运行平稳

“X”中的其余 8 个险种分别是黄花菜种植保险、马铃薯收入保险、玉米收益保险、玉米种植保险、荞麦产量保险、基础母羊和种公羊养殖保险、能繁母猪养殖保险、滩羊肉价格指数保险，这些险种属于优势特色产业保险，在盐池县由中国人保财险公司盐池分公司承保。

从表 5-27 可以看出，政府对各产业保险进行大力补贴。2018 年中央财政补贴 11%，自治区财政补贴 20%，县财政补贴 35%，农户自筹比例约为 33%。此外，对“X”扶贫保险中产业保险群众自筹部分，盐池县政府还补贴了 40%，目的是逐步转变群众的保险意识，实现扶贫保险由财政补贴向农民自愿转变，形成完善的人身和产业保险体系，不断提升“扶贫保”的投保率。

（四）金融扶贫：互助资金稳扎根，金融创新开生面

金融扶贫“盐池模式”的主要内容是互助资金、千村信贷、资金捆绑、评级授信、惠民小贷、企业参与、融资担保和保险保障。以互助资金打造诚信平台，以创新千村信贷发挥四两拨千斤作用，以资金捆绑把扶贫资金变为发展资金，以评级授信解决贷款贵、贷款难问题，从政府投入引入社会资本。“盐池模式”在金融扶贫的每个历史阶段，都发挥着极具市场活力、自我发展的功效。

“盐池模式”给予我们的启示和思考主要有两点①：

一是“盐池模式”所遵循的规律。（1）遵循了市场规律的原则。造就“盐池模式”的基础是互助资金、小额信贷资金投向了既有发展愿望、又

① 《关于金融扶贫“盐池模式”的启示与思考》，http://www.mof.gov.cn/mofhome/ningxia/lanmudaohang/dcyj/201609/t20160907_2412957.html。

有发展能力的贫困户用于养殖业。由于盐池滩羊肉在宁夏甚至西北地区享有较高声誉，一直供不应求，贫困户生产出的产品随时能够销售出去，有利于扩大再生产和实现资金的原始积累，从而实现家庭的脱贫。（2）遵循了渐进性、长期性的原则。“盐池模式”的互助资金、小额信贷的重要特点是低额度、短周期、循环贷，适应了贫困户发展生产各个阶段的需求与实际情况，既有利于贫困户对养殖技术的学习积累，又有利于诚信意识、发展生产信心、致富愿望的培养积累。（3）遵循了“先精准识贫、后精准扶贫”的原则。互助资金、小额信贷是在贫困户相互熟知的基础上，通过五户联保的道德约束精准筛选出贫困户、诚信者。同时，贫困村互助资金使“等救济睡着吃”的观念变为“靠双手干着吃”，贫困村互助社也成为金融机构诚信客户的摇篮，农民普遍树立了“好借好还、再借不难”的诚信意识。正如一位贫困户所言：“乡亲们不再认为扶贫贷款是救济款可以赖着不还，而是想方设法用贷款养羊赚钱，活得有面子有尊严。”

二是创新精准扶贫的工作思路。（1）要建立协调配合工作机制。需要政府行为与市场力量、政府扶持与群众自力更生有机结合，蹚出了一条精准扶贫之路。（2）要尊重市场主导作用。维护好市场，协调各部门和企业，以特色产业为纽带，以龙头企业带动产业合作，合作社带动贫困户的利益联结机制，建立资金跟着穷人走、穷人跟着能人走、能人跟着产业走、产业跟着市场走的扶贫路径，把资金用于发展种植、养殖、加工等能增加贫困户收入的产业项目上。把可持续扶贫产业发展起来。（3）要强化保障和服务意识。政府部门需要尽力为贫困户提供养殖培训、融资担保、牛羊养殖过程免费投保等服务，帮助他们从“分户单干”逐渐走向“抱团取暖”。为贫困户持续、健康发展提供了有力保障。（4）要发挥好政策兜底作用。对农村丧失劳动能力的老弱病残等实行农村低保政策，对因特殊原因致困的人员实行生活救济，将有限的扶贫资金用在刀刃上。

多年来，盐池县紧紧围绕“党政主导、厚植诚信、产融结合、风险防控、保险跟进、改革创新”的总体思路，大力发展普惠金融，探索以“信用 + 金融 + 产业”三位一体的金融扶贫新模式，走出了一条依据互助资金构建金融扶贫诚信环境、依托金融创新推动产业发展、依靠产业发展促进贫困群众增收致富的新路子。

第六章 健康惠民：从看不起病到不影响生活

马斯洛需要层次理论说明，只有在满足生理、安全需要的基础上，人的其他社会需要才能得以实现。而生理、安全需要的关键即是健康，健康是人的第一需要。健康深刻影响着个人的全面发展以及万千家庭的幸福生活，与普通大众的切身利益密不可分，是社会各界长期以来高度关注的焦点。对于处在脱贫攻坚决胜阶段的中国，健康扶贫是打赢脱贫攻坚战的重要举措，是一项重大的政治任务和第一民生工程。

自2016年年底盐池县开展健康扶贫工作以来，全县以保障“全民健康”为中心，以人才引领为根本，积极推动并落实统筹协调、整合资金、积极探索实施三项举措。通过各项健康扶贫举措的扎实推进，做到了让贫困人口“看得起病、看得好病、少得病”，帮助群众完善从“看不起病”到“看得起病”的基本保障，再进一步上升到“不影响生活”的质的飞跃。其间，同步实现从建档立卡贫困户为重点、兼顾非建档立卡贫困户的“特惠”过渡到覆盖全县农村人口的“普惠”，从而推进包括县域内所有农村人口在内的系统化全方位的制度设计和部署安排，建立起政府主导、上下联动、部门协作、多方参与的健康扶贫长效管理机制，从根本上阻断因病致贫、因病返贫现象，走出了一条革命老区健康扶贫的精准之路，助力乡村振兴战略的实施。

一、医疗托底：政策设计新理念

当前，因病致贫、因病返贫成为盐池乃至中国脱贫攻坚最大的“拦路虎”。“一人得病，拖垮一家”，“病根”是建档立卡贫困户重要的致贫因子之一，“病根”变“穷根”让不少家庭承受着巨大的生活压力。健康扶贫是脱贫攻坚的重要组成部分，在推进健康扶贫工作中，盐池县及时启动了健康扶贫工程，成立了工作领导小组，坚持问政于民、问需于民、问计于民，出台了《盐池县健康扶贫工程实施方案》《盐池县健康扶贫工程示范县建设方案》《盐池县实施健康扶贫若干政策的补充方案》《盐池县脱贫富民健康扶贫工作实施方案》等文件。结合本地的实际情况，秉承以人为本的健康扶贫政策设计原则，在筑牢因病致贫返贫防线、弥补医疗服务市场失灵、织密扎牢民生“健康网”的政策设计理念下，以心系于民、造福于民为宗旨，致力于减少群众因疾病带给家庭难以承受的额外支出，让因病致贫、因病返贫成为过去。

（一）筑牢因病致贫返贫防线

“住上一次院，三年活白干；十年努力奔小康，一场大病全泡汤！”这句顺口溜生动展现了农村脱贫攻坚中最为现实的问题。根据盐池县卫生部门的统计数据，2014 年盐池县 74 个贫困村中，贫困人口共计 11203 户 32998 人，其中因病致贫因病返贫户 6218 户 10247 人；2016 年年底盐池县有建档立卡贫困户 11158 户 32867 人，其中因病致贫因病返贫户 3078 户 7992 人，占比 30%；2018 年，贫困人口有 411 户 920 人未脱贫，其中因病致贫因病返贫户 195 户 202 人，占比 21.9%。由此可见，因病致贫、因病返贫成为盐池县广大农村群众尤其是精准扶贫建档立卡贫困户脱贫致富的最大障碍。

习近平总书记强调“治政之要在于安民，安民之道在于察其疾苦”[①]。为民服务、民生为本，不能只停留在嘴边与文件中，要真正做到各级领导干部在行动上体察百姓之疾苦，在内心牵挂百姓之冷暖，不能口惠而实不至。对于因病致贫返贫这块脱贫攻坚的硬骨头，盐池县根据宁夏回族自治区脱贫攻坚总体要求，在2016年年底全面启动健康扶贫工作。

在推进健康扶贫工作中，盐池县及时启动了健康扶贫工程，建立起政府主导、部门协作、多方参与的健康扶贫长效管理及医疗服务机制：一是强化党政领导。成立了以县委县政府主要领导任组长、分管领导任副组长、相关部门负责人为成员的健康扶贫工作领导小组，统筹协调健康扶贫工作。二是强化业务工作。成立由卫计局局长为组长、班子成员及各业务单位负责人为成员的业务领导小组，负责健康扶贫工作的具体实施。

随着工作机制的不断完善，健康扶贫的实施方案落地生根并迅速推行。《盐池县2017年健康扶贫工程实施方案》明确指出：要做到因病施策，因人施策。通过城乡居民基本医疗保险提标扩面、大病补充保险、医疗机构优惠减免、特殊医疗保障和救助等措施，最大限度地减轻个人就医费用负担，对在县域医疗机构住院治疗的农村建档立卡贫困人口，力争将个人政策内医疗费用支出控制在10%以下，让贫困群众看得起病、看得好病、少生病。方案结合盐池县当地的实际情况，对不同类别人群实行相应的城乡居民基本医疗保险二档标准参保补贴。不仅充分发挥城乡居民基本医疗保险、家庭意外保险、大病补充保险三大保障体系的重要作用，确保农村建档立卡贫困人口政策内医疗费报销比例达到85%以上，同时借助盐池县的救助体系将个人政策内医疗费用支出控制在10%以下。2018

---

① 习近平：《摆脱贫困》，福建人民出版社1992年版，第12页。

年又进一步补充个人支出标准，实行农村建档立卡贫困人口当年住院费用累计个人自付不超过5000元。盐池县在县乡村三级联动工作模式下，通过整合各项资金兜底解决建档立卡贫困人口看病贵的问题，力求将健康扶贫的相关惠民政策落到实处，强化政府担当以做实兜底保障，让盐池县的老百姓不再因病致贫返贫。

（二）弥补医疗服务市场滞后

福利多元主义主张福利的来源应该是多元化的。福利既不能完全依赖市场，也不能完全依赖国家，福利是全社会的产物，是由包括国家、市场、家庭、社会组织等在内的多元主体所共同承担的社会责任。政府作为福利供给的责任主体，不仅是福利的提供者，同时也扮演着福利的规范者、购买者、仲裁者等多重角色，因而承担着协调不同参与主体间关系以及促使其他部门从事福利供给的角色，进而共同增进社会公共利益，实现利益的均衡配置。[①] 因此，政府和其他福利供给主体间是相互补充而非竞争的关系。[②]

在盐池县健康扶贫工作正式开展之前，群众在医疗服务方面的反映较为强烈。具体表现：一是农村医疗跟不上。比如有的村卫生室药品种类较少，买不到需要的药，药店买药不能报销。有的村卫生室长时间关门没有人，村民买药不方便。二是城市医疗贵、报销少。异地住院报销比例偏低，负担较重。三是慢性病难报销。如高血压、糖尿病等，不住院办不上大病医疗本。四是地方病严重，预防及治疗不及时，地方病成因包括饮用

---

① 陈治：《福利供给变迁中的政府责任及其实现制度研究——福利供给的国外考察与启示》，《理论与改革》2007年第5期。

② Rose, R.1986, *Common Goals but Different Roles: The State's Contribution to the Welfare Mix*. In Rose, R.&Shiratori, R.(Eds), *The Welfare State East and West*, Oxford: Oxford University Press.

水含氟量高、人畜共住卫生环境堪忧，等等。这种状态下的农村医疗服务市场，让老百姓被迫养成“小病拖、大病挨、重病才往医院抬”的习惯，但一旦发展成重病，往往需要倾尽全家乃至家族之财力才能进行救治，导致由“病根”发展为“穷根”。

为应对市场机制对医疗卫生资源配置不合理的问题，宁夏回族自治区政府及盐池县政府深刻学习领会中央精神并出台了一系列措施，以弥补市场滞后问题，保障医疗服务市场的规范运行。除抓好参保环节、报销保障环节外，盐池县还着力提升医疗服务的硬件和软件能力，努力实现“小病不出村、大病不出县、重病能及时救治”的目标。其措施包括：一是整合投入 2300 万元资金用于夯实基层医疗机构的设施基础，实现县乡两级医疗机构都达到标准化建设，乡镇卫生院“中医馆”实现全覆盖，切实改善了医疗机构服务条件。同时，实现“互联网 + 医疗健康”，提升服务质量，简化就医流程。二是探索县级医院延伸举办社区卫生服务机构，建立了“一中心、六站点”社区服务网点，并组建了覆盖全县 8 个乡镇卫生院的“县域医疗共同体”。对建档立卡户中因病致贫返贫人员，进行门诊初筛补助，按病种分类，制定个性化治疗方案。三是实现“一站式”结算服务。在县内就诊的建档立卡患者，出院时只需结算自付费用，在县外就诊的建档立卡患者到社保局服务窗口一次性办理，切实解决了群众报销烦琐的问题。四是提高慢性病补助标准（2017 年政策），为建档立卡户中原发性高血压、Ⅱ型糖尿病患者在基层医疗机构购药全额补助，非建档立卡户补助 50%。五是加强对地方病的救助力度，对全县农村 60 岁以上患有腰腿痛疾病的人群，在城乡基本医疗保险门诊按 330 元报销完毕后，再购买腰腿痛疾病的药品全额给予补助。盐池县通过不断完善基层医疗卫生服务体系建设，提升医疗服务工作能力，从而促进优质医疗资源向农村延伸，实现医疗卫生精准帮扶。

（三）织密扎牢民生“健康网”

健康扶贫工作实施以来，盐池县通过完善医疗报销救助体系，织牢“保障网”，筑牢因病致贫返贫防线。全力提升基层医疗服务能力，织牢“救治网”，解决医疗资源配置失衡问题。同时，进一步明确了对待疾病的关键在于预防，织牢“防护网”，加强疾病预防控制体系建设。由此，以保障、救治、预防三层为网底，从源头织密扎牢盐池县群众的民生“健康网”。

除了保障、救治，如何开展好预防工作一直是盐池县健康扶贫的重点内容之一。一是实施饮水安全工程，减少水致地方病。通过持续实施农村人饮解困、巩固工程，将全县人饮水源全部调整为黄河水源，完成已查明氟超标地区降氟改水工程建设，基本控制地方性氟中毒危害，从根本上解决了老百姓吃水安全的问题。实现全县农村自来水普及率 99.8%，水质达标率 100%，彻底解决了盐池县 102 个行政村 656 个自然村 14.57 万人的饮水安全问题。二是实施重点疾病防控工程。加大布氏杆菌病、结核病、艾滋病等传染病的防控救治工作，防止重点人群因病返贫。三是实行家庭医生签约服务。为全县建档立卡贫困户建立动态管理的电子健康档案，推动基层医疗卫生机构为农村家庭提供基本医疗、公共卫生和健康管理等签约服务。四是充分发挥“治未病中心”作用。为全县 1100 多名建档立卡贫困人口开展中医体质辨识体检，并制定中医干预方案，实现了贫困人口未病先防。五是强化群众健康管理理念。宣传部门大力开展健康知识宣传，建立了覆盖 125 个单位、14 个医疗机构的健康促进工作网络，提高了居民健康素养和生活品质。同时成立健康讲师团队，在全县开展“健康盐池大讲堂”活动，累计培训 4 万余人次，制作了 4 万余份宣传页，持续引导群众树立正确的健康观、就医观。

二、盐池实践："把脉开方"治好病根拔穷根

盐池县在推进健康脱贫工作中，紧紧抓住因病致贫这一最大的"穷根"，针对农村贫困人口因病致贫、因病返贫问题，不断加强统筹协调和资源整合。通过持续性的积极探索、创新实践，盐池县逐步解决了大病救助保障力度不够、医疗能力弱、就医负担重等难题，探索出了"四保障、四报销、四救助、早干预、强宣传"健康扶贫工作的盐池经验。健康扶贫一系列举措的扎实推进让盐池百姓顺利治了病、报了账、脱了贫，实现了百姓从最初的"看不起病"到"看得起病"再逐步到现在的疾病"不影响生活"。筑牢了全县因病致贫、因病返贫的民生底线，夯实了盐池稳定脱贫致富奔小康的发展根基。

（一）打造扶贫"尖刀队"——盐池县健康扶贫的工作机制

1. 盐池县健康扶贫工作的基本原则

没有全民健康，就没有全面小康。盐池县按照"三年集中攻坚，两年巩固提高，力争提前脱贫"的目标，通过农村低保制度与扶贫开发政策的有效衔接，形成政策合力。计划到 2020 年实现现行标准下农村贫困人口全部脱贫，稳定实现农村贫困人口基本公共服务主要指标达到或接近全国平均水平，实现全面建成小康社会的目标。根据这一目标，盐池县认真贯彻党中央、自治区精神，结合本地实际情况制定三大基本原则：一是坚持应扶尽扶、应保尽保。健全农村低保制度，完善农村低保对象认定办法，通过精准识别，将符合条件的农村贫困人口分别纳入扶贫建档立卡和农村低保范围，实现农村低保制度和扶贫开发政策对农村贫困人口全面覆盖。二是坚持动态管理、分类施策。做好农村低保对象和建档立卡贫困人口定

期核查、台账比对，实现应进则进、应退则退。根据贫困人口类别，因人施策，对能够通过扶贫开发脱贫的给予扶贫政策支持；对不适合扶贫开发扶持、经审核符合低保条件的，纳入农村低保范围。三是坚持资源统筹、分工协作。统筹各类救助、扶贫资源，实现对农村贫困人口的全面扶持。各有关部门既要积极沟通、密切协作，又要各负其责、狠抓落实，切实形成脱贫攻坚合力，从而确保盐池县的健康扶贫工作少走弯路、不走弯路。

2. 盐池县健康扶贫工作的推进模式

明确救助对象是盐池县健康扶贫工作能够顺利开展的前提和重要基础。健康扶贫的救助对象针对的是卫生和扶贫部门明确认定的因病致贫、因病返贫的农村建档立卡贫困人口，根据地方实际情况适当考虑家庭成员因残疾、患重病等增加的刚性支出因素，综合评估家庭贫困程度。同时，对医疗救助对象因地制宜、因人制宜地综合考量，不能随意扩大、缩小救助范围，而是必须遵循严格的认定标准。

在推动健康扶贫的过程中，盐池县逐步形成政府主导、部门协作、上下联动、多方参与的工作格局，形成了一套较为成熟、系统的工作推进模式。一是高位推动。盐池县委县政府统抓统管，主要领导、分管领导亲力亲为抓健康扶贫，以上率下，高位推动抓落实。同时，县两办督查室对健康扶贫工作进行督导，包括资金使用、工作实效等，及时发现和解决问题，借助正向激励切实将健康扶贫工作的各项政策落到实处。二是横向协作。多部门打好“组合拳”，县卫生局、扶贫办、民政局、残联等部门负责开展农村贫困人口因病致贫返贫情况核查和健康扶贫相关项目的实施，县民政部门负责制定完善医疗救助政策，全面开展重特大疾病医疗救助工作，提高医疗救助水平。还有包括宣传、财政、文广、发改、人社、住建、环林、水务、残联等多部门在内的相互协作，形成惠民政策的有效衔接和合力救助。三是纵向联动。各乡镇人民政府配合相关部门做好项目落地、人力调配、推进实施等工作，确保政策落实到位，把健康扶贫工作任务层层分解落实到相关乡镇、各行政村和责任人。同时盐池县卫计局以及县乡村三级基层医疗机构联合运作，通过县乡村上下联动，实现统一、系统管理以及基层医疗资源的合理调配。四是多方联合。包括闽宁协作项目在内的多个对口支援，如北京顺义医院、福州二院、银川市人民医院选派专家支援县医院，自治区中医院对口支援县中医院等。盐池县将县域范围内的上下联动与全国范围内的左右互帮有机结合，形成了盐池县健康扶贫工作的新局面，使得健康扶贫工作在政治站位、规划布局、推进方向、措施落实等方面成效显著。

（二）扶出生活新希望——盐池县健康扶贫的关键举措

原国家卫生和计划生育委员会副主任王培安提出，健康扶贫的核心内容是让农村贫困地区人口能够“看得起病、看得好病、看得上病、少生病”。[①] 基于对健康扶贫的深度领会，盐池县在推进健康扶贫工作的过程中，一方面确保群众能够参与健康保障和获得基本医疗卫生服务的机会；另一方面，盐池县还在实践中逐渐探索出一条不仅让群众看得起病，而且让群众不因疾病影响家庭正常生活的充满希望的健康扶贫之路。

1. 从看不起病到看得起病

经济来源少、收入低、没钱医治，是盐池县贫困群众就医的最大阻碍。因此，为了让贫困群众看得起病，盐池县根据自治区党委、政府的要求加强保障救助力度，降低群众治病的经济负担。

（1）四个保障“强基础”

为进一步发挥城乡居民社会保险精准扶贫功能，从根本上解决建档立

---

① 王培安:《全面实施健康扶贫工程》,《行政管理改革》2016 年第 4 期。

卡人员老无所养、因病致贫、因病返贫等问题，盐池县从参保“入口”减轻其缴费负担，实现应保尽保。盐池县委县政府高度重视、精准施策，具体由盐池县财政局、民政局、人社局牵头负责落实，各相关单位协办，各乡镇及帮扶责任部门通过筹资代缴、干部助缴等举措，引导贫困户参保、续保，以保障盐池县所有的农村居民患病后可以得到及时治疗和救助，防止因病致贫返贫。

针对贫困人员缴费能力弱的实际情况，2017 年年初盐池县政府加大财政补贴力度：一是为全县建档立卡贫困户中的低保，Ⅰ级、Ⅱ级残疾人，重点优抚对象，高龄人员，按照自治区人社厅规定补助标准给予资助后，再由县财政全部资助，使参保标准达到城乡居民医保二档标准。二是鼓励全县建档立卡贫困户人群提高其参保标准，对缴纳城乡居民基本医疗保险二档（含二档）以上的，由政府补助一档费用。三是为全县农村建档立卡贫困人口每人每年缴纳 90 元大病补充保险和每户每年 100 元家庭综合意外保险，对非建档立卡贫困户以外的农村人口缴纳大病补充保险 90 元 / 人及家庭综合意外保险 100 元 / 户，两险均由财政补贴 60%。四是为全县残疾人，每人免费缴纳 100 元 / 年残疾人意外伤害综合保险。[①] 通过提高城乡居民基本医疗保险缴费档次、缴纳综合家庭意外保险和大病补充保险三大保障体系建立，确保农村建档立卡贫困人口在盐池县医疗机构住院治疗后，其政策范围内医疗费报销比例达到 90% 以上。

大病补充保险和家庭综合意外保险属于盐池县“扶贫保”项目的重点保险。盐池县根据自治区扶贫办、宁夏保监局《关于开展精准扶贫“扶贫保”工作的通知》《吴忠市人民政府关于 2017 年承诺为民办 10 件实事责任分工的通知》的要求，积极探索和创新保险扶贫的有效方式，发挥商业

① 《盐池县委办公室人民政府办公室关于印发〈盐池县 2017 年健康扶贫工程实施方案〉的通知》（盐党办发〔2017〕19 号）。

保险在助力脱贫攻坚方面的作用，着力提高农村建档立卡贫困户抵御风险的能力。“扶贫保”项目精准定位盐池县建档立卡贫困人口，整合了意外伤害、大病医疗、借款人意外、特色农业等一揽子风险保障，为贫困人口提供菜单式的保险服务，积极发挥商业保险作用助力脱贫攻坚。

据盐池县近年参保率的统计数据，城乡基本医疗保险，从2014年参保的135807人到2018年基本实现盐池县常住人口全覆盖，32998名建档立卡贫困人口参保率达到100%。截至2018年11月，对缴纳2019年城乡医保二档以上的14286人建档立卡户补助一档保费，目前补助185.718万元。对低保、五保等特殊困难群体参保缴费进行分类补助，最低补助60元，最高补助505元。针对大病补充保险和家庭综合意外保险县财政也筹资进行了相应补助，2017年大病保险筹资标准由2016年的60元提高到90元，县财政筹资874.1万元为10913户32408名建档立卡贫困人口实施全额补助，为101855名非建档立卡自愿缴纳保费的农户补贴60%，县财政为134263人共计补贴了1163.9万元。残疾人意外伤害综合保险方面，县财政每年的补贴人口超过3000人。

（2）四个报销“筑防线”

十三届全国人大一次会议闭幕后，国务院总理李克强在中外记者会上指出：在贫困人口当中，很多是因为大病致贫或大病返贫。所以要在巩固基本医保的基础上，把治大病的问题作为重点来抓。把基本医保和商业保险结合起来，运用“大数法则”，放大资金效应，使更多的人享受大病医保。而且还要扩大病种，同时把优质医疗资源下沉，通过“互联网+医疗”，让大病患者得到优质资源。[①]盐池县在认真落实国家、自治区、吴忠市健康扶贫政策的基础上，大力实施“健康扶贫”工程，以基本医疗保

① 《基本医保和商业保险相结合，发挥兜底作用》，http://www.sohu.com/a/226174689_139908，2018年3月23日。

险、大病保险、大病补充保险、家庭综合意外保险作为筑牢盐池老百姓健康的四道防线。

第一，城乡居民基本医疗保险。自 2015 年 1 月 1 日起，盐池县城乡居民基本医疗保险开始纳入宁夏回族自治区统筹，实行统一参保范围、统一政策标准、统一基金管理、统一经办服务、统一协议管理和统一信息系统。

盐池县城乡居民普通门诊不设起付线，三个缴费档的居民都可以在以县医院、中医院为主的县级医疗机构按 35% 的比例报销。在乡镇卫生院或者社区卫生服务中心按 60% 的比例报销；在村卫生室或者社区卫生服务站按 70% 的比例报销，年内封顶线为 330 元；门诊大病医疗费用，按照缴费一档、二档、三档在定点医疗机构报销比例分别达到了 50%、60%、65%，缴费一档、二档、三档的参保人员一个年度内住院医疗费用最高报销额度分别达到 7 万元、12 万元、16 万元。从 2012 年开始，盐池县在宁夏回族自治区实行创新医保支付制度试点，改变以前只有在乡村医疗机构才可享受的普通门诊报销的制度，在宁夏回族自治区率先开展在县级医疗机构实行普通门诊报销。2016 年，县外住院 3329 人，平均报销比例为 44.1%，报销费用 2457 万元；县级医院住院 11623 人，平均报销比例为 66.1%，报销费用 2950 万元；乡镇卫生院住院 3694 人，平均报销比例为 70.0%，报销费用 392 万元。

案例：王乐井乡刘四渠村郭记洼村一名 73 岁的村民，家里仅他和妻子两个人，2017 年他被诊断为膀胱癌并丧失劳动能力，由于手术花费较大，妻子陪护看病，仅依靠低保维持生活，因此识别为建档立卡贫困户。他在盐池县中医院的手术治疗费用让整个家庭陷入困境。幸运的是，盐池县从 2017 年开始实施的健康扶贫政策

帮助他购买了“扶贫保”，2017 年医药费用总计 7341.95 元，城乡居民基本医疗保险报销 5752.21 元，县财政兜底 766.18 元，个人实际支付了 823.56 元。

城乡居民基本医疗保险的重要性和必要性凸显。城乡居民基本医疗保险一方面让不同地区的群众都享受到了基本医疗保险的待遇，体现了公平性。另一方面，通过社会互助共济，实现了疾病风险在更大范围内的分担，能够有效减少群众患大病的后顾之忧，减轻群众的家庭经济负担。

第二，大病医疗保险。2013 年 7 月 1 日起，盐池县实施了大病二次报销政策。由医保统筹基金为所有参保的城乡居民每年人均注入 25 元大病保险资金，2015 年增加到 32 元。2016 年共筹措商业保险资金 448 万元，参保的城乡居民年度累计个人自付在 9300 元以上的，由商业保险给予支付，支付比例为 50%—73%，全年共为 950 人报销大病医疗费 490.95 万元。

案例：冯记沟乡丁记掌村一名村民，年逾六旬，因长期患有脑梗以及颈椎病，缺乏劳动能力，其妻子也因残疾而无法进行体力劳动，自己几乎没有生活收入，日常生活全部依赖于国家的各种补贴救助才能得以维持，被识别为建档立卡贫困户。在盐池县健康扶贫的政策下，政府给他资助了多种保险费用。2017 年，他因颈椎管狭窄在宁夏附属医院总院住院，各种医药费共计 85061.49 元，城乡居民基本医疗保险报销了 46489.15 元，大病医疗保险报销了 14813.12 元，大病补充医疗保险报销 18518.73 元，县财政补助 240.49 元，个人实际支付 5000 元。

2017 年城乡居民大病保险筹资标准由每人每年 32 元提高到 37 元，因病致贫患者起付线由 9300 元降至 3000 元，并对贫困患者大病保险报销比例在普惠性的基础上再提高 5—7 个百分点。

第三，大病补充医疗保险。2016 年盐池县率先在宁夏回族自治区创新推行“扶贫保”，为贫困户量身定制了以“大病补充保”为基础的“2+X”菜单式扶贫保险。盐池县财政投入 1000 万元设立风险补偿金：在一个保险周期内如果保险公司亏损，则由风险补偿金承担 60%；如果保险公司盈利，则将盈利部分 60% 返还风险补偿资金池。2016 年筹资 204.28 万元，为贫困户每人缴纳 60 元大病补充保险，大病二次报销后贫困群众个人自付部分，由保险公司按照 60%—80% 比例进行报销，最高报销 8 万元，2016 年共报销 115 笔 103.3 万元。

2017 年，盐池县将“扶贫保”筹资标准进一步提升到 90 元 / 人，大病补充医疗保险不设起付线，不实行分级累进计算法，不分疾病种类进行报销，报销总金额从 8 万元提高到 20 万元。对于参保的建档立卡贫困患者，其医疗费用在城乡居民基本医疗保险报销后，医疗费仍超过 3000 元的，大病医疗保险报销后剩余费用由大病补充医疗保险报销；对于参保的一般患病群众，其医疗费用在城乡居民基本医疗保险报销后，医疗费用在 5000 元至大病起付线 9300 元之间的按 50% 报销，在大病医疗保险起付线之上的，大病医疗保险报销后剩余费用由大病补充医疗保险按比例报销。即个人自付的目录内医疗费用，由大病补充医疗保险报销 80%，个人负担 20%，其中个人自付的目录外医疗费用（对属县级以上综合医院认定的、该疾病治疗必需的、无法替代的药品和医疗器材费用），由大病补充医疗保险报销补偿 70%，个人负担 30%，大病补充保险每人年度最高报销以 20 万元为限。2017 年先后为 528 名患者报销 545.80 万元。截至 2018 年 11 月，大病补充医疗保险报销 3325 人次 1960.25 万元。

花马池镇裕兴村建档立卡户中一村民，家中5口人，孙女于2016年被确诊为噬血细胞综合征。他说："近30万元的医疗费我们最后只花了5000元，都是国家的政策好啊，如果不是政府为我们办了这么多惠民的实事，这巨额的医疗费我们普通老百姓怎么可能负担得起！2016年夏天，我2岁的小孙女被确诊为噬血细胞综合征，当时就是为了治病孩子父母带着她跑遍了北京的医院，在北京待了两年连过年都没回家一趟，我知道他们夫妻俩在外面省吃俭用给孩子看病，但又是医药费又是房租的，干啥都得要钱，那个时候家里真的是要揭不开锅了……后来村里将我们家纳入建档立卡贫困户，让我们享受到了健康扶贫的好政策！能看得起病了比干啥都高兴！"

第四，家庭综合意外伤害保险。为防止因意外造成致贫返贫现象发生，盐池县将家庭综合意外伤害保险作为阻断贫困的一道防线。

案例：柳条井沙窝子村建档立卡贫困户一村民，在2016年3月29日由于突如其来的大雪掩埋了通往大水坑镇的道路而发生车祸身亡。一家的顶梁柱没了，让妻子和儿子陷入了恐慌，不知道未来的生活该如何继续。县扶贫办党组书记带着保险公司的人来到他家了解具体情况后，将为贫困户购买的人身意外保险的详细赔付情况告诉了他的妻子，其妻起初一脸迷茫地说："我一个妇道人家，啥都不懂，家里大事小事都是他操心，听他说我们家是贫困户，扶贫办给买保险，但具体什么保险，自己没有仔细听，根本不知道还能赔偿。”经过保险公司的核算，当场支付意外保险赔付2万元。拿着2万元钱，其妻哭了：“真是党的扶贫保好啊，这两万块钱救了我们家的命。”缓过劲后，她说：“这么多人都鼓励我，我不能就这样倒下去，我要站起来，为自己负责，为孩子负责，做家里的顶梁柱。不能当永远的贫困户，有扶贫保为我们贫困户撑腰，我们家一定要苦干，争取早日脱贫。”

案例：花马池镇苏步井村建档立卡户一村民，家中4口人，两个孩子已上高中，母亲患有心脏病，全家种十几亩薄地再无其他经济来源，经济条件差。基于“扶贫保”政策，盐池县扶贫办出资400元为他全家4人分别购买了人身意外伤害险。2016年5月29日他驾车在307国道行驶，因操作不当与一辆重型卡车相撞，导致本人当场死亡。扶贫办给他承保100元保险费，4人平均保额是2.25万元，他本人承保100元，3人平均保额是3万元，经国寿综合意外保险公司勘验，为他们家理赔了5.25万元，极大地减轻了他们家庭的经济负担。

盐池县财政为10913户建档立卡贫困户缴纳100元家庭综合意外保险，为3016名残疾人意外伤害综合保险实施全额补贴，为非建档立卡的35503户自愿缴纳的农村家庭补贴60%。每户意外伤害保险总保额9.9万元，其中意外死亡或伤残保额9万元，意外伤害医疗保险保额9000元。截至2018年11月共为908户报销283.13万元。

（3）四个救助“兜网底”

社会救助是我国社会保障体系的重要组成部分，对于保障贫困人口和遭受意外事件者的生活发挥着至关重要的兜底作用。社会救助制度是社会保障制度体系的最后一道防线，也就是反贫困的最后堡垒和整个社会最后的安全网。[①] 对突发性贫困、丧失劳动能力的群众实施兜底性的救助政策，集社会多方力量为特殊困难群众发放救助金，能够更好地发挥盐池县社会救助制度的兜底功能。

第一，民政局城乡医疗救助。将建档立卡贫困人口全部纳入重特大疾病医疗救助范围，与城乡低保对象享受同等医疗救助政策。对城乡居民基本医疗保险、大病二次报销、大病补充保险报销后个人自付部分为 3 万元到 10 万元的，按 50% 进行救助，超过 10 万元的按 60% 予以救助。对低保户、高龄老人、重点优抚对象、五保对象等特殊困难群体，不设起付线，按 70% 予以救助。

2016 年县民政局共救助特殊困难群体 5081 人，发放救助金 478.07 万元，重特大疾病患者 257 人，发放救助金 226.93 万元；2017 年救助 1714 人次，救助金 102.4 万元；2018 年门诊救助 10871 人次，发放救助金 92.7 万元，医疗救助 6009 人次，发放医疗救助金 596.8 万元。2017 年最高救助金额由 8 万元提高到 16 万元，并在现行报销政策的基础上再提高 10 个百分点。

案例：冯记沟乡暴记春村建档立卡贫困户一村民，年近六旬，全家 5 口人，主要靠种地、养羊谋生。不幸的是，2016 年 1 月，他突感身体不适，经医院检查确诊为直肠癌，前后治疗花费

① 王延中、王俊霞：《更好发挥社会救助制度反贫困兜底作用》，《国家行政学院学报》2015 年第 6 期。

了20.09万元，巨额医疗费使整个家庭生活陷入了困境。好在政府“扶贫保”政策为他买了扶贫保险。按照农村医保、人寿保险等相关政策标准，农村医保理赔68954元、大病保险报销49063元、大病补充保险报销52695元、民政医疗救助15791元、乡镇救助5000元，共计金额191503元，20多万元的医药费最后个人自付费用仅9397元，极大地减轻了他们家庭的经济负担。

第二，民政临时救助。一些家庭或个人在遭遇突发事件、意外伤害、重大疾病或其他特殊原因导致其基本生活陷入困境时，或者在其他社会救助制度暂时无法覆盖或救助的情况下他们的基本生活在短期内仍处于困顿时，盐池县民政局都及时给予临时救助。对于那些事发紧急、需立即采取措施以防造成无法挽回的损失或者无法改变的严重后果等情况时，甚至可采取先行救助，事后再按规定补齐相关资料，以此有效解决贫困人口的突发性、紧迫性、临时性基本生活困难，进一步提高救助时效性。临时救助金额较小的，民政局可委托乡镇人民政府审批，报民政局备案。对于极度生活困难的，可采取“一事一议”方式，根据具体情形分类分档设定救助标准。对于符合临时救助条件的脱贫再返贫建档立卡贫困人口，可适度提高临时救助额度。

针对困难群众因突发意外、生病等原因，造成临时性、突发性家庭生活困难的，将其纳入临时救助范围，最高救助不超过5000元。2016年共救助6520人，发放救助金661.65万元。2018年临时救助864户2213人次，发放临时救助金184万元。

第三，慈善救助。通过三次报销两次救助后，生活仍然较为困难的，积极争取各类慈善救助。盐池县慈善救助主要包括宁夏政协兴华爱心基金救助、盐池慈善协会、中央专项彩票公益金“两癌”救助项目和盐池扶贫慈善基金。贫困患者可根据政策内剩余医疗费用总额，按救助标准申请各类救助。

2016年盐池县慈善协会共实施医疗救助160人次，发放救助金55.6万元；“贫困母亲两癌救助专项基金”救助16人，救助金额16万元；宁夏政协兴华爱心基金救助重特大疾病贫困户6人，救助金额23.3万元。

第四，卫生发展基金救助。2016年11月，盐池县率先在全自治区成立了卫生发展基金会。卫生发展基金会由盐池县委县政府注资400万元，同时也发动宁夏回族自治区爱心企业130多家，共募捐资金和物资2464万元，成为宁夏回族自治区首个县级卫生发展基金会。对建档立卡贫困户中就医个人负担政策内医疗费用超过10000元的，宁夏盐池卫生发展基金按照一定比例进行救助。具体实施按照：10000—20000元救助50%，20001—30000元救助60%，30001—50000元救助70%，50001元以上的救助80%，且年度救助限额50000元。通过民政城乡医疗救助、临时救助、慈善救助和宁夏盐池卫生发展基金会形成四大救助体系，确保农村建档立卡贫困患者及全县持证残疾人得到充分救治，通过各种医疗保障和救助后将个人政策内医疗费用支出控制在10%以下。

盐池县不断加大健康扶贫工作力度，在四个保障广覆盖的基础上，推行“四报销、四救助”的保障政策，坚持“应扶尽扶、应保尽保”的原则，确保每一位因病致贫、因病返贫的困难群众不落队，为他们提供全方位、全周期的医疗保障服务，让盐池群众真正实现健康脱贫。

2. 从看得起病到不影响生活

“风险是均等的，不分贫与富。”盐池县探索“扶贫保”由特惠向普惠转变，目前实现了大病补充医疗险、家庭成员意外伤害险农村人口全覆盖，并进一步提升社会救助的兜底作用，实现救助资金的安全、高效配置，给患病群众多一些保障。同时，将“早发现、早干预、重预防”作为当前健康扶贫工作的重点内容，以实现群众少生病、生病不影响生活质量的目标。

（1）提标扩面“促民生”

随着健康扶贫工作的开展，盐池县在实践中不断探索，坚持“民生优先”的原则，重点解决底线民生，及时解决热点民生。通过提标扩面不断完善社会保障体系，紧贴盐池实际，紧贴群众需求，在盐池群众看得起病的基础上，实现让疾病不影响群众生活的目标。

第一，保费资助范围逐步扩大。2018 年盐池县进一步加大“扶贫保”中大病补充保险和家庭综合意外保险的补贴力度。盐池县将全额保费补贴对象由 2017 年的全县农村建档立卡贫困人口，扩大至全县农村人口，实行先缴纳后补助的方式，即保费先由农户缴纳，人寿保险公司负责统计汇总，卫计局、扶贫办负责给农户补助资金的具体工作方式。2018 年县财政共为全县农村人口 101109 人补贴 1266.55 万元，有效解决了贫困群众的后顾之忧。

第二，救助兜底保障大幅扩容。2017 年 7 月，根据宁夏回族自治区人民政府办公厅的要求，盐池县社会救助进一步扩大兜底范围，并对 2017 年 1 月以后符合政策的相关费用进行进一步报销，以减轻群众生活负担。一是实行贫困患者住院费用兜底保障。建档立卡贫困患者年度内在城乡居民医保定点医疗机构发生的医疗费用，在城乡居民基本医疗保险、大病保险、“扶贫保”、民政救助等救助报销后，住院个人自付医疗费用不超过总医疗费用的 10% 或当年住院自付费用累计超过 5000 元的费用，超过部分由县级财政和宁夏盐池卫生发展基金会予以兜底保障。[①] 二是实行贫困患

① 《宁夏回族自治区人民政府办公厅关于推进健康扶贫若干政策的意见》（宁政办发〔2017〕131 号）。

者门诊兜底保障。建档立卡贫困户慢性病（城乡医保规定的门诊 30 种慢性病）患者年度内在城乡居民医保定点医疗机构就诊，产生的医疗费用经各类报销和救助后，个人自付门诊医疗费用不超过总费用的 15%。

案例：盐池县花马池镇沟沿村的一村民，2017 年年初，因患白血病住院治疗，先后共住院救治三次，最后确诊为淋巴细胞白血病，总共花费 545087.48 元，经基本医疗保险和大病保险共报销 301680.06 元，报销后个人自付 243407.42 元；经“四报销四救助”保障政策，大病补充保险报销 33983.55 元，民政医疗救助 61036 元，宁夏盐池卫生发展基金救助 71693.93 元，财政兜底救助 71693.93 元，最后个人只付了 5000 元。

第三，“先诊疗后付费”与“一站式”兜底结算相结合。基于盐池县“四报销、四救助”政策，建档立卡贫困人群住院实施“先诊疗、后付费”和“一站式”兜底结算服务。一是对于因病致贫返贫、未脱贫建档立卡户，其住院后产生的费用由自治区“一站式”兜底结算系统直接核算。二是对于其他建档立卡住院患者，若是在县内医疗机构住院，出院时由医疗机构直接进行“一站式”兜底结算，在县外医院住院的患者，出院后则需到县社保局医保服务中心窗口进行“一站式”兜底结算。

第四，门诊报销标准进一步提高。对门诊购买医疗机构短缺药品，即非基本药物的贫困人口，实施“三定一限”保障措施，即定医院复核、定药店购药、定补助比例和年度补助限额。实行定点药店进价出售，补助比例为政策内费用的 50%，年度补助在 2 万元以内。截至 2018 年 11 月，审核通过 60 人，有 16 人享受购药补助，共补助 2.3 万元。同时，对农村 60

岁以上患有腰腿痛疾病的老年人，在门诊购买治疗药品补助 670 元，使报销额达 1000 元。进一步加强医疗保障，群众满意度迅速提升。

（2）十免一补“早干预”

近年来糖尿病、脑中风等疾病发病率逐年升高，很多疾病由于发病缓慢难以及时察觉，发现的时候可能已经出现了并发症或是到了晚期。因此，盐池县将提前干预作为健康扶贫工作的关键内容之一，并覆盖多类不同人群，制定“十免一补”的具有针对性的差异化政策。

一是免费提供家庭医生签约服务。为贫困户、65 岁以上老年人、高血压、糖尿病患者等重点人群提供家庭医生签约、健康体检、健康咨询和基本公共卫生等服务。二是免费为待孕妇女提供服用的叶酸片，预防胎儿神经管畸形。三是免费为贫困户孕妇提供唐氏筛查和胎儿四维彩超检查，预防胎儿肢体和智力畸形，对非贫困户孕妇减免一半费用。四是免费为 6—24 月龄婴儿发放营养包。五是免费为 0—6 岁儿童体检。六是免费为贫困户 7—9 岁儿童进行窝沟封闭治疗，预防龋齿。七是免费为农村妇女进行“两癌”筛查。八是免费为适宜人群免费接种乙肝疫苗。九是免费对全县建档立卡户患有原发性高血压、Ⅱ型糖尿病患者，在基层医疗机构（乡镇卫生院）购买药物治疗的费用，由医保门诊报销后个人自费部分政府给予 100% 的补助，非建档立卡贫困户补助 50%。十是免费为 65 岁及以上老年人体检。

案例：王乐井乡边记洼村叶渠子村一村民今年 59 岁，全家两口人，他因 2014 年患有高血压、糖尿病，2016 年诊断为肾性贫血，全年定期透析治疗，丧失劳动能力，妻子陪护看病，无收入来源，识别为建档立卡贫困户。2018 年他在宁夏医科大学总医院住院治疗肾性贫血一次，每周周一、周三、周五在门诊定期透析，服

用高血压药物治疗，糖尿病长期打胰岛素，医疗费用花费较大，整个家庭生活陷入困境。通过政府为其购买的“扶贫保”，他在2018年10月因肾性贫血，在宁夏医科大学总医院透析治疗的7747.43元医药费，有6972.69元得到报销，其中城乡居民基本医疗保险报销3420.14元、民政医疗救助1962.81元、兜底保障救助1589.74元，个人实际支付774.74元。2018年1月至今，每周在门诊定期透析治疗，他通过办理慢性病门诊报销，其产生的4.7万元门诊费用正在报销中。2018年他们一家还被纳入了家庭医生签约服务管理，享受了免费体检。

医疗补助是对重性精神病患者在精神病专科医院门诊购药报销后个人自付部分超过2000元，按实际超出费用补助，每人每年补助累计不超过的数额为建档立卡户4000元、非建档立卡户2000元。对Ⅲ级及以上严重精神障碍患者监护责任人发放看护管理补贴，每人每年建档立卡户2400元、非建档立卡贫困户1200元。

（3）健康提升“重预防”

唐代医药学家孙思邈将疾病分为“未病”“欲病”“已病”三个层次，认为“上医医未病，中医医欲病，下医医已病”，并告诫人们要“消未起之患，治病之疾，医之于无事之前”。但是，在实际生活中，重预防、治未病是最难以实现的目标。盐池县逐步认识到，目前存在县医院病人越来越多、慢性病发病率爆炸式增长的问题，县健康扶贫工作领导小组在深刻剖析原因后提出，解决这一问题的关键在于要将诊疗重心前移。

第一，加大传染性疾病的防治力度。一是对布氏杆菌病的防治。滩羊养殖是盐池的传统产业，布氏杆菌病作为人畜共患传染病，在牧区发病率较高。盐池县进一步完善布氏杆菌病“三位一体”管理服务模式，积极做好布氏杆菌病防治健康教育宣传工作。强化现行布氏杆菌病患者门诊和住院报销比例达 90% 以上相关政策宣传。农牧局切实做好畜间布氏杆菌病防控措施的落实工作，控制传染源，强化源头治理，做好羊只免疫接种工作。二是对结核病的防治。开展重点人群结核病主动筛查、规范诊疗服务和全程管理，进一步加强结核病防治服务体系的建设。以“三新一加强”为工作核心，降低盐池县结核病发病率，使涂阳结核病人治愈率达到 85% 以上、密切接触者筛查率达到 90% 以上。

第二，提升医疗服务软硬件基础建设，为群众健康做后盾。一是增强健康扶贫硬实力。为了提高居民体检率，提高居民健康意识，给乡镇卫生院和社区卫生服务站配置“健康一体机”80 台、救护车 4 辆、医疗巡诊专用车 3 辆。县人民医院、县中医院分别设置“健康管理中心”“治未病中心”，乡镇卫生院建设“中医馆”全覆盖。二是优化健康扶贫软环境。探索县级医院延伸举办社区卫生服务机构，招考编外人员 72 名，建立了“一个中心、六个站”社区服务网点。与北京顺义区医院、福州二院、宁医大附院、自治区中医院等三甲医院建立对口支援关系。组建了由县级医院牵头、覆盖全县 8 个乡镇卫生院的“县域医共体”。建立盐池县医疗健康精准扶贫云平台，通过“因病致贫因病返贫”管理系统，将患者进行分类精准跟踪随访与治疗。

第三，强化群众健康卫生意识。一是推进爱国卫生工作。主要开展“健康城市健康村镇建设”“厕所革命·决胜小康”“村镇环境治理”等工作。二是开展健康扶贫巡讲。在各乡镇开展“健康盐池大讲堂”活动，进行健康扶贫政策、健康教育等知识宣传，共培训 3000 余人次。制作健康扶贫政策宣传折页及彩页共计 8 万余份，制作了健康扶贫宣传“微电影”和“动漫宣传片”各一部。

脱贫是底线，富民才是目标。于健康扶贫而言，看得起病是底线，最为关键的是帮助盐池群众树立健康管理意识，从源头控制疾病的发生率，并通过政府的一系列社会保障措施，从而真正做到不让疾病影响群众的日常生活，最终实现盐池县脱贫致富奔小康的目标。

三、健康扶贫：成效与经验

盐池县认真贯彻落实党中央、宁夏回族自治区党委政府和吴忠市委市政府关于精准扶贫精准脱贫的一系列决策部署，坚持把健康扶贫作为打赢脱贫攻坚战的“重头戏”来抓。盐池县以强化组织领导和统筹协调为基础，发动各级各部门工作人员打好协力配合战，以实际行动为健康扶贫贡献力量，形成推进健康扶贫的工作合力。随着盐池县健康扶贫工作的深入开展，逐步打造出“健康守护”的盐池模式，把优质的医疗服务送到群众家门口，切实提升医疗和保障水平，让基层群众从政策中得实惠，筑牢全民“大健康”防线，在健康扶贫的工作探索中推动健康保障事业与乡村振兴方略的深度融合。

（一）由“医疗保障”向“健康保障”转型

党的十九大作出“实施健康中国战略”的重大决策，将维护人民健康提升到国家战略的高度。“健康中国”战略的精神内涵和核心要义，就是以人为本、健康至上，以全民健康为中心。其关键在于从传统的疾病保险模式转变为疾病保险与健康促进相结合的模式，从专注于下游疾病救治的被动保障转变为“防治结合”，积极主动地向上游疾病预防和健康管理方面延伸拓展。[①] 树立“大健康”观念，关注全人群、全生命周期、全方位

① 王东进：《全民医保在健康中国战略中的制度性功能和基础性作用（下）》，《中国医疗保险》2016年第12期。

的健康服务，建立系统、连续、一体化的健康服务体系和健康保障体系。[1]

医疗保障体系是医药卫生体系和以保障社会成员基本生存、生活所需为主的社会保障体系的重叠部分，不仅具有分散疾病风险、降低经济负担的保险属性，而且兼具促进改善社会成员健康的健康属性。盐池县的健康扶贫工作，重在强调医疗保障体系的保险属性，建立“四报销、四救助”体系，抓好群众的参保、报销、救助环节的工作。2017 年大病补充保险先后为 528 名患者报销 545.8 万元，家庭综合意外保险为 908 户报销 283.13 万元，民政医疗救助为 1965 人支付救助金 154.4 万元，财政基金救助筹资 343.94 万元惠及群众 4183 人，盐池卫生发展基金为 3697 人救助 219.63 万元。因病未就医人口从 2009 年的 41% 下降到 2017 年的 9.2%。

随着盐池县保险及救助体系的完善，在“健康中国”战略引领下，盐池县的健康扶贫工作逐步从“医疗保障”向“健康保障”推进，始终将健康管理摆在健康扶贫的关键位置。盐池县的关键举措在于实行不同类别人群的健康管理工作。一是对盐池县 50 岁以上老年人进行免费体检并建立健康档案，目前纳入全县健康管理的老年人数为 9681 人，管理率为 73.22%。二是对慢性病患者每季度进行随访，已管理高血压患者 7916 人，规范管理的高血压患者 6330 人，规范管理率近 80%，已管理Ⅱ型糖尿病患者 1364 人，规范管理的糖尿病患者 1023 人，规范管理率为 75%。三是对育龄妇女进行免费孕前优生健康检查，目标人群覆盖率达 90%，实施新生儿免费疾病筛查，筛查率 99.3%。四是对 35—64 岁农村妇女免费“两癌”筛查，分别完成任务量的 105.8% 和 100.1%。五是组建了“4221”家庭医生服务团队，开展家庭签约服务，建档立卡户签约率达 90% 以上。

同时，盐池县注重在健康宣传教育上求突破。通过成立县乡健康讲帅

① 张研、张亮：《健康中国背景下医疗保障制度向健康保障制度转型探索》，《中国卫生政策研究》2018 年第 11 期。

团队、开设“健康盐池大讲堂”电视专栏、微信平台等载体，大力宣传健康知识，引导群众树立科学理性的健康观、就医观，促进医疗卫生服务模式由“重疾病治疗”向“重疾病预防”转变。在盐池县一系列健康管理措施下，根据评估人群调查结果显示，盐池县15—69岁常住居民吸烟率为20.64%，比宁夏回族自治区平均水平低5%；健康素养水平为9.3%，比宁夏回族自治区平均水平高2%；经常参加体育锻炼人数比例达到35.35%以上；群众对健康扶贫工作的满意度由65.4%提高到98.6%。

综观盐池县的健康扶贫工作，通过对“病有所医”问题的逐步解决，盐池县正在转变理念聚焦健康，将提升健康水平以缩减人群间的差异作为健康扶贫的工作目标之一，从而推动“医疗保障”向“健康保障”转型。

（二）由“特惠救助”向“适度普惠”迈进

世界卫生组织（WHO）明确2015年之后全球发展议程的重要目标之一，就是实现全民健康覆盖（Universal Health Courage，UHC），这是实现人人公平享有最高可得健康水平这一WHO根本宗旨的基础和前提。[①]《“健康中国2030”规划纲要》提出，“把人民健康放在优先发展的战略地位，促进健康理念融入公共政策制定实施的全过程，通过全方位、全周期的健康服务供给，迈向全民健康覆盖的目标”。全民健康覆盖是指所有人都应享有所需要的、有质量的卫生服务，并且不因利用这些服务出现经济困难。[②]

随着对全民健康覆盖目标的精准把握，盐池县的健康扶贫工作在做好对建档立卡贫困患者精准帮扶、特惠补贴的基础上，逐步提标扩面，向全

---

① 石光：《概念、政策与策略：我国如何实现全民健康覆盖的目标》，《卫生经济研究》2013年第10期。

② 傅卫：《迈向全民健康覆盖》，《中国卫生》2017年第9期。

民受益的适度普惠方向转型。盐池县在2016年年底开展的健康扶贫工作，主要围绕解决贫困群众“因病致贫、因病返贫”这个核心问题，以救助“因病致贫、因病返贫”家庭为目标，为“因病致贫、因病返贫”的患者及家庭送去温暖和关爱，确保让建档立卡贫困患者看得起病、看得好病。随着盐池县在健康扶贫工作实践中的不断探索，逐步认识到健康对地区政治、经济、文化等多方面的影响力。健康是关乎每个人的大事，对因病致贫、因病返贫的贫困患者的特惠救助只是健康扶贫工作的基础，而让所有群众都不再有因病致贫的风险，让更多家庭享有均等可及的医疗卫生服务才是现阶段健康扶贫的工作目标。适度普惠转型的健康扶贫工作可以进一步为建设富裕、民生、和谐、美丽盐池创造良好的健康环境，助力全县的脱贫致富。

盐池县一系列具有特惠性质的医疗报销救助措施，已经基本解决了建档立卡贫困人口因病致贫、因病返贫难题。盐池县建档立卡贫困患者大病保险起付线目前为3000元，患普通疾病的报销比例达到60%—75%，患癌症、恶性肿瘤等20种大病的报销比例达到62%—77%，实现了建档立卡贫困患者住院医疗费用报销比例不低于90%且年度累计住院医疗费用不超过5000元、门诊28种慢性病报销比例不低于85%。截至2018年11月，盐池县因病致贫人口已由2016年年底的3078户7992人下降至201户465人，建档立卡贫困患者年度内住院医疗费用实际报销从2016年的73.4%提高到92.3%。盐池县的特惠救助体系从根本上使建档立卡贫困户的疾病医治和日常生活得以保障。

在特惠救助体系逐步完善的基础上，盐池县进一步扩大医疗保障和卫生服务的覆盖面。一是医疗保险的全民覆盖。在实现城乡居民基本医疗保险全覆盖的基础上，2018年盐池县改变大病补充保险和家庭综合意外保险的补助方式。由2017年建档立卡贫困户财政全额补助、非建档立卡贫困户财政补助 60% 保费，到 2018 年全县农村人口大病补充保险和家庭综合意外保险的县财政全额补助。二是医疗卫生服务的全民覆盖。探索县级医院延伸举办社区卫生服务机构，建立了“一中心、六站点”社区服务网点，组建了覆盖全县 8 个乡镇卫生院的“县域医疗共同体”。不断完善基层医疗卫生服务体系建设，促进优质医疗资源向农村延伸，并开展家庭医生签约服务等举措，保障医疗卫生服务的全民可获得性。盐池县健康扶贫保障体系的不断完善，提高了盐池群众医疗的可负担性，满足了盐池群众的健康需求，保障了盐池群众健康权的实现。

（三）用“全民健康”托举“全面小康”

没有全民健康，就没有全面小康。健康扶贫是打赢脱贫攻坚战，实现农村贫困人口脱贫的重大举措，是精准扶贫、精准脱贫基本方略的重要实现。健康扶贫的有效实施，能够从根本上解决因病致贫、因病返贫问题，为决胜脱贫攻坚、推进全面小康、实现乡村振兴提供了有力保障。

盐池县下一步将按照党中央、宁夏回族自治区党委政府和吴忠市委市政府脱贫富民和健康扶贫的工作要求，把振兴乡村健康卫生事业纳入乡村振兴战略通盘考虑，重点在补齐短板、巩固提升上下功夫，切实加大投入整体推进。一是在医疗参保救助上再提升。继续保障好全县农村居民患病后可以得到及时治疗和救助，防止因病致贫返贫。二是在医疗服务能力上补短板。进一步加强“先诊疗、后付费”诊疗服务模式、区内外对口支援、县域医共体建设等工作。在重点科室建设和家庭医生服务上补齐短板，加大培训力度，不断提升诊疗服务水平，方便群众就医。三是在“互联网 + 医疗健康”上求突破。在县域医院信息互联互通的基础上，构建互联网医院新就医模式，减少群众医疗及非医疗费用。利用远程教育对县、乡、村三级医疗机构进行培训实现全覆盖，切实提高基层医疗机构的医疗服务能力。四是在公共卫生服务上更精准。推进慢病健康管理中心的建设，加强健康教育宣传力度，推动实施重点人群和妇幼保健管理工作，不断提高居民健康水平。五是在健康宣传教育上见实效。进一步开展形式多样的宣传教育活动，培养居民健康生活方式，提高全民健康素养，从而提升居民的健康水平和生活质量。

根据“健康中国战略”的总体要求，为贯彻以人民健康为中心的大卫生、大健康理念，盐池县将群众健康放在优先发展的战略位置，坚持健康政策统筹、健康规划前置、健康服务共享。通过盐池县各级政府和相关部门的统筹协调、综合施策，逐步补齐健康扶贫的工作短板，为盐池群众享有公平可及、系统全面，集预防、治疗、健康促进等于一体的健康服务打下坚实基础，着力实现农村健康事业的高质量发展，以促进乡村经济高水平振兴，切实为乡村振兴注入充盈的健康活力。

第七章 “盐池经验”：盐池县脱贫致富的经验与创新

波澜壮阔的脱贫攻坚战不仅显著改善了贫困地区的发展面貌，还激发了制度安排、经济社会发展实践和社会意识等层面的深刻变革，形成了引人注目的“溢出效应”。[①] 盐池县也正是在脱贫攻坚工作中探索了一条可借鉴的道路，从战略思想、行动方向到实施原则、具体路径，以及脱贫攻坚的理念、组织体系、扶贫机制等方面进行了创新，进而取得了显著成效。未来，盐池县将致力于进一步加快革命老区和贫困地区脱贫致富的步伐，实现经济繁荣、民族团结、环境优美、人民富裕的阶段性目标，争取到2020年所有贫困户均脱贫，并达到与全国同步建成全面小康社会的总体目标。

一、盐池县脱贫攻坚的地方经验

对盐池县来讲，脱贫摘帽只是万里长征走完了第一步。“摸着石头过河”创造了扶贫创新的新模式，不仅为盐池脱贫致富、实现乡村振兴留存了宝贵的思路与方法，也为国内外解决深度贫困问题提供了新的视角与知识积累。可以说，盐池县在较短时间内打赢打好了这场艰苦卓绝的脱贫攻

① 陆汉文：《脱贫攻坚的“溢出效应”》，《民主与科学》2018年第3期。

坚战。但目前仍有一些不完善的地方，比如乡村贫困人口相对集中、贫困程度较深等问题值得进一步关注。包括盐池县在内的中国广大农村，在脱贫攻坚后依然面临更长时间、更持续的发展，还有一些更需要我们去关注的问题。

（一）产业结构转型升级，从经济增速转向乡村现代化建设

盐池县在当前脱贫攻坚的大背景下，结合自身禀赋和产业基础，确立了以滩羊为主导的“1+4+X”特色优势产业格局。[①] 因此，主导产业的优势与特色明显。但仍存在一些问题，如特色产业带动能力不足、农业产业效益较低、农产品附加值不高等。目前以散户经营为重点的农业发展模式仍占相当大的比例，产业极易出现崩盘，一旦市场出现波动，抵御风险能力较差。

在当前脱贫攻坚的大背景下，中国有很多地区都存在着与盐池相似的情况：产业做成了，也发展了，但到底能持续多久？健康稳固的产业必须要依赖农业现代化的手段和方式，即需要专业化、集约化和社会化的生产与服务。只有当规模经营水平和组织化程度高时，才能代表现代农业的发展方向，如树立现代经营理念和品牌意识，产业链的扩大、产品附加值的增加等直接表现和产业规模经营、各种保护措施等间接表现，上述内容都可有效地降低市场可能产生的风险与制约。当新的发展阶段遇上新的时代命题，不仅要考虑到当地的地理环境、资源禀赋等要素，而且要将市场供需状况和产品竞争力水平纳入其中，为区域经济社会发展提供有力支撑。既要打破传统产业格局的限制，打造地区发展新动能，又要借助现代农业产业体系、生产体系和经营体系的层层构建，这些做法有利于贫困地区在

① 滑志敏：《做“三大战略”的执行者、实践者和推动者》，《宁夏日报》2017年6月23日，第15版。

“后扶贫时代”进一步巩固产业稳定发展的水平，从而顺利地从脱贫开发迈向乡村振兴阶段和全面小康阶段。

（二）协同推进大格局，从追求快速减贫转向稳定减贫

综观盐池县的脱贫攻坚历程，各级政府在脱贫攻坚统揽全县经济社会发展全局中发挥了极其重要的作用，“1+4+7”的工作机制、“大包干”责任制以及三级书记抓扶贫的格局，无不反映了盐池所走的正是以政府为主导、各部门协同推进的扶贫道路，对于解决大面积、集中性贫困问题卓有成效。由此可以看出，政府作为消除贫困的主体[①]，具有强大的政治优势和资源动员能力。大量的研究表明，政府投入具有显著的减贫效应。[②]但随着政府介入程度加深，其扶贫效率也将不再呈现明显的效应。这就意味着除了政府以外，社会、市场等其他主体力量都应加入脱贫致富、乡村振兴和迈入小康的队伍中来。

以政府为主导的脱贫模式，实际上能够在短期内迅速地使贫困地区摆脱原有的困窘处境，改变贫困地区以及贫困群众的穷困面貌，减贫效应和效率在一定时间内具有显著的作用。如若从“快速减贫”迈向“稳定减贫”，仅仅依靠政府则是不够的。其实，观察中国其他地区的脱贫攻坚战不难发现，政府、市场、社会等“多位一体”的大扶贫格局确已形成，除此以外，还有行业扶贫、专项扶贫等内容加以配合。市场和社会等力量的加入，因其自身的灵活性、适应性和整合性等特性，使得这些力量在贫困地区和贫困群众实现经济结构升级、地区经济发展和持续增收、摆脱贫困等方面更具影响力。

---

① 文建龙：《改革开放以来中国共产党的扶贫实践》，《大庆师范学院学报》2016 年第 1 期。

② Montalvo & Ravallion. The Pattern of Growth and Poverty Reduction in China Original Research [J]. *Journal of Comparative Economics*, 2010, 38(1).

（三）抓住新的社会矛盾，从关注绝对贫困转向相对贫困

近些年来，全党全社会扶贫投入力度前所未有，脱贫工作取得显著进展。盐池县的贫困村经过长期的精准帮扶已经取得了可观的改善，村庄产业经济和公共设施都已焕然一新。原本很多贫困村与非贫困村之间的收入差距其实并不大，但两者得到的来自各级政府的财政支持和投入却有很大差别。导致非贫困村无论是基础设施建设还是产业发展，都被贫困村远远甩在后面。结果令非贫困村成为政府工作中的“盲点”，使得乡村治理工作面临巨大的挑战与考验。[①]

因此，在“后扶贫时代”理应聚焦到新的社会矛盾，有必要将关注点从“绝对贫困”转向“相对贫困”，将原本属于边缘贫困状态的贫困村或贫困户纳入帮扶范围之内。首先，正视非贫困村的经济发展建设需求，尊重非贫困户提高经济收入的需求，将工作重点从“脱贫”逐步转移到“致富”上。其次，针对那些财政支持较少的、村庄公共设施较为落后的非贫困村制定相应的发展规划，配套相应的政策与技术支持等。此外，针对频繁上访的对象以及不利于乡村稳定和谐的现象，也要积极干预。既不可坐视不理，听之任之；也不可故意打压，引起群众的逆反心理，进而引发更加不和谐的事件或情况出现。这些做法一方面能够妥善处理乡村社会的“撕裂”状况，另一方面也为全面提升乡村社会发展、实现共同富裕的目标做好了准备。

（四）重视精神脱贫功效，从依靠外部支援转向内生发展

贫困是一种人的生存状态，也是一种文化。包括盐池在内的很多贫

① 王丰：《改革开放 40 年乡村发展的历程与经验启示》，《贵州财经大学学报》2018 年第 5 期。

困群众由于信息闭塞，在心理定式和价值观方面都怀有一种绝望、依赖和宿命论式的消极态度，部分困难群众那种小富即安的意识长期存在。而贫困地区亦存在一种普遍现象，那就是当地人的吃、住等基本生存需求仍然居于主导地位，物质资源的缺乏导致贫困户的可支配收入大量消耗于个人或家庭的基本需求[①]，自然也使得贫困群众精神文化生活贫乏的问题比较普遍。这些文化因素的差异对扶贫开发工作有重要影响，部分困难群众持续增收乏力仍然面临返贫风险，进而阻碍了脱贫致富的步伐。

习近平总书记指出："实现我们的发展目标，不仅要在物质上强大起来，而且要在精神上强大起来。"在"后扶贫时代"必须重视精神脱贫，鼓励贫困地区的群众增强自我发展意识、提升自我发展能力。也就是在接受外部物质援助的同时，也要注重推动贫困群众内在的精神志气。此外，围绕着社会主义核心价值观，将乡村图书馆、乡镇文化站、村文化室的作用发挥出来，打造一批道德模范、乡间"秀才"等脱贫典型人物，更深层次地建设好贫困群众落后的精神文化面貌。

要以更加深刻和全面的视野来看待脱贫攻坚工作，在这个阶段，脱贫攻坚工作取得了成功，但这个成功无论是对当地政府来说，还是对当地的贫困群众来说，都仅仅是其中的一个阶段而已。所有人最终的目标是迈入小康社会，实现共同富裕和乡村振兴。所以任何人都不应该仅仅满足于"脱贫"这一项基本标准线，即吃饱肚子就算成功。更确切地说，将脱贫攻坚作为实现更高水平、更全面目标的一个跳板，而这个理念和想法需要当地政府、贫困群众自主自发地接受和践行。

---

① 赵纪河：《精准扶贫的理论分析与实践应对——以陕甘宁革命老区为例》，《开发研究》2016 年第 1 期。

二、盐池县打赢脱贫攻坚战的特色与创新

盐池县脱贫攻坚的做法与经验在很大程度上是对以往精准扶贫脱贫工作固有模式的多重突破：诸如基于优势特色产业的发展壮大以及有效整合脱贫攻坚的优质资源等手法。这体现了盐池精准扶贫的本土特色，也是盐池脱贫攻坚工作的创新之举。可以说，盐池县脱贫攻坚的持久历程与生动实践，不仅创造了独具一格的"盐池经验"，为国内外的贫困地区尽早实现脱贫目标提供了有益的经验和启示，同时也是新时代打赢打好脱贫攻坚战作出的新尝试。

（一）理念创新：树立融合发展的治贫理念与格局，走一条兼具中央精神与盐池特色的扶贫道路

盐池县脱贫攻坚的创举之一就是转变观念，创新理念。[①] 即采用"共建共享共治"的思路来分析盐池地区扶贫工作的困境，打破一般规律的束缚，树立融合发展的治贫理念。总结过去，盐池县的扶贫理念在本质上实现了由被动救济式向主动开发式扶贫的转变，坚持"大扶贫"，跳出扶贫看扶贫。同时，努力发挥当地县委县政府的主导作用，调动一切积极因素，尤其注重激发贫困群众的自主发展意识，增强其创造力。很多与盐池相似的地区之所以长期处于经济贫困、落后的状况，是因为自身资源匮乏和环境脆弱等"先天性不足"，这必然对当地产业经济的发展产生极大的阻碍。盐池县将脱贫攻坚作为第一民生工程，统揽经济社会发展全局。[②] 跳出把贫困群众"拴在土地上"发展产业的传统观念，把脱贫攻坚工作创

① 滑志敏：《宁夏盐池县精准扶贫经验及做法》，《宁夏社会科学》2017 年第 6 期。

② 中共盐池县委盐池县人民政府：《盐池县脱贫攻坚工作汇报》材料。

造性地与工业产业化、农业现代化、新型城镇化和生态文明建设等方面进行有机结合，坚持用工业化的理念发展当地特色，做好扶贫脱贫，实现生产、生活、生态的和谐并举。

同时，盐池县积极加大构建产业扶贫新型格局的力度，不仅体现在扶贫方式上，充分发动全社会共同参与，真正实现了由单点帮扶向整乡、整村推进的转变。从扶贫力量上看，盐池县在脱贫攻坚战中较为顺利地转变了原本由政府独立发挥作用的状态，逐步过渡到专项、行业、社会等多方力量“协同作战”的新形势。[①] 其中，发挥财政金融扶贫资金的杠杆作用，并联合专项扶贫、行业扶贫、社会扶贫资源，形成了多方联动、同向发力的扶贫新格局。在扶贫产业链条上实现了由企业农户分散经营向利益联结的转变，采取“龙头企业 + 基地 + 合作社 + 农户”等多种模式，引导银行、龙头企业、专业合作社与贫困农户建立紧密的利益联结机制，将贫困户吸引到产业链条上，带动贫困群众增收致富。简言之，就是由龙头企业向银行提供担保，银行为农户发放贷款，农户则为企业养殖纯正的盐池滩羊，企业通过延伸产业链将产品推向市场。

在此基础上，盐池县的脱贫攻坚工作真正做到了深刻领会中央扶贫精神，始终坚持以习近平新时代中国特色社会主义思想为指导，认真贯彻和落实党的十八大、十九大精神和习近平总书记关于扶贫工作的重要论述，坚持精准扶贫、精准脱贫基本方略。值得一提的是，“盐池经验”更加注重激发贫困群众的自主发展意识，增强其创造力，发挥其主体作用，实现了由被动救济式扶贫向主动开发式扶贫的转变。与此同时，盐池县还在统一思想、凝聚共识的基础上，举全县之力，促进地方政府职能部门、银行系统、保险行业和产业组织之间的协同合作，借助财政、

① 李霞：《宁夏打造全国脱贫攻坚示范区路径选择》，《中共银川市委党校学报》2018 年第 4 期。

保险、货币和产业等要素的多方发力，在维护产业健康可持续发展的前提下，做好风险防控，实现地区扶贫效率和优势最大化，构建产业扶贫的新型格局。此外，盐池县加大基层政府和目标群体参与扶贫项目的决策力度，始终坚持实事求是的基本原则。在遵循脱贫攻坚基本规律的基础上，围绕其区域的资源禀赋、经济基础以及产业特点等走出了一条具有盐池特色的脱贫道路。

（二）组织创新：遵循因地制宜的贫困治理逻辑，将县乡村上下联动机制嵌入产业发展全链条

以往大量的研究证实了一个观点，即区域开发解决的是共性的贫困问题，而精准扶贫到村到户解决的是个性的贫困问题。[①] 脱贫攻坚的核心和难点便在于“精准”二字，如何精准施策、精准配置扶贫资源尤为重要。盐池县的脱贫攻坚工作秉持着因地制宜、因户施策的根本原则，有意识地提高脱贫攻坚的针对性与有效性，探索多渠道、多样化的脱贫路径。[②] 回顾盐池县的脱贫攻坚战，在县委县政府领导班子的带领下，逐渐探索出了“五看十步法”[③]“四会议三公示”[④]等精准识别机制，以及“三包五到位”[⑤]“五审核十联签”[⑥]等精准识别程序和方法，严把建档立卡户精准识别

---

①② 黄承伟、叶韬、赖力：《扶贫模式创新——精准扶贫：理论研究与贵州实践》，《贵州社会科学》2016年第10期。

③ “五看十步法”，即一看房、二看牛和羊、三看劳力强不强、四看儿女上学堂、五看信用良不良；以户申请、组提名、村初评、入户查、乡复核、县审批、三公示、一公告、系统管、动态调的标准和程序。

④ “四会议三公示”，即村民小组召开的村民大会、村民小组召开的村民代表会议、村“两委”会议、乡（镇）党委会议；村民小组公示、行政村公示、乡镇公示。

⑤ “三包五到位”，即处级领导包乡包村、部门领导包村包租、一般干部包户包人；帮扶措施到乡镇、到村、到组、到户、到人。

⑥ “五审核十联签”，即在贫困对象确认上，实行村“两委”审核、包村领导和包村干部审核、乡镇党委和政府审核、包乡镇县领导审核、县扶贫领导小组审核；建档立卡贫困户花名册需经村支书、村主任、驻村第一书记、包村乡镇干部、包村乡镇领导、乡镇党委书记、乡镇长、县扶贫办主任、包乡镇县领导、分管扶贫的县领导分别确认签字。

关口，及时查漏补缺，复查复核，确保了精准识别无差错、无遗漏、无信访。此外，盐池县将脱贫工作责任主体落实到底，制定驻村第一书记和驻村工作队考核办法及调整召回、激励保障、部门支持等“1+6”管理制度，建立县委组织部、扶贫办、派出单位、乡镇、村“五位一体”联动管理机制和“一述职两测评四联考”考核机制等多重保障。由此，立足于因地制宜、因户施策和分类分级考核机制的大背景下，在盐池的土地上衍生出了一套适用于本土化发展的贫困治理观念。

在2018年全国脱贫攻坚奖表彰大会暨脱贫攻坚先进事迹报告会上，盐池县荣获2018年全国脱贫攻坚组织创新奖。事实上，早在2014年脱贫攻坚战打响的那一刻开始，盐池县便紧紧围绕着“脱贫摘帽任务中心化”这一要务，做好组织工作的各项安排。县委充分发挥统揽全局、协调各方的领导核心作用，建立“1+4+7”工作机制①、“大包干”责任制，全面压实“三级包干”责任制，形成三级书记抓扶贫，层层立下军令状、签订责任书的大扶贫格局，确立了“县”—“乡”—“村”三道上下联动机制。通过上述工作，从根本上确保了脱贫工作务实、脱贫过程扎实、脱贫结果真实。在县一级，盐池县坚持抓党建促脱贫，精准选人，选派222名干部驻村扶贫，安排49名后备干部到脱贫一线工作；组织3000多名机关干部下基层开展帮扶。在乡一级，盐池县进一步巩固上下联动结对攻坚，以此做到条块结合，并先后选派37名县直机关年轻干部到乡镇挂职党委副书记或乡镇长助理，专职助力脱贫攻坚。在村一级，盐池县逐步建立起“一核多元”精准扶贫组织体系②，全面推行“三个带头人”工程，选拔44名“三型”村党组织书记，96名乡村致富带头人进入村“两委”班子，培养

① “1+4+7”工作机制是指县委主要负责人总抓，4套班子主要负责人分片包抓，人大、政协7名分管负责人专项督查的工作机制。

② “一核多元”精准扶贫组织体系是指以村级党组织为核心，种养基地、合作社、龙头企业等为支撑的多元主体参与的组织体系。

村后备干部 343 人，全面夯实了脱贫攻坚工作的组织基础。

可以说，影响区域经济发展水平的高低取决于诸多要素，比如土地要素、资本要素、人力要素和管理要素，其中的管理要素不仅指向制度层面，同时也指向技术层面。阿尔文·罗思和劳埃德·沙普利的稳定匹配和市场设计理论表明，非价格机制也可以实现资源有效配置，市场设计中的规则或是制度也是很重要的一方面。[①] 盐池县在区域经济发展和产业扶持的过程中，始终坚持以政府为主导，调动一切积极因素。他们根据资源特色、产业优势、劳力状况、资金来源、群众意愿、脱贫目标等情况，认真分析致贫原因，对标脱贫验收标准，逐村逐户制定脱贫方案，做好一户一本台账、一个脱贫计划、一套帮扶措施。同时，基于“党委领导、政府主导、乡镇为主、部门联动、整体推进”的责任机制，全面实行由县级领导包抓乡镇，由部门单位包抓村，由干部职工包抓户的帮扶机制，做到不脱贫不脱钩，不脱贫不撤人。盐池县还采取了“龙头企业 + 基地 + 村集体合作社 + 贫困户”的模式，将贫困户直接纳入产业发展的全链条之中，带动贫困群众增收致富，实现了由企业农户分散经营向利益联结的转变。此外，盐池县还积极拓展空间、变劣势为优势的产业脱贫模式，积极培育旅游扶贫、电商扶贫、光伏扶贫、生态扶贫的新产业、新业态，将贫困户纳入或嵌入现有产业链中，破解了贫困户面临的困境与处境，促使贫困家庭或人口真正实现可持续发展。

（三）机制创新：以建设贫困地区融资担保平台和风险防控机制等为内核，创新金融扶贫机制

金融是市场化配置资源的机制，传统金融活动或排斥贫困群体获益，

① 何伟军、袁亮、吴霞：《稳定匹配和市场设计——2012 年诺贝尔经济学奖得主的学术贡献》，《商业经济研究》2013 年第 18 期。

或促进社会不平等的生产。[①] 自党的十八大以来，金融扶贫工作不断加大力度，是“新一轮扶贫开发中适应市场经济要求、拓展资金渠道的新举措，是扶贫投入的重大创新，是脱贫攻坚最强有力的支撑”。[②] 以往的扶贫模式常被称为“输血式”扶贫，即将资金以直接发放到户的形式补足给贫困户，这样做的后果是助长了贫困户的懒惰和惯性思维。这种“治标不治本”，缺乏科学性、合理性的机制自然无法得到长期稳定的扶贫效果。盐池县着手于金融扶贫领域的创举则在实践中破解了原有的禁锢，盘活了资金带动产业的发展，激发了商业性金融的内在活力。盐池县金融改革是金融市场设计的一次成功探索，立足于当地的资源禀赋，着眼于当地贫困地区和贫困人口在生产发展过程中产生的金融需求，积极地尝试和探索精准扶贫开发的地方性金融服务。除了在支持地方社会经济增长、区域协调发展以及巩固精准扶贫成效中大有作为外，还将作为政策性金融为履行社会责任作出全新的定义。

针对贫困地区贫困户经济基础条件差、自身积累少、家庭资产低廉的现状，需要不断丰富金融扶贫产品的形式，因此，在“盐池经验”中探索出了诸如小额信贷、互助资金、千村信贷等多种金融产品创新形式。它们主要依托于村级互助资金，创造性地开发“互助资金、评级授信、融资担保”等金融扶贫产品和扶贫新模式，有效缓解了贫困群众缺资金、贷款难的问题。此外，盐池县在宁夏回族自治区率先创新推行“扶贫保”。有效的信用评级是降低保险公司和贫困户之间信息不对称和交易成本的重要途径。通过由村里干部、乡里扶贫干部、农村商业银行支行行长等成员组成的工作小组进行评级授信，能够充分了解贫困户的信息，预控保险公司的

---

① 王水雄：《金融工具、信用能力分化与社会不平等》，《社会》2007 年第 1 期。

② 国务院扶贫开发领导小组办公室编写：《脱贫攻坚政策解读》，党建读物出版社 2016 年版，第 203 页。

风险，并降低保费收缴和理赔成本。盐池县以金融创新推动产业发展，以产业发展带动群众增收，创新探索了“互助资金 + 评级授信 + 融资担保”等多种模式。其中重点依托县级扶贫担保基金、互助资金等途径，撬动信贷资金增额度、扩覆盖、降风险，破解贫困群众贷款难、贷款贵的问题，从而实现贫困群众应贷尽贷的目标。

盐池县聚焦贫困群众“脱贫路上零风险”的需求，把保险与脱贫攻坚、特色产业发展紧密结合起来，探索开展了“扶贫 + 保险”等模式，大大缓解了群众因灾因病致贫返贫的风险，增强了贫困群众抵御市场风险的能力。通过对风险的有效管控成为金融扶贫可持续发展的关键。[①]基于此，盐池县通过扶贫部门、金融机构、乡村以及农户多主体参与的形式，形成了多方参与的风险分散与防控机制。盐池县扶贫办还设立了风险补偿金，制定风险补偿金使用管理办法，对客观形成的呆坏账从风险补偿金中根据实际情况按比例进行开支。在这些机制创新的推进下，盐池县坚持“党政主导、诚信支撑、产融结合、风险防控、保险跟进、改革创新”的总体思路，严格落实国家和自治区金融扶贫政策，一举成为全国金融扶贫示范县。[②] 2018 年，国务院对盐池的金融模式给予督查表扬，金融扶贫被国务院扶贫办确定为“盐池模式”向全国推广。作为脱贫攻坚的重要抓手，“金融扶贫”已经成为盐池脱贫攻坚创新举措的代名词，成为其他地区可复制推广的“盐池模式”。

---

① 徐忠、张雪春、沈明高、程恩江：《中国贫困地区农村金融发展研究》，中国金融出版社 2009 年版。

② 邓玲、吴永超：《论新时期我国扶贫开发工作的新变化及其路径创新》，《理论探讨》2014 年第 6 期。

（四）政策创新：建构了一套乡村社会的诚信体系和信用规范，最大限度地降低风险与交易成本

盐池县脱贫攻坚的具体政策依托于民主参与性、可持续发展性、资金安全性和惠民普及性等特性，[①]最终为乡村社会的诚信体系建构和诚实意识的培育创造了土壤，为村民和集体经济实现增收作出巨大贡献。具体内容包括以下几个方面：第一，大力发展“五户联保”“信用风险与利率挂钩”和“非恶意黑名单释放”等地方政策性的信贷措施，以此对标金融客户的精准识别，调控或降低可能产生的信贷风险。第二，充分利用“乡村集体经济合作社”“传统熟人社会”和“社区权威”等乡村治理资源用以完善、做实乡村的信用体系，有效地推动金融资本与社会资本的融合配套。这样不但可以一改原本乡村信贷的萎靡之态，促进乡村信贷的繁荣发展，也可以在一定程度上加快乡村共同体的再造，改善乡村社会治理。从而加强乡村社会的内部凝聚力，真正发挥诚信的社会价值和社会效益。三是加大金融知识宣传教育力度，提高盐池贫困地区农户的金融意识和运用金融产品的能力。针对部分村集体经济“空壳化”倾向，持续深化品牌带动、产业拉动、资源促动、扶贫推动等集体经济发展模式，增强村级“造血”功能。在规避风险的基础上扩大金融扶贫资金规模，解决源头活水的问题，即金融资金的配置本身在接受政府引导的同时，坚持遵循市场规律。还降低或重新配置金融扶贫过程中的交易成本，通过降低或分散交易成本亦是落实金融扶贫的关键所在。[②]

---

① 岳要鹏、陆汉文：《“能扶贫”与“可持续”的双重变奏——十年来贫困村互助资金研究进展》，《社会科学动态》2017 年第 5 期。

② 叶青、袁泉：《我国金融扶贫的创新与成效——兼论宁夏回族自治区的实践经验》，《福建论坛》（人文社会科学版）2018 年第 1 期。

另外，盐池县积极构建“四信平台”工程[①]，将对建档立卡贫困户评级授信的成功做法推广、运用到所有农户。通过“四信平台”工程对评级较高的农户在贷款额度和利率上实行优惠。这一举措有力地破解了长期以来乡村金融信用体系难以共建共享的难题，特别是将精神文明（遵纪守法）纳入信用评价，有效助推了村风、民风转变。同时，盐池县结合“智慧扶贫综合管理服务平台”建设，将信用评级及金融贷款情况及时录入平台、实时共享，实现了政府和金融机构的良性互动，解决了乡村金融贷款精准统计的难题。[②]此外，互助资金具有信用培育的积极作用，在保险扶贫中扮演了重要角色。资金融通涉及扶贫专项资金管理等方面，是保险扶贫项目顺利开展的关键环节，也是有效润滑保险供应链的重要手段。[③]互助资金主要由盐池当地信用社管理，信用社内部和村民之间具有相对充分的信息优势。将扶贫资金与村级的互助资金捆绑后，保险公司可依靠信用社的有效信息进行承保和理赔，大大降低了其交易成本。

罗伯特·希勒在其著作《金融新秩序：管理 21 世纪的风险》一书中曾经说过一句话：“即使一个国家的宏观风险可能被认为是可以容忍的，对每个人的影响也大致相同，但某些个人所面对的总的风险也许是非常巨大的。因此，对风险的分析不能仅仅停留在国家层面上。”[④]风险始终都是

① “四信平台”工程是指由县政府组织、人民银行负责，各驻盐金融机构参与，研究制定了《盐池县农村信用体系建设“乡村组户”四级信用评定办法（试行）》。“四信”分别为“信用乡、信用村、信用组、信用户”。按照“坚持标准、规范运作、强化监督、成熟一个、评定一个”的原则，将贫困户的基本情况、家庭资产、信用情况、精神文明（遵纪守法）等因素进行合理划分，按照“1351”的比例（即基本情况 10%、家庭资产 30%、信用情况 50%、精神文明遵纪守法 10%），将全县所有农户的信用情况由低到高分为 A、A+、AA、AAA 四个等级进行信用评级。

② 刘七军：《金融扶贫与民族地区小康社会建设——基于宁夏“盐池模式”的个案调查》，《北方民族大学学报》（哲学社会科学版）2017 年第 6 期。

③ 崔怡：《普惠性小额保险的精准特惠——基于宁夏盐池县“扶贫保”的案例分析》，《金融理论探索》2017 年第 4 期。

④ ［美］罗伯特·J. 希勒：《金融新秩序：管理 21 世纪的风险》，中国人民大学出版社 2010 年版。

农户致贫、返贫的主要原因之一，贫困农户则具有脆弱性、抗灾能力弱等显著性特征[①]，自然是陷入贫困陷阱的重点人群[②]。互助资金在中国农村早就开始了探索和尝试，但很长时间在各地农村的互助资金始终没有得到真正的有效使用，而是作为扶贫资金直接投放到贫困户手中。盐池县基于过去多年的基层扶贫经验，准确地把握互助资金的特点和优势，真正地实现了从授人以“鱼”到授人以“渔”。将互助资金作为贫困户脱贫致富的“第一桶金”，帮助其实现长效的可持续发展。具体如下：互助资金本身有着免担保、免抵押的特点，恰好适用于那些刚解决温饱问题的贫困户的需求，贫困户利用互助资金提供的贷款，将其投入农业生产或其他市场活动后获得满意的经济收入，用此收入再进行还款、贷款，顺利地扩大生产规模，从而实现经济再生产的良性循环。事实上，互助资金制度属于乡村社会非正规金融的一部分，只要能够运作规范、增强其可控性，就能很大程度弥补国家宏观调控在乡村金融服务上的不足，尤其是有利于贫困地区人群进行产业结构调整和长效发展。如此一来，盐池县脱贫在攻坚政策上的创新就能解决民生问题，通过贷款实现贫困户增收和产业发展，发挥兜底作用，建立信用撬动机制。

（五）模式创新：激活“脱贫单元”治理模式，正确处理经济与生态、内生动力与外部支持的关系

世界各国的扶贫模式大体可分为“社会保障”模式[③]、“发展极”模式[④]

---

① Benabou, R. &D.Mookherjee, *Understanding Poverty*. Oxford: Oxford University Press, 2006.

② Barrett, C. B. & B. M. Swallow, *Fractal Poverty Traps. World Development*34(1), 2006.

③ “社会保障”模式是指一国通过财政转移支付手段进行国民收入二次分配以满足贫困人口的生存基本需要，适用于资金雄厚、贫困发生率较低的发达国家。

④ “发展极”模式是指主导部门及有创新能力的企业聚集发展而形成经济活动中心，通过扩散效应带动周边贫困地区的经济发展，并以经济增长方式实现贫困人口参与分享经济增长成果，缓解区域性的贫困状况。

和“满足基本需求”模式[①]。而在运作模式上，盐池县以“脱贫单元”为创新方法，将贫困户的产业发展同金融产品、财政扶贫资金、国家支持资金捆绑为一体，引导龙头企业、贫困户和银行建立紧密的“银联体”，很好地发挥“脱贫单元”的整合功能与联动效应。[②]扶持产业就是扶根本，最终的目的是帮助贫困地区和贫困群众走上经济内生增长、自主脱贫致富的可持续发展道路。立足资源禀赋、产业基础和市场需求，因地制宜选择发展产业，将脱贫攻坚与贫困治理相结合，盐池县把培育和发展特色产业作为治本之策，明确“1+4+X”产业发展模式。充分利用财政支农的资金支持方式，用好自治区以及县级产业扶贫和农业产业化的各项政策，采取集中扶持、合作经营等方式，重点抓好盐池滩羊、黄花菜、中药材等传统扶贫产业，积极发展旅游、健康、生态产业、“互联网 +”等新业态。此外，盐池县还注重优化产业载体，如光伏脱贫、旅游脱贫、电商脱贫等多种模式，由此形成了多点发力、多业增收的产业扶贫格局。

脱贫攻坚工作系统性强、涉及面广，各级政府必须树立“一盘棋”思想，正确处理经济发展与生态保护之间的关系。“良好的生态环境是最公平的公共产品、最普惠的民生福祉。”盐池地处陕、甘、宁、内蒙古四省（自治区）交界地带，位于毛乌素沙漠南缘，肩负着构筑宁夏东部生态安全屏障的重任。盐池县在大力发展产业经济的同时，也将生态文明建设作为工作重点，着重打造和建设生态修复、防沙治沙等绿色工程，构建“一圈两廊三区”为框架的区域生态安全格局。同时，盐池县还注重保护城乡环境，倡导建立生态环境保护长效机制，构建生态功能保障基线，让生态

---

① “满足基本需求”模式是指直接向穷人提供生存保障物质，如食品、医疗、卫生、教育和基础公共设施。

② 刘风：《农民合作社的反脆弱性及其贫困治理能力》，《中国农业大学学报》（社会科学版）2018 年第 5 期。

美好与经济增长协调发展，做到“金山银山”和“绿水青山”共存。①

此外，在政策设计和实践中，除要正视和发挥地方性知识和本土社区、当地贫困人口的主体地位之外，还应该重视外部的支持和拉动作用。一旦当地扶贫对象的内生发展动力不足，那么，此时外部支持和拉动就显得格外重要。贫困地区和扶贫对象的内生动力是其参与和发挥主体性的过程②，需要在内外合作中不断培育和发展③。盐池县也不例外，长期生活于贫困地区的群众存在一些惯常思维模式，即已经习惯了常年接受政府的帮扶救助，缺乏脱贫致富的长远眼光与长期发展意识。习近平总书记曾说过：“贫困地区发展要靠内生动力，如果凭空救济出一个新村，简单改变村容村貌，内在活力不行，劳动力不能回流，没有经济上的持续来源，这个地方下一步发展还是有问题。一个地方必须有产业，有劳动力，内外结合才能发展。最后还是要能养活自己啊！”④因此，脱贫扶贫工作最根本的还是要激发贫困群众的内生动力，树立脱贫光荣的意识，调动起贫困群众走向脱贫致富的积极性。采用正向激励法，适时在群众之间培养竞争脱贫的氛围。对于盐池县来说，其外部支持既有宁夏回族自治区党委政府在制度和配套政策上的倾斜，同时也有国家扶贫办主导的“东西部扶贫协作项目”和“对口支援”等多种机制。因此，盐池县抢抓央企、闽宁帮扶这一契机，加强本地与央企各方的合作以及闽宁协作对口单位的协调对接，为其开展定点帮扶搞好服务、创造条件，不断深化资金、技术、人才等方面的帮扶合作，精心谋划落地一批扶贫协作项目。盐池

---

① 滑志敏：《做“三大战略”的执行者、实践者和推动者》，《宁夏日报》2017年6月23日，第15版。

② 陆汉文、杨永伟：《发展视角下的个体主体性和组织主体性：精准脱贫的重要议题》，《学习与探索》2017年第3期。

③ 黄承伟、叶韬、赖力：《扶贫模式创新——精准扶贫：理论研究与贵州实践》，《贵州社会科学》2016年第10期。

④ 习近平：《在河北省阜平县考察扶贫开发工作时的讲话》（2012年12月29日、30日），《做焦裕禄式的县委书记》，中央文献出版社2015年版，第17页。

县还采取举办专场招聘会、劳动力输送等方式，通过积极鼓励和引导、牵线搭桥等途径，让越来越多的企业、社会组织和个人都加入脱贫攻坚战中，努力构建大扶贫格局。

产业是区域经济发展的核心要务，产业发展是贫困地区从脱贫走向致富，实现乡村振兴伟大战略的重要支撑。盐池县始终以特色强势产业发展为中心，确立特色产业扶贫目标。首先，信用体系、信用平台的确立是产业发展的根本基础。当面临资金短缺的困境时，创新金融扶贫机制，扩大“资金池”，为了预控金融风险，进而发展扶贫保险兜底机制，分散风险。而金融创新和扶贫保险又进一步促进产业发展与革新，即金融扶贫机制与保险扶贫兜底机制共同促进产业扶贫目标的实现。盐池县始终坚持问题导向，以问题—成因—对策作为总体思路，逐步解决和完善在产业发展和脱贫攻坚道路上出现的种种障碍。

盐池县脱贫攻坚工作实质上蕴含着赋权的反贫困策略。通过树立融合发展的治贫理念，遵循因地制宜、因户施策原则，发挥“县—乡—村”上下联动效应，凸显了基层政府和党组织在脱贫攻坚中的关键角色。进而创造性地开发了盐池金融扶贫机制，建构了嵌入乡村社会深处的诚信观念与诚信体系。此外，盐池县的脱贫攻坚工作始终坚持以产业创新健康发展为根本，确立了产业脱贫新业态，从而造就了盐池以“脱贫单元”为特色的贫困治理模式。

三、盐池县打赢脱贫攻坚战的“溢出效应”

盐池县始终坚持以新思想为引领，认真学习贯彻习近平新时代中国特色社会主义思想、习近平总书记关于扶贫工作的重要论述要求，落实执行党的十九大关于“坚决打赢脱贫攻坚战”“深入实施东西部扶贫协作”“重点攻克深度贫困地区脱贫任务”的重要战略部署，并以此指导全县脱贫攻坚工作，深刻把握新时代扶贫工作的基本特征和科学规律，准确分析和研判新时代深度贫困地区扶贫工作的发展方向和实现途径。因此，盐池县在近些年的脱贫攻坚战中大力提升了当地经济产业、社会民生、精神文明等方面的工作，解决了限制当地发展的多重障碍，这些做法与成就不仅向当地群众递交了一份满意的答卷，同时也在国家治理能力现代化、贫困治理以及促进社会稳定团结等方面获得了全方位的积极效应。

（一）凸显政治和制度优势，开辟了基层治理能力现代化的新路径

盐池县坚持党对扶贫工作的全面领导，注重加强领导，严格管理，切实营造有利于驻村干部发挥作用的政治环境，并广泛向贫困村派驻第一书记和驻村工作队，落实到户帮扶责任人，由此凸显中国共产党在脱贫攻坚战中的政治优势与制度优势，开辟基层治理能力现代化的新路径。盐池县在这场史无前例的脱贫攻坚战中始终坚持党委领导，顺应社会规律，加强基层治理能力现代化建设，健全基层社会治理体系，并加强县、乡、村（社区）三级综合服务管理平台规范化建设，实现管理网格化、支撑信息化、服务社会化，推动社会治理精细化。不断加强“政社互动”和社区减负，增强社区服务功能，实现政府治理和社会调解、居民自治良性互动。大力提升县乡村三级干部源头治理能力，维护社会和谐稳定。此外，盐池县各村“第一书记”把加强基层党建工作作为开展脱贫攻坚工作的基础性工作来抓，紧紧围绕创建星级、村级服务型党组织，加强村级班子建设、党员活动阵地建设，促进软弱涣散党组织晋位升级，发展壮大村级集体经济，加强党员队伍教育管理，等等，在这些方面认真谋划、强化举措、狠抓落实。

盐池县委县政府还积极推动基层党建与脱贫攻坚深度融合，他们明确

机制保障是关键。主要做法如下：一是建立目标责任融合机制。把扶贫工作纳入各级党组织及书记党建责任清单、作为述职评议考核的重要内容，实行“书记抓、抓书记”的责任机制，促使各级党组织把党建与扶贫工作抓在手上、扛在肩上。二是建立督查考核融合机制。实行县级包乡领导、县直部门与帮扶乡镇捆绑考核，县级领导侧重考核所联系乡、村、户发展变化的情况；县直部门侧重考核交办项目任务落实的情况；乡镇侧重考核农民人均可支配收入增长及贫困人口减贫“销号”的情况。三是建立责任追究融合机制。推行党建工作与脱贫攻坚联系点制度，采取领导抓乡联村、部门联动包抓、干部结对联户，层层立军令状，所包乡村不脱贫、包抓责任不脱钩，以责任倒逼推动任务落实。在基层加强党建，固本强基。

（二）强化扶贫干部队伍的锻炼，开拓了社会贫困治理的新使命

以往盐池县的部分干部对脱贫攻坚工作的重要性认识不足，重视程度不够，责任心不强。扶贫机制仍不健全，定点帮扶大多局限于送钱送物，“往往是雨过地皮湿”，难以从根本上解决贫困问题。盐池县有的贫困村“两委”班子受年龄、自身文化素质和思想观念等制约，战斗力不强，带领贫困群众脱贫致富的主动性不够、办法不多、成效不大。这种现象不仅出现在盐池，在全国各地的乡村治理环节中都很常见：干部缺乏锻炼，贫困治理水平较低。

因此，盐池县委县政府以适应脱贫攻坚要求为着力点，加大从基层一线选拔干部的力度，推行从严管理干部制度改革，加强县、乡、村三级领导班子和干部队伍建设。深化干部人事制度改革，完善政绩考核评价体系和奖惩机制，认真执行干部能上能下制度，大力整治为官不正、为官不为、为官乱为等问题，形成能者上、庸者让、劣者下的用人导向和从政环境。执行提醒诫勉函询制度，注重平时动态监管，抓早抓小抓苗头，促进

领导干部健康成长。

盐池县在脱贫攻坚战中创造性地建立脱贫攻坚责任制，层层签订脱贫责任书，加强对扶贫干部的锻炼，通过明确工作职责，让扶贫干部有事可为。盐池县委县政府结合实际，制定出台了相关文件，使每一名扶贫干部既有宏观的工作目标，又有具体的工作任务，有效减少了工作的盲目性和随意性，确保扶贫干部较快地进入工作角色。通过落实政治待遇，让扶贫干部大胆作为。各级党组织切实把扶贫干部当作村级班子的一名主要成员来对待，享受与村“两委”班子成员主要负责人同等的政治待遇，让他们真正树立主人翁意识，最大限度地激发工作热情。通过强化日常管理，严格扶贫干部岗位纪律，杜绝驻村扶贫干部中“名在村、人在外”的现象。各级扶贫干部通过走村串户、座谈和谈心等方式，积极参与盐池县开展的千名干部百日“民情大走访”活动，了解村情民意、特色产业发展、贫困家庭状况、村“两委”工作概况和基层党建工作实际，征询村民对村集体经济发展、乡村建设、干部作风、基层组织建设等方面的意见建议，为基层社会治理与基层社会安定、稳定夯实基础。同时，盐池县还鼓励扶贫干部结合地区优势与机遇，有针对性地制定产业扶贫规划和扶贫开发驻村推进项目规划，力求工作做到目标明确、有的放矢，帮助贫困地区和群众早日致富。

（三）群众的获得感不断增加，开创了社会稳定团结的新局面

自党的十八大以来，以习近平同志为核心的党中央将扶贫、脱贫工作作为重中之重，并提出了“精准扶贫”的基本方略。盐池县认真贯彻落实习近平总书记关于扶贫工作的重要论述，使当地的脱贫攻坚工作取得了令人瞩目的成就，并且成为宁夏回族自治区首个“脱贫摘帽”的地区。消除贫困，实现共同富裕，是社会主义的本质要求，也是中国共产党乃至人民

政府的使命与职责。[①] 盐池县注重增强贫困群众综合素质，加快实施教育脱贫工程，提高贫困群众自我发展能力。以生产需要为重点，大力实施“133”农民技术到户工程，重点开展特色种养、旱作节水、林果栽培等农业实用技术培训，确保明星示范户、农民技术员、技术明白人覆盖各个产业、各个村组和每家农户，着力培育新型农民。以就业需求为导向，紧盯县内煤炭石油开发企业、园区工业企业和民营企业用工需求，建立培训就业挂钩责任制，开展订单式、“一对一”培训，不断提高贫困人口就业技能和创业能力。以互帮互带为引领，全面推广“百富带百贫”模式，鼓励引导外出务工人员回乡创业，加快发达地区的文明向贫困地区辐射、扩散和融合，切实增强贫困人口自身“造血”功能和自我发展能力。

同时，盐池县通过积极引导当地人口外出务工创业，将“政府端菜”转变为“群众点菜”，加大对贫困人口的劳务技能培训力度，根据不同年龄段和文化层次，开展订单、定岗、定向、菜单式培训，对贫困地区有培训意愿的劳动力全面进行免费培训，增强致富本领，开辟脱贫攻坚“第二战场”。当地扶贫干部服务群众、推动发展，主动作为、积极行动，想方设法为群众办好事、解难事。实际上就是坚持把保障和改善民生作为一切工作的出发点和落脚点，大力办群众盼望办、愿意办、积极参与办的实事和好事，增进了干群感情，赢得了群众支持。实践证明，群众的信任与支持，是盐池县推动发展的力量源泉。在任何时候、任何情况下，都应该把改善民生放在首位，让群众共享改革发展成果，共创盐池美好明天。社会民生保障水平的提升、社会精神文明程度的提高都为密切党群、干群关系，维护社会公平正义提供了有力支撑，开创了盐池县贫困群众之间稳定、团结的新局面。

---

① 陆汉文：《脱贫攻坚的“溢出效应”》，《民主与科学》2018年第3期。

（四）以高质量脱贫推动高质量发展，开启了农业农村现代化新格局

盐池县牢固树立抓扶贫就是抓发展、抓民生的理念，不仅立足解决当下的乡村贫困问题，还着眼于以持续发展的思路帮助群众摆脱贫困，以保障民生、改善民生为目标，实现脱贫攻坚与经济社会发展的相互协调与促进。因此，盐池县的脱贫攻坚工作成绩显著，取得了决定性进展，不仅高标准、高质量地完成了脱贫攻坚目标任务，而且在政治、经济、文化和生态文明建设等多领域全方位发展，以深化脱贫攻坚统揽经济社会发展全局。

盐池县跳出把群众“拴在土地上”发展产业的传统观念，把扶贫工作与工业产业化、农业现代化、新型城镇化和生态文明建设有机结合，实现生产、生活、生态和谐并举。创新是引领发展的第一动力，是建设现代化经济体系的战略支撑。盐池县坚持以供给侧结构性改革为抓手，育人才、强科技、搞创新、优服务，推动石油、煤炭、化工产业精细化和绿色化发展；抢抓古城历史文化旅游区创建国家5A级旅游景区的重大机遇，深入挖掘历史、人文、红色、生态等旅游资源，全力打造全域旅游示范县，进一步做强区域经济，为建成全面小康社会打下坚实基础。农业农村现代化也离不开基层社会治理的现代化。盐池县扎实推进“平安盐池”“法治盐池”“诚信盐池”“和谐盐池”建设，法检“两院”司法体制改革试点为自治区司法体制改革工作探索了路子、积累了经验，“法官村官双助理”创新经验在全国推广，盐池县检察院被评为“全国模范检察院”。普法依法治理成效显著，被评为全国第二批、第三批“法治县”创建先进单位，实现了“四五”“五五”“六五”全国法治宣传教育先进县三连冠，宁夏唯一，全国罕见。新乡贤、村贤、“最美盐池人”、“守法好公民”等评选活动为

盐池选树了一批先进典型。在民族团结进步创建活动方面被评为全国示范县，“双拥模范县”创建实现宁夏回族自治区八连冠。

盐池县坚持将脱贫攻坚作为实现乡村振兴的基础，将乡村振兴战略思想和工作原则有机融入脱贫攻坚全过程，坚持乡村振兴相关政策优先向贫困地区倾斜，补齐贫困地区基础设施和基本公共服务短板，巩固和扩大脱贫成果，为农业现代化发展、产业结构转型升级和进入小康社会奠定了基础。

（五）绿色发展理念深入人心，开展了生态文明建设新行动

盐池县是全国防沙治沙重点县，生态环境是盐池的最大劣势，同时也激发了当地治理的决心和勇气。对生态环境极其脆弱的盐池来讲，生态建设就是扶贫攻坚的基础。多年来，盐池县始终坚持生态立县战略不动摇，一张蓝图绘到底。在战略上，盐池县把生态建设作为生存之本、发展之基，坚守生态立县战略不动摇，大规模开展防沙治沙、植树造林、禁牧封育等重点生态建设，群众生存生产环境极大改善。全县林木覆盖度、植被覆盖率逐年攀升，先后荣获“全国防沙治沙示范县”“造林绿化先进县”等称号。在战术上，坚持“生态也能当饭吃”的理念，更加注重向生态建设要经济效益，推动生态与文化旅游、特色产业深度融合，引进生态产业化龙头企业，大力发展生态扶贫，拓宽贫困群众增收路子。

盐池县牢固树立和践行“绿水青山就是金山银山”的理念，逐步完善生态文明治理体系，全面推进污染防治生态修复工作以及全面提升能源资源利用结构优化效率。在建设思路上，逐步探索出了“北治沙、中治水、南治土”的总方针；在建设方式上，采取“封、飞、造”多措并举，“乔、灌、草”合理配置，工程措施与生物措施相结合，实施综合治理。在推进机制上，采取发动全社会的力量，国家、集体、个人，千军万马齐上阵。

依托三北防护林、天然林保护等重点生态项目，持续推进防沙治沙、植树造林等重点工作，生态建设成效显著。

总体而言，盐池县在实际工作中坚持扶贫开发与生态环境保护并重，大力推进生态产业化、产业生态化、实施生态扶贫行动，促进扶贫开发与生态保护相协调、脱贫致富与可持续发展相促进。通过生态文明建设的持续努力，使得绿色发展理念深入人心，从而让发展成果更多更公平地惠及全体基层群众。

第八章　对接乡村振兴：盐池县的探索与理论反思

实现乡村振兴战略，是党中央从党和国家事业全局出发，着眼实现“两个一百年”奋斗目标，顺应亿万农民对美好生活的向往做出的重大决策。脱贫攻坚是政治责任，落实乡村振兴战略同样是政治责任，盐池县的脱贫攻坚战仍在继续，实现乡村振兴战略的脚步也已然行进在路上，为早日迈入小康社会、实现共同富裕打下了坚实基础。盐池县在全国首批实现了全县脱贫摘帽，并在巩固脱贫攻坚成果的基础上，积极探索乡村振兴战略的提前布局与试点工作，对全国乡村振兴的对接与准备做出了有益的尝试。

一、盐池县脱贫成果的巩固提升与乡村振兴的提前布局

盐池县结合当前脱贫富民的实际情况，全面落实摘帽不摘责任、摘帽不摘政策、摘帽不摘帮扶、摘帽不摘监管的要求，继续加大政策的扶持力度，改进扶持的方式方法，调整扶持的环节，确保脱贫退出稳定和可持续性，并且以巩固提升脱贫攻坚成果、提高脱贫实效为目标，确保贫困群众稳定增收和可持续脱贫。

（一）2018 年巩固、提升脱贫的举措与成效

盐池县作为宁夏回族自治区扩权强县的改革试点县，县委县政府更是

对扶贫工作常抓不懈，先后出台了《盐池县扶贫攻坚工作实施意见》《盐池县加快推进扶贫开发工作行动计划（2015—2020年）》等文件，明确提出要把扶贫开发作为“十三五”时期全县工作的重中之重，将举全县之力打好扶贫攻坚战。坚持“大干大支持、多干多支持”的原则，区分不同情况，分类扶持，建立健全激励机制，激发内生动力。不断完善农业基础条件，推进农业产业改造升级和提质增效，提升公共服务水平。

1. 实施基础设施巩固提升工程，建设生态宜居新乡村

盐池县大力实施基础设施巩固提升工程，把乡村振兴建设与脱贫富民结合起来，全面改善乡村人居环境，建设生态宜居新乡村。[①] 第一，农业产业基础建设。以乡村振兴战略为抓手，全面落实农业乡村优先发展的要求，统筹推进道路交通建设、水利工程建设、农业综合开发、乡村电网改造、黄花菜产业基础建设等工作，确保农业乡村重点建设任务不打折扣，努力实现农业乡村现代化。第二，人居环境改善。实施贫困村常住户“五改一增”计划，对危窑危房查漏补缺改造，开展美丽村庄建设，改善群众生活条件。第三，生态移民建设。建立移民群众稳定增收的长效机制，鼓励乡镇、村以合作社模式发展乡村民宿等新业态，增强移民群众可持续脱贫的能力。

2. 实施产业培育巩固提升工程，打造绿色富民产业链

按照“产业兴旺”的发展要求，盐池县将全面落实“1+4+X”特色优势产业巩固提升政策，按照“普惠＋特惠”的原则，确保建档立卡乡村常住户依靠特色优势产业实现富民目标。同时，要支持盐池各乡镇发展农产品加工业、休闲农业、乡村旅游、文化产业、流通服务、乡村电商等新业态，稳妥推进资产收益扶贫。落实脱贫富民战略部署，新业态是重要动

① 中共盐池县委盐池县人民政府印发关于《深入推进乡村振兴战略三年（2018—2020年）行动方案》的通知，盐党发〔2018〕25号。

能。因此，盐池县还应坚持开发式扶贫方针，积极探索发展“旅游＋电商”“光伏”等扶贫新业态，注入新活力，培育新动能，拉长贫困农民增收致富产业链，促进贫困农民增收致富。

3. 实施金融扶贫巩固提升工程，用好金融富民助推器

盐池县为了大力巩固提升金融扶贫成果，主要将工作重点放在以下五个方面：第一，通过制定《盐池县金融服务乡村振兴指导意见》，巩固提升金融扶贫“盐池模式”成果经验，促进盐池普惠金融发展，以此扩大农村金融服务规模和覆盖面。第二，组建宁夏农业信贷担保有限公司盐池分公司，把服务农村实体经济作为本源，加大对主要开展涉农担保业务的政策性担保机构的担保基金支持。第三，鼓励各类金融机构为新型金融主体提供保险、订单融资、农产品质押和应收账款融资业务等金融服务。第四，全面落实扶贫小额信贷政策，加强诚信体系建设，有效改善群众的信用意识、发展意识、金融意识、保险意识。[①] 第五，大力发展互助金融，发展生产、供销、信用“三位一体”新型合作组织。

4. 实施健康扶贫巩固提升工程，筑牢群众健康保障网

具体内容包括：第一，加大健康盐池建设力度，将健康促进融入所有公共政策，通过常态化开展健康体检、养生宣传、全民健身等活动，逐步引导群众从“医病”向“防病”转变。第二，加快城乡养老服务体系建设，打造全国区域性县级医养结合示范园区。第三，加强县域医联体建设，县医院争创全国现代管理制度示范医院。通过实施各种医疗保障措施，有效解决贫困群众看得起病、看得好病、少生病的问题，确保所有农户不因大病致贫、返贫。第四，做好健康扶贫工程，全面落实健康扶贫 8 道保障网，兜底保障工程。坚持保基本、守底线，发挥政府兜底保障功

① 中共盐池县委盐池县人民政府印发关于《深入推进乡村振兴战略三年（2018—2020 年）行动方案》的通知，盐党发〔2018〕25 号。

能，加强对困难群众的帮扶支持，实现应保尽保。

5. 实施教育扶贫巩固提升工程，树立教育扶贫风向标

在巩固教育扶贫成果方面，盐池县重点聚焦以下几个方面：一是落实教育优先发展战略，实施第三期学前教育行动计划，不断扩大普惠性学前教育资源。二是全面落实九年义务教育，构建学前教育到高等教育全程精准资助体系。三是强化普通高中教育，加快现代职业教育发展，探索建立盐池高级中学与盐池职业中学联合办学，推进职业中学的校企合作、联合办学、工学交替等办学模式改革，争创国家级农村职业教育和成人教育示范县。四是重视发展特殊教育，规范民办教育发展。五是坚持培训、就业、维权“三位一体”的工作格局，广开乡村劳动力就业门路，提升脱贫致富的能力。

6. 实施精神文明巩固提升工程，激发乡风文明新动力

为进一步巩固提升精神文明成果，盐池县持续深入推进社会主义核心价值观培育，坚持扶贫先扶志、治穷先治愚、脱贫先脱旧，解心结、树观念、开思路、增信心，激发贫困群众的内生动力，提升脱贫致富的能力。同时，盐池还将加大科技、教育、文化、法治等方面的投入，深入开展党的十九大精神、社会主义核心价值观等宣传教育活动，不断提高群众自身素质。尤其注重精神文明示范村的建设，坚持价值引领、破立结合，加强民风建设，选树乡贤、村贤，加大对致富带头人、脱贫典型户的奖励。对于婚丧事、其他喜庆事，则倡导简办或不办的文明新风尚，建设良好的家风、村风、民风。

7. 实施社会帮扶巩固提升工程，构建合力攻坚新格局

要实现可持续高标准脱贫，社会帮扶是重要力量。盐池县充分发挥政治优势和制度优势，按照政府主导、社会参与机制，实施“携手奔小康”行动，将东西部产业合作、优势互补作为深化供给侧结构性改革的新课

题，充分发挥骨干企业、闽宁对口帮扶、中国航油企业定点帮扶作用，切实提高了帮扶实效。

8. 实施因户施策精准扶贫工程，实现稳定脱贫新成效

盐池县始终坚持问题、目标和结果导向，持续精准发力、综合施策，多措并举做好未脱贫人口的稳定增收。未脱贫人口中大多数因病、因灾、因残致贫，自我发展能力弱，脱贫难度大，等等，针对这些实际问题，县委县政府积极完善机制、合力攻坚，采取特殊措施，做到一户一策、一户多策。

除此以外，盐池各政府部门将按照各自分派的任务和政策要求，进一步巩固脱贫攻坚成果。第一书记和驻村工作队要切实担负起帮扶责任，深入实地，详细了解掌握所包村富民产业和贫困户的详细情况，做好富民产业发展、措施制定等具体工作。帮扶责任人要认真履行职责，真帮真扶，通过走访交心，科学制定富民方案，帮助贫困群众出主意、想办法、促脱贫、能致富。做到按照摘帽不摘监管，县委县政府强化监督管理，对派出去的干部和扶贫资金都要进行严格监管，奖罚分明。宣传表彰并提拔重用那些表现优秀、工作成效明显的干部，及时调整召回不胜任者，批评教育工作不负责任者、作风不实者，严肃处理造成不良影响者。同时要充分发挥审计监督作用，及时组织开展扶贫资金管理使用和政策跟踪审计，确保扶贫资金和政策落到实处。

（二）盐池县乡村振兴的提前布局

盐池县坚持问题导向、目标导向，围绕着经济发展、民主法治、文化建设、人民生活、环境资源中的短板和弱项，逐步完善、逐件解决，为全面建设小康社会、早日实现乡村振兴夯实了基础。根据脱贫攻坚的任务，将乡村振兴战略的思想和原则融入具体的脱贫攻坚计划和行动之

中，乡村振兴不仅要实现乡村产业的发展，更要致力于推进和实现乡村的全面繁荣。因此，盐池县分别从乡村治理、乡村产业、乡村精神文明、乡村生态环境等方面入手，全面改善和稳定提升乡村发展水平，培育内生动能。

1. 贯彻城乡融合发展的基本理念，实现乡村生活富裕目标

盐池县建立城乡一体化发展机制，推动城市基础设施向乡村延伸、社会事业向乡村覆盖，加快实现城乡公共服务均等化，在制度接轨的基础上提高乡村标准。在其中充分体现“融”字，就是要以农业为基础，以农民为主体，发展乡村第二、第三产业。盐池县结合创建全域旅游示范县工作，充分利用文化资源优势、地域村庄特色、特色产业发展，加快发展乡村旅游、休闲农业、健康养老等新产业新业态，促进乡村第一、第二、第三产业融合发展。盐池县还坚持乡村劳动力转移和技能培训“两手抓”，充分发挥职业中学职能，结合县域内企业用工情况，加大贫困群众技能培训，鼓励引导群众走出乡村，培育新型农民。坚持产业与就业协同发展，大力发展劳动密集型产业，支持全域旅游、现代物流等就业容量大的产业，鼓励小微企业吸纳就业，不断扩大就业容量。同时，还要抢抓第二批新型城镇化、开展支持农民工等人员返乡创业试点工作的有利时机，完善盐池县“双创”支持政策，推动强农惠农富农政策和农业乡村补助项目等，向农民创业创新倾斜。盐池县还将大力培育一批劳务经纪人，做好农民务工的组织和对接工作，组织农民就近务工、经商，进一步增加农民的工资性收入。此外，不断深入盐池乡村综合改革，加快推进乡村集体资产清产核资和乡村产权股份制改革步伐，探索推进乡村土地承包经营权抵押贷款、土地股份制等工作，进一步盘活乡村资产资源，有效增加贫困群众的财产性收入。

2. 持续产业扶持与金融改革步伐，推进乡村振兴进程

乡村振兴，产业兴旺是重点。盐池县经过长期的探索与培育，已经拥有了优势突出、特色明显的基础产业。下一步将继续加大对优势特色产业的扶持，确立滩羊产业的龙头地位以及黄花菜、小杂粮、中药材和甘草等特色种养业和乡村旅游、乡村电商等新产业新业态发展，进一步增加贫困农户经营性收入。同时立足盐池特色产业，注重对品牌和质量的把关，推动农业实现高质量发展。培育壮大新型经营主体，发展多种形式适度规模经营，是建设现代农业的前进方向和必由之路。[①] 盐池县依靠政府资金导向，引导市场支持贫困地区发展，走出了一条政府资金整合兼金融产品创新跟进风险补偿托底的新路子，形成了脱贫攻坚资金多渠道、多样化投入的新机制。盐池在乡村振兴战略的指导下，还将继续全面落实扶贫小额信贷政策、互助资金制度等举措，并以提高贫困群众的收入、提升贫困群众的生活质量作为推进脱贫富民和乡村振兴的出发点与落脚点。

3. 大力发展村民教育和乡风治理，引导贫困群众精神脱贫，助力脱贫长效内生动力

乡村振兴，乡风文明是保障。近年来，盐池县广泛开展中国特色社会主义和中国梦宣传教育，深入推进社会主义核心价值观“六进”活动。重视精神扶志，[②] 关注农民道德建设水平，深入持久地推进移风易俗，引导农民群众自觉抵制婚丧喜庆大操大办、铺张浪费、人情攀附、不守孝道等不良风气。2018 年，盐池县全面实施 103 个村综合文化服务中心的服务提升工程，推动盐池基层公共文化服务体系的建设走在宁夏回族自治区前列。

---

① 孔祥智：《产业兴旺是乡村振兴的基础》，《农村金融研究》2018 年第 2 期。

② 赵书栋、李炳全：《精神扶贫：精准扶贫的内生性动力》，《延安大学学报》（社会科学版）2018 年第 1 期。

盐池县大力倡导文明生活新风尚，传承和弘扬优秀传统文化，用社会主义核心价值观教育贫困群众，培育文明乡风、良好家风、淳朴民风，使乡村真正成为具有乡土气息、传承乡村文明的幸福家园。同时，建立健全调处化解矛盾纠纷综合机制，不断深化“法官、村官双助理”工作联动机制，深入开展无访乡村创建活动。进一步加强乡村法治建设，发挥社会各类人才、新乡贤等群体在乡村治理中的作用，推动基层治理现代化、法治化，形成共建共享的乡村文明新秩序。此外，盐池县还结合扫黑除恶专项行动，严肃查处侵害农民利益的“微腐败”，严厉打击乡村黑恶势力，严厉打击危害乡村稳定、侵犯农民利益、破坏农业生产和环境保护等违法犯罪行为，进一步提升贫困群众生活的安全感。

4. 将“生态宜居”理念融入脱贫攻坚工作，建设“美丽乡村”

乡村振兴，生态宜居是关键。乡村与城市相比，最大的差距是在基础设施和公共服务上，最大的优势便在于生态环境上，这也是实施乡村振兴战略的着力点和突破口。盐池县将“美丽乡村”作为宜居乡村建设的主题，促进公共服务均等化。从 2018 年开始，盐池县结合发展庭院经济，实施“五改一增”，坚持把基础设施建设作为推进美丽乡村的中心工作，按照“五通八有”要求，扎实推进贫困村硬化、绿化、美化等改造，基本实现贫困村基础设施“七个全覆盖”，满足城乡居民日益增长的基本公共服务需求。

目前来看，盐池的生态环境还很脆弱，还需加强重要生态系统保护和修复工程，扩大退耕还林还草规模，建立可持续的绿色发展环境。一方面，推进农业绿色发展，要抓好结合文章，既要把滩羊养殖与牧草种植相结合、产业结构调整与农业节水改造相结合，大力推进农业清洁生产，推动畜禽粪便、地膜、秸秆基本实现资源化利用，又要根据盐池当地的农业产业特点，有计划、有步骤地实施节水改造，加快建立健全市场化、多元化的生态补偿机制，让农民成为绿色空间的守护人。另一方面，盐池县深入开展了乡村环境整治，结合春季绿化工作，大力实施村庄绿化工程，对村内主、次巷道和进村路进行适当绿化，努力打造整洁、卫生、规范、有序的乡村环境，努力提升人居环境治理质量和层次。此外，盐池县还结合巩固提升首批国家级健康促进县的有利契机，在乡村开展多种形式的健康教育活动，注重对贫困群众生活习惯的培养和引导，真正让美丽乡村成为农民幸福生活的宜居家园。

5. 提升基层治理水平和乡村组织建设，稳固乡村振兴的保障机制

乡村振兴战略的实施具有涉及面广和持续时间长的特点，需要强有力的体制机制来保障其实施。盐池县的多层管理体制、考核评价机制、社会动员机制、动态监测机制为脱贫攻坚在保障上做出了巨大贡献，将这些积累下来的体制机制和工作方式适时应用到乡村振兴战略当中[①]，对于盐池县来说，不仅要主动担当作为，各级各部门要把脱贫富民纳入经济社会发展全局，统筹谋划、加强领导、强力推进，做到组织领导到位、工作措施到位、督促检查到位。要突出作风建设，持续开展扶贫领域作风问题专项治理，将作风建设贯穿到脱贫富民全过程，以问责倒逼责任落实，为巩固提升、实施乡村振兴战略提供坚强的作风保障。

盐池县扎实开展“三大三强”行动，持续推进“三个带头人”工程，已经在乡村基层治理进程中取得较好的成效。但乡村社会的基层治理始终是社会治理的薄弱环节，是贫困群众脱贫致富迈入小康社会的关键领域。在乡村治理过程中，需建设坚强乡村党组织，积极发挥其在村级管理事务中的角色作用，切实将各项政策自上而下地落实下去，从而使得乡村基层党组织真正成为乡村治理的有力指挥。同时推动自治、德治、法治三管齐

---

① 庄天慧、孙锦杨、杨浩：《精准脱贫与乡村振兴的内在逻辑及有机衔接路径研究》，《西南民族大学学报》（人文社会科学版）2018 年第 12 期。

下，协同发力，共同打造规范有序、和谐共生的善治乡村。

6. 重视健康风险的防控，为乡村振兴战略打下坚实基础

盐池同其他乡村贫困的地区一样，大量的贫困人口缺乏健康意识，叠加经济可行能力不足，当地医疗卫生资源可及性的贫乏，导致乡村贫困人口面临着巨大的健康风险。这些健康风险经过层层积累，最终导致贫困人口在晚年阶段健康受损程度严重、应对风险的情绪消极。

因此，在盐池的脱贫攻坚和乡村振兴工作中，一方面，培养乡村贫困人口健康的生活习惯、提升健康扶贫参与能力、切断健康风险恶化的链条。为贫困患者同步迈入小康社会提供健康保障，确保住院治疗的乡村建档立卡人口、医疗总费用实际报销和救助后个人自付不超比例。稳步推进盐池县域医共体建设。深入推进健康盐池建设，创建健康单位、健康社区、健康村等“健康细胞”示范工作。另一方面，积极构建兜底扶贫机制。内容包括：一是把丧失劳动能力的贫困人口纳入低保范围。二是对重度残疾和智力障碍等无劳动能力的特殊群众，实行居家供养或集中供养，统一执行城市低保救助标准。到 2020 年，争取乡村五保户集中供养率达到 40%，每千名老人平均拥有养老床位 40 张，实现 90% 的老人居家养老，7% 的老人社区养老，3% 的老人机构养老，实现贫困人口享受低保全覆盖。

二、乡村振兴的对接：逻辑转换与实践路径

面对贫困落后的乡村，2015 年中央对“十三五”期间的扶贫开发工作进行全面部署。一方面，在当前的脱贫攻坚期，城镇化成为脱贫攻坚的重要途径，推动有劳动能力的农村贫困人口向城市梯度转移，以此摆脱脆弱生态环境对发展的制约并实现在城镇稳定就业。另一方面，以扶贫干部为主的精英人才是脱贫攻坚的关键力量，当脱贫攻坚夺取全面胜利，驻村

扶贫干部将陆续离开乡村重回城市。面对乡村劳动力及人才的流失，脱贫攻坚胜利后乡村如何走向振兴？这是乡村振兴及城乡一体化实现过程中所必须直面的现实突出问题。

（一）内涵要旨：何为脱贫攻坚与乡村振兴

从战略目标来看，无论是脱贫攻坚还是乡村振兴，都是要解决乡村发展不充分、城乡发展不平衡的问题，通过城乡一体化均衡发展，最终实现国家富强、民族振兴、人民幸福。但进一步分析则可发现，脱贫攻坚、乡村振兴战略都蕴藏着特定内涵，具体要求也存在较大差异。每一战略都有其产生与发展的特定社会基础和时代背景。因此，充分认识理解脱贫攻坚、乡村振兴战略的内涵与要求以及二者间的关系，是未来乡村振兴能够真正实现的重要前提。

1. 系统认识脱贫攻坚的战略要义

贫困问题一直以来都是世界性的难题，中国历来将扶贫开发摆在重要位置，减贫工作取得了巨大成就。自改革开放以来，我国先后实施了多项大规模的扶贫开发计划，减贫过程经历了体制改革推动下农业发展驱动、开发式扶贫方式推动、党的十九大以来的精准脱贫攻坚三个阶段。[①] 2013年11月，习近平总书记在湖南十八洞村考察时首次提出“精准扶贫”的理念，2015年11月在中央扶贫开发工作会议上通过了《中共中央、国务院关于打赢脱贫攻坚战的决定》，强调坚决打赢脱贫攻坚战，确保到2020年所有贫困地区和贫困人口一道迈入全面小康社会。“精准”理念指导下的脱贫攻坚收效显著，2013—2018年，在现行标准下我国成功实现脱贫

① 李小云、徐进、于乐荣：《中国减贫四十年：基于历史与社会学的尝试性解释》，《社会学研究》2018年第6期。

的农村贫困人口超过 7800 万。[①]

在精准脱贫攻坚方略实施以前，我国扶贫工作长期瞄准的对象是区域而非个体。[②]这种“大水漫灌”式的、以区域经济增长带动贫困人口脱贫的扶贫方式，在初期取得了显著成效，但随着客观环境等多重因素的变化，剩余的贫困人口难以依靠这种扶贫方式摆脱绝对贫困问题。[③]精准扶贫开展前，剩下的都是脱贫难度大的贫困地区，其共性特征为自然条件恶劣、基层组织乏力[④]，而这些地区的贫困人口往往自身发展意识和能力也极弱，国家向贫困地区投入大量扶贫资金的“输血”方式，难以针对性地惠及贫困人口，即使将钱物送到贫困群众手中，也仅可保障一时而不能实现长远发展。[⑤]我国的扶贫开发工作正是基于这一现实考量，从而以精准扶贫、精准脱贫为基本方略。

脱贫攻坚战略内涵之精髓在于“精准”。其扶贫方式的核心是依靠科学有效的标准、程序，实行精准识别、精准帮扶、精准管理与精准考核。[⑥]精准扶贫的关键是识别对象精准，贫困人口和扶贫资源是扶贫的两大核心要素，只有将真实的贫困人口准确识别出来，才能实现扶贫资源的高效配置，确保扶贫资源精确瞄准贫困人口。[⑦]总体而言，精准扶贫的深层内涵是在精神扶志的基础上，保障贫困人口的基本生存环境，重点依靠扶持产业带动，最终确保绝对贫困人口在 2020 年全部实现脱贫。因此，人、环

---

① 李培林：《全面深化改革推动社会建设迈上新台阶》，《人民日报》2019 年 1 月 8 日，第 7 版。

② ParkA., WangS., WuG. Regional Poverty Targeting in China, *Journal of Public Economics*, 2002, 86: PP.123-153.

③ 汪三贵、郭子豪：《论中国的精准扶贫》，《贵州社会科学》2015 年第 5 期。

④ 刘永富：《继续向贫困宣战》，《求是》2014 年第 20 期。

⑤ 徐晓军、孙权：《集体化村庄：深度贫困地区贫困治理的内在逻辑与有效路径——基于西藏 D 村脱贫经验的考察》，《河南社会科学》2019 年第 3 期。

⑥ 黄承伟、叶韬、赖力：《扶贫模式创新——精准扶贫：理论研究与贵州实践》，《贵州社会科学》2016 年第 10 期。

⑦ 黄承伟、覃志敏：《论精准扶贫与国家扶贫治理体系建构》，《中国延安干部学院学报》2015 年第 1 期。

境、产业、文化是脱贫攻坚关注的重点内容。

2. 准确把握乡村振兴的战略定位

要建成社会主义现代化强国，任务最重、最艰巨的地方在乡村，补齐农业农村短板是发展的基础和关键。习近平总书记 2013 年提出的“三个必须”到 2015 年的“三个不能”，再到 2016 年的“三个坚定不移”，都深刻地反映出建设农村的必要性和紧迫性。在党的十九大上，习近平总书记明确提出实施乡村振兴战略，努力实现“产业兴旺、生态宜居、乡风文明、治理有效、生活富裕”的总要求。通过“七条道路”统筹推动产业、人才、文化、生态、组织的“五个振兴”，以完成目标任务：2020 年乡村振兴取得重要进展，制度框架和政策体系基本形成；2035 年乡村振兴取得决定性进展，农业农村现代化基本实现；2050 年乡村全面振兴，农业强、农村美、农民富全面实现。

乡村外在与内在内涵统一下的振兴才是真正的“产业兴旺、生态宜居、乡风文明、治理有效、生活富裕”的乡村振兴。外在内涵是从由城到乡推进的角度，实现乡村有独特性的复归、延续，尤其是有自身特色的乡村文化的繁盛，以与城市文化平等互补；内在内涵则是在城乡平等关系的基础上，乡村要实现自身内部在经济、环境、治理等多方面的自给，从而推进更深层次的发展与繁荣。[①] 乡村振兴的总要求就是这种内涵的具体化。纵向探究，与新农村建设相比较，乡村振兴的总要求进一步深化，在经济、农民生活水平、生态环境、基层治理、乡风文明五个方面都提出了更高标准。[②] 横向观之，乡村振兴五个方面的总要求是密切相关的有机统一体，且贯穿到 2050 年乡村全面振兴的整个过程之中，每一方面于乡村振

---

① 张强、张怀超、刘占芳：《乡村振兴：从衰落走向复兴的战略选择》，《经济与管理》2018 年第 1 期。

② 叶兴庆：《新时代中国乡村振兴战略论纲》，《改革》2018 年第 1 期。

兴都至关重要，产业兴旺是有力支撑，生态宜居是关键环节，乡风文明是坚实基础，治理有效是基本保证，生活富裕是目的。[①] 实质上，乡村振兴的关键抓手就是“人、地、钱”。[②] 就乡村振兴战略的现实意义而言，不单意味着乡村从必须发展迈进的进程，更是作为解决城乡发展失衡这一社会主要矛盾的重大举措。显然，人、环境、产业、文化、治理是乡村振兴关注的重点内容。

3. 乡村振兴与脱贫攻坚对接的理论困境

将乡村振兴与脱贫攻坚对比审视，二者间的差异导致乡村振兴与脱贫攻坚的顺利对接面临理论困境。一是从面向的目标来看，脱贫攻坚重点关注的是局部性的目标，乡村振兴则倾向于整体性。脱贫攻坚过程中需要贯穿的是一种底线思维，严格遵循现行扶贫标准，在“五个一批”具体方式下精确瞄准深度贫困地区、绝对贫困人口，以确保其实现稳定脱贫为重心。[③] 随着 2020 年脱贫攻坚战的全面胜利，我国农村的绝对贫困人口将在统计层面消失，但是受客观环境和人口能力的限制，相对贫困则会长期存在[④]，且与其他地区相比而言，贫困地区在农村人口收入、公共服务等方面仍显著低于全国平均水平。[⑤] 基于此，2020 年后扶贫开发工作的重心将从绝对贫困转向相对贫困，同时也是乡村振兴战略实施的重要基础。[⑥] 二是从战略进程来看，脱贫攻坚的紧迫性较强，而乡村振兴具有长期性。脱贫攻坚为解决贫困人口的“两不愁三保障”，使他们快速摆脱绝对贫困，必

---

① 郭晓鸣、张克俊、虞洪、高杰、周小娟、苏艺：《实施乡村振兴战略的系统认识与道路选择》，《农村经济》2018 年第 1 期。

② 罗必良：《明确发展思路，实施乡村振兴战略》，《南方经济》2017 年第 10 期。

③ 文丰安：《打好三大攻坚战需坚持底线思维》，《改革》2018 年第 4 期。

④ 刘永富：《认真贯彻习近平扶贫思想 坚决打赢脱贫攻坚战》，《行政管理改革》2018 年第 7 期。

⑤ 黄承伟：《深化精准扶贫的路径选择——学习贯彻习近平总书记近期关于脱贫攻坚的重要论述》，《南京农业大学学报》（社会科学版）2017 年第 4 期。

⑥ 黄承伟：《我国新时代脱贫攻坚阶段性成果及其前景展望》，《江西财经大学学报》2019 年第 1 期。

须在短期内迅速实现目标。而乡村振兴重点在解决乡村发展的不充分，以化解城乡间的不平衡，不是短期内可以成功实现的，是一场持久战。因此，如果不能在脱贫攻坚决胜期内逐步缩小脱贫攻坚与乡村振兴之间的差异，必然为后续乡村振兴埋下隐患。

（二）乡村振兴对接脱贫攻坚的逻辑转换

乡村振兴不仅是脱贫攻坚的简单升级版，二者还有着不同内涵、层次的要求（见表 8–1）。因此，要实现乡村振兴与脱贫攻坚的有机衔接，先要对二者有十分清晰的界定，但只有字面概念上的认识是远远不够的，必须要准确把握二者在深层内涵上的逻辑转换。

表 8–1　脱贫攻坚战略与乡村振兴战略的比较

战略逻辑分析	脱贫攻坚战略	乡村振兴战略
出发点：政策指向	差异化扶贫 消除绝对贫困	发展成果全民共享 减缓相对贫困
关注点：战略主体	贫困地区、贫困人口	广大乡村、精英群体
着力点：产业发展	快速发展 带动贫困群体迅速脱贫	可持续发展 留住人才以振兴乡村
增长点：文化建设	树立乡村新风	培育文明乡风、淳朴民风

1. 政策指向：从“特惠定制”面向“全民普惠”

精准扶贫意味着差异化扶贫，是对扶贫对象进行“特惠定制”的扶贫模式。以往瞄准区域的“大水漫灌”式扶贫，虽然具有普惠的特性，但不以扶贫对象的差异为帮扶着眼点，大量的扶贫资源、资金被拥有更多社会资源和控制能力的富人、干部截取，而真正的贫困群体获益极为有限，部分群众甚至被排挤在外，因此，必须将“精英俘获”等局限推动扶贫由平均用力转向精准发力。“精准”理念指导的精准扶贫、精准脱贫，以聚焦聚力为原则，整合各类资源，逐步加大政策倾斜和资金投入力度，以贫困地区与贫困人口为目标对象，精确瞄准机制，使大量的政策、资源及资金投向贫困村、贫困人口，并因地制宜、因户施策，层层分解落实脱贫攻坚责任，帮扶措施精准到户到人，提高扶贫实效。精准扶贫的实施推动大量基础设施薄弱、公共服务不完善、产业发展滞后的贫困村通过一系列的建设和发展实现脱贫，超过7800万的贫困人口实现“两不愁三保障”，到2020年消除现行标准下农村贫困人口的绝对贫困问题。

在解决好绝对贫困问题后，亟须处理好的就是绝对贫困与相对贫困的转化关系，乡村振兴需将重心转移到减缓相对贫困，更多地关注经济社会发展成果的全民共享问题，政策的制定转向“全民普惠”。特惠式扶贫是解决绝对贫困的有效途径，而随着现行标准下的绝对贫困的即将消除，再实施特惠式扶贫则难免会激化社会矛盾甚至引发冲突，因此，乡村振兴的出发点应转向全民共享，将除家庭收入外的更多因素，如社会参与等纳入相对贫困的评定标准中，逐步减缓相对贫困，使群众在共享共建中实现共同富裕。

2. 战略主体：从“特困群众帮扶”转向“精英培植”

乡村振兴与脱贫攻坚的战略主体都是“人”。脱贫攻坚是解决贫困乡村中人的生存问题，乡村振兴是解决广大乡村中人的发展问题。无论是贫困村还是非贫困村，大多难以摆脱空心化的命运。整体来看，我国乡村呈现出“地域空间塌陷”局面。[①] 从大规模的人口空心化逐步演进为人口、土地、基础设施、产业的地域空心化。[②] 在乡村中留守的主要有三种

① 杨忍、刘彦随、龙花楼、张怡筠：《中国乡村转型重构研究进展与展望——逻辑主线与内容框架》，《地理科学进展》2015年第8期。

② 刘彦随、刘玉：《中国农村空心化问题研究的进展与展望》，《地理研究》2010年第1期。

群体[①]：一是老弱病残群体，且与贫困人口大规模重合。二是半工半耕户，均为以代际分工、性别分工为主的部分劳动力外出务工的家庭。三是中坚农民，以返乡创业、中等规模农业生产经营者为主，是乡村社会的中坚力量。[②]

为解决贫困乡村中人的生存问题，在脱贫攻坚的主战场，“出”和“稳”是贫困地区采取的两种有效脱贫措施：一是“出”，即贫困人口走出去，采取易地搬迁的方式，让有意愿、有劳动能力的贫困群众摆脱地域对发展的制约。二是“稳”，即让留在村庄的贫困人口有稳定的收入，不断完善村庄基础设施建设，并发展村集体经济，以实行“龙头企业 + 村‘两委’ + 合作社 + 贫困户”股份合作制发展模式的集体经济为主，从而带动离不开村庄的弱势贫困人口脱贫，满足贫困人口的基本生活需求，实现“两不愁三保障”。因此，脱贫攻坚的战略主体主要以特殊的贫困群众为主。

乡村振兴重点是要解决广大乡村中人的发展问题，而人的发展和地区的发展是互为前提、互相促进的。换言之，乡村振兴也是解决广大乡村后续振兴的问题，其中包括在现行标准下实现或 2020 年即将实现脱贫的乡村。如今乡村的空心化已是大势所趋，让大量的城市人口重返乡村、建设乡村，既不具备现实可行性，也没有必要性，大规模的返乡人口反而会导致乡村资源细碎化，制约资源的高效集约利用，难以产生规模效益。因而乡村振兴可依靠的人或者说能够发展的人，一是留守的弱势群体，二是以村干部、中坚农民为主的主导群体。由于弱势群体的能力、贫困不是短时间就可以解决的问题，因此，乡村振兴的关键还是在

---

① 《“空心村”只有搬迁撤并一招？》[OB/OL]，http：//www.banyuetan.org/[J]rt/detail/20190329/100020003313499155382152291748 7107_1.html。

② 杨磊、徐双敏：《中坚农民支撑的乡村振兴：缘起、功能与路径选择》，《改革》2018 年第 10 期。

于主导群体，培育主导群体发展为人才精英。利用精英培植来守住乡村发展的人才数量底线，从而保持乡村秩序，推动乡村基础设施、公共服务、集体经济的发展，留守的弱势群体就能同步实现发展，乡村的未来就有了希望，进而逐步实现振兴。从这一角度来讲，乡村振兴要将关注点转向精英群体。

3. 产业发展：从“快速脱困”定位“可持续发展”

产业是稳住农民、留住人才的关键。无论是脱贫攻坚还是乡村振兴，最为关键的任务都是发展生产力、积累物质财富、推动社会进步，但在不同时期，发展生产力的重心与目标是不同的。

在脱贫攻坚阶段，产业发展的首要目标是扶贫，同时也要确保精准度。帮扶对象要从贫困地区细化至贫困村，再进一步精准到贫困户；帮扶措施要因户施策，扶贫资金既要保证最大限度地与贫困对象直接产生作用，又要保证精准“输血”以确保扶贫实效；成效考核做到绩效直接关系扶贫干部的职务，压实政治责任。在精准扶贫、精准脱贫的目标导向下，大量扶贫资金投向产业项目培育扶贫产业，并配套推进金融扶贫，大规模的扶贫资金直接补贴针对贫困户的银行贷款利息、保险保费等，确保扶贫产业顺利发展，确保贫困群体发展有资金、零风险。在脱贫攻坚精准性、紧迫性的影响下，多数扶贫产业将目标定位于带动贫困群体快速实现脱贫，同时，依靠扶贫资金推动、政府承担发展风险并借助政府开拓销路，扶贫产业得到短期繁荣，发挥了带动作用，保证了贫困基本面的脱贫。

要引起警惕的是依赖政府、社会一条龙式保护发展的扶贫产业，在脱离保护、回归市场竞争后是否还能够繁荣依旧？因此，在乡村振兴对接脱贫攻坚的过渡期，要逐渐将产业发展目标瞄准可持续发展。脱贫攻坚期扶贫产业的繁荣，使得返乡创业者、中等规模农业生产经营者等中坚农民愿意留在乡村、建设乡村，村干部也心无旁骛地抓工作、干事业，一旦繁荣不再，没有了稳定的经济收入，即使是基本劳动力也难以留住，只有老弱病残等弱势群体，而没有精英人才的乡村何来振兴？乡村要振兴，必须有能够可持续发展的产业，只有长期稳定的经济保障，才能稳得住人心、留得住人才，同时，集体经济的壮大在服务村民的过程中，也有效巩固了基层政权。基于此，乡村振兴对接脱贫攻坚，产业发展的着力点要从“快速脱困”逐步转向提升可持续发展能力。

4. 文化建设：聚焦更高标准的“乡风文明”

乡村振兴与脱贫攻坚都强调乡风培育，但其中内涵随着脱贫攻坚战的即将胜利而有了更高的标准。脱贫攻坚阶段注重贫困地区乡村新风的树立，在扶贫开发过程中注重发现典型、树立典型、宣传典型，发挥好典型的示范带动和引导作用，让群众在耳濡目染中提升文明素养，推进乡村公共文化服务体系建设，如建设文化馆、图书馆等基础设施，成立理事会，制定村规民约，等等。文化是激活乡村振兴的内在动力，而面对当下日益高涨的“去农文化”，大规模的农民背井离乡奔向城市，优秀传统文化正逐渐流失。

此外，文化也是乡村风貌的基础，乡村要振兴，要打造别具一格的乡村生态环境，离不开深厚的文化底蕴。要建设区别于现代化城市的乡村，留住绿水青山，守住乡景乡愁，就要守护住、传承好中国乡土文化，这样才能振兴作为中华优秀传统文化之源的乡村文化。文化既是乡村经济的增长点，又是乡村振兴的灵魂。因此，乡村振兴不仅要进一步提升农民的文明素养，巩固乡村新风，更要守护并弘扬中华优秀传统文化，找回过去的乡情、乡德、乡风，培育文明乡风和淳朴民风。

（三）过渡期乡村振兴对接的准备

乡村振兴与脱贫攻坚事关全面建成小康社会的成败，作为系统性的国家工程，二者之间具有广阔的对接空间。全国各地虽然早已针对乡村振兴进行了部署安排，但很多推进思路仍不够清晰。摆脱绝对贫困是乡村振兴的前提和基础，在脱贫攻坚战决胜期这一特殊时期，做好乡村振兴与脱贫攻坚的有效衔接至关重要。因此，针对乡村振兴与脱贫攻坚有效衔接的迫切需求，关注贫困地区基层干部的忧虑，围绕“人”这一中心，做好满足人现实需求的乡村建设，推动脱贫攻坚向乡村振兴的平稳过渡，才能打造“产业兴旺、生态宜居、乡风文明、治理有效、生活富裕”的新农村。

1. 脱贫攻坚为乡村振兴做好了基础性准备

无论是城市还是乡村，能够发展并振兴的关键在于人，而物质基础和文化基础是吸引并留住人的两大核心要素。就当前地区的发展来看，乡村仍处在慢慢积淀的过程中。

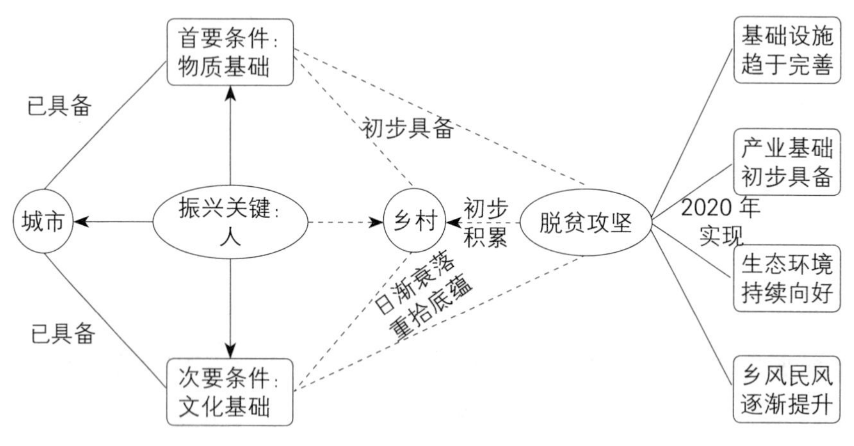

图 8-1 乡村振兴与脱贫攻坚的逻辑关系

目前，脱贫攻坚已经进入决胜阶段，精准扶贫为后续乡村振兴战略的实施做了大量的前期准备工作（见图 8-1）。脱贫攻坚期间，乡村各个领域的建设已经为未来的振兴奠定了一定的物质基础和文化基础。一是物质基础，有了一定量的积累。在基础设施建设上，大力推动易地扶贫搬迁、危房改造工作，逐步完善配套的基础设施建设，全面改善乡村人居环境，统筹推进道路交通建设、水利工程建设、乡村电网改造等基础建设工作，改善了农民生产生活条件；在农业产业发展上，通过企业、合作社、大户等发展产业带动贫困群众增收，大量“空壳村”的集体经济不断壮大，为村庄未来发展积累了物质财富；在生态环境保护上，通过落实生态修复、生态补偿、生态产业等政策措施，推动乡村逐步实现绿色发展。二是文化基础，随着脱贫攻坚中对公序良俗的不断弘扬，乡村文化得以逐步重拾。面对乡村文化底蕴深厚，文化丰富性与独特性并存的现状，在脱贫攻坚的契机下结合精神文明创建活动，推动移风易俗、树立文明乡风，建设公共文化服务体系，在一定程度上为优秀传统文化的传承与弘扬奠定了基础。

2. 脱贫攻坚决胜期的忧虑与困惑

脱贫攻坚和乡村振兴是复杂性、系统性工程，在两大战略的过渡期，由脱贫攻坚引发的新矛盾，以及未来做什么、怎么做、谁来做、做成什么样等新问题，关乎着乡村的人口流动和经济发展。

（1）脱贫攻坚引发乡村新矛盾

随着脱贫攻坚的纵深推进，部分贫困地区的社会矛盾日益凸显。虽然特惠式扶贫仍存在一定的弊端，但具有特惠性的精准扶贫并未脱离公平轨道，而从提升发展成果、全民共享效率的角度出发，瞄准绝对贫困人口脱贫的底线目标，确保脱贫路上不漏一村、不少一户、不落一人，也是坚持以人民为中心的发展思想，实质上也是公平、共享发展理念的体现。

严格依据贫困标准可以快速识别出绝对贫困村庄和农户，但处于贫困标准附近的边缘村庄和农户则难以判断，被界定为非贫困的边缘贫困村或户往往成为政府工作中的“盲点”，折射出脱贫攻坚发展过程中的不均衡不充分。一方面是村庄之间不均衡，贫困村与处于边缘的非贫困村之间虽然实力差距较小，但二者获得的上级扶持资源、资金却有很大的差别，产业、金融等扶贫政策都集中在贫困村，推动贫困村规模化种养殖业、光伏发电等产业快速发展。而不少非贫困村依然停留在依靠传统农业缓慢发展阶段，在一定程度上忽视了非贫困村的经济发展建设需求，进而逐渐落后于贫困村。另一方面是农户之间不均衡，精准识别下贫困边缘户的识别难做到完全精准，而被确定为非贫困户的边缘户虽然与贫困户差距细微，却在政策扶持和制度支持上与贫困户差距较大。甚至个别地方在面对绝对贫困户与边缘户总体水平差距较小的情况时，为避免纷争采取“轮流坐庄”或资金平分的方式。①

（2）高返贫风险的化解与发展问题

实现稳定持续脱贫，是后续乡村振兴的关键一步。部分地区“踩线”脱贫导致群众脱贫后面临高返贫风险，脱贫的不稳定性和不可持续性，是脱贫和返贫之间存在矛盾的重要因素。

脱贫的不稳定性表现在贫困户在脱贫后，由于灾害或疾病等因素再次成为贫困户。虽然扶贫已经取得初步成效，但受到某些不可控因素的影响，个别已脱贫的贫困户返贫是不可避免的，然而若大量贫困户在脱贫后返贫，则势必影响脱贫攻坚的如期完成和小康社会的全面建成，同时也会降低群众的满意度和幸福感。在自然灾害、意外事故或疾病面前，个体力量较为渺小，帮扶政策是确保稳定脱贫的核心要素。因此，在群众脱贫后的一定时期内，保证扶贫政策的持续性是基层群众的现实需求。

影响脱贫可持续性的关键在于产业，产业是经济发展的支撑和群众脱贫的根本。由于贫困群众自身发展能力有限，扶贫产业的发展大多是企业或大户带动模式。企业与贫困户的利益联结机制是以“责任连带”为项目

① 唐丽霞、罗江月、李小云：《精准扶贫机制实施的政策和实践困境》，《贵州社会科学》2015 年第 5 期。

前提预设，多数实力雄厚的企业往往不愿申请扶贫项目，最终项目落入经营不善的企业或大户手中，导致“弱者吸纳”国家扶贫资源。此外，规模化经营风险以及可能对农户生计系统损害，都导致部分扶贫产业缺乏发展前景，且不具备长期带动力。①

（3）乡村振兴对接脱贫攻坚中的脱轨现象

乡村振兴与脱贫攻坚的内在共通性和目标一致性，决定了二者有机衔接的必要性。2018年中央一号文件《中共中央、国务院关于实施乡村振兴战略的意见》明确将脱贫攻坚作为乡村振兴战略的重要组成部分。此外，乡村振兴与脱贫攻坚都将目标瞄准乡村，旨在发展农村，从而逐步缩小城乡差距，消除重城市轻乡村的社会偏见和城乡两极分化，构建城乡一体化融合发展的新局面，最终实现共同富裕，是社会主义的本质要求。

但是在基层实际运作的过程中，脱贫攻坚决胜期的乡村振兴探索，无论是在政策方面，还是在实践方面，都存在一定的零散性和盲目性，导致乡村振兴在对接脱贫攻坚的过程中出现脱轨现象，而难以实现平稳过渡。一方面，零散性主要表现为部分地方政策文件是单就脱贫攻坚或乡村振兴而制定，未形成两大战略统筹协调推进的规划，或是将乡村振兴与脱贫攻坚粗略地等同起来，简单地将降低扶贫精准度理解为乡村振兴，这样不可避免地出现重复投资和建设的现象，造成资源浪费、配置低效。②另一方面，盲目性表现为对乡村定位和乡村振兴的认识不充分，没有依据乡村现状和未来发展趋势做出的乡村振兴规划，虽短期可能有收效但长期效益难以保障，城镇化依然是未来相当长一段时期内的发展方向，没有充分考虑

---

①　许汉泽、李小云：《精准扶贫背景下农村产业扶贫的实践困境——对华北李村产业扶贫项目的考察》，《西北农林科技大学学报》（社会科学版）2017年第1期。

②　豆书龙、叶敬忠：《乡村振兴与脱贫攻坚的有机衔接及其机制构建》，《改革》2019年第1期。

科学预测的乡村振兴规划，其大量投入可能难见远期回报。

3. 过渡期的战略性准备

脱贫攻坚是乡村振兴的基础与重要支撑，乡村振兴是脱贫攻坚的动力源泉，实施乡村振兴战略的第一步是打赢脱贫攻坚战。虽然目前脱贫攻坚已经为未来乡村振兴的实施奠定了一定的基础，但要真正实现乡村振兴与脱贫攻坚的有机衔接，需切实关注基层的忧虑与困惑，着力满足人的现实需求，进一步做好过渡期的战略性准备。

（1）处理好分配矛盾以促进平等共享

脱贫攻坚虽然取得了显著进展，但特惠式扶贫导致的不均衡使乡村治理工作面临巨大的挑战与考验，只有处理好不均衡的矛盾，下一步的乡村振兴才能顺利开展。

社会上历来有“不患寡而患不均”的观念，贫困村与非贫困村间、贫困户与非贫困户间的特殊化和区别化对待，导致相互攀比的现象较为突出。因此，乡村振兴要逐步从消除绝对贫困转向减缓相对贫困，处理好发展与稳定的关系，关键是要解决好贫困户与非贫困户间利益分配不均衡所引发的矛盾。一方面，最大化平衡贫困村和非贫困村的利益分配，防止非贫困村被边缘化，实现非贫困县或村贫困人口的扶贫投入与任务目标的匹配，并做好普惠性基础设施等方面的建设。另一方面，坚持“整村推进”，使非贫困户在脱贫攻坚过程中与贫困户同步受益，尤其要确保被认定为非贫困户的边缘户也获得政策支持。在补齐绝对贫困人口的发展短板后，要逐步将目光转向经济社会发展成果的全民共享，以化解社会矛盾，维护社会和谐稳定，在和谐有序的社会环境中发展乡村、振兴乡村。

（2）构建脱贫后续可持续发展机制

实现贫困群众稳定的可持续脱贫，是乡村振兴实施的前提和基础。化解贫困群众的高返贫风险，一要保持政策的持续性，对于“踩线”脱贫的群众而言，其风险应对能力较差，持续的政策倾斜是阻断返贫的有效措施；二要重点提升产业的可持续发展能力，发挥对群众的带动效应，产业扶贫是阻断返贫的根本措施。

产业既是破除贫困的根本保障，也是乡村振兴与脱贫攻坚实施的着力点和有效衔接的必要条件，因此，如何提升产业的可持续发展能力是关键。农业产业能否实现可持续发展主要受自然条件、社会环境和市场需求三个方面的影响。贵州省石漠化片区草场畜牧业，将扶贫资源与本土、市场资源有机结合起来，推动产业的可持续发展，实现了减贫目标与生态改善的双赢。① 然而能实现可持续发展的扶贫产业少之又少，扶贫产业项目虽先天具备了良好的社会环境，但很多扶贫项目却在不长的时间内停止运转。② 因此，在向乡村振兴的过渡期，必须要着手改变这一局面。一是产业发展要立足于当地的资源禀赋，充分结合本土的自然地理与人文环境来发展特色种养业。二是只有适应社会环境的产业才能得到长足发展，产业发展方向要与法律法规、风俗习惯等相适应。三是将产业发展与市场需求精准对接，构建现代化农业产业体系，延长农产品产业链，推动农村第一、第二、第三产业融合发展，提高农产品附加值及农业产业效益。

（3）推动脱贫攻坚向乡村振兴的平稳过渡

乡村振兴对接脱贫攻坚中所出现的脱轨现象，其产生根源在于有的基层工作人员对国家顶层设计的认识不到位，存在将顶层设计简单化倾向，而没有当作系统工程进行长期规划。因此，过渡期必须要加强基层人才队伍建设，以制定贴合乡村本土实际的长期规划，着力处理好人才流失与人才储备、短期目标与长期发展两大矛盾。

---

① 黄承伟、周晶：《减贫与生态耦合目标下的产业扶贫模式探索——贵州省石漠化片区草场畜牧业案例研究》，《贵州社会科学》2016 年第 2 期。

② 葛笑如、张亮亮：《产业扶贫项目可持续发展的风险挑战及对策研究——基于苏北精准扶贫的面上调研》，《湖北社会科学》2018 年第 4 期。

人才是乡村振兴的关键资源。人才决定了脱贫攻坚是否能够顺利过渡到乡村振兴。面对农民的市民化以及脱贫攻坚后帮扶力量的撤回，过渡阶段应以乡村振兴的人才需求为导向，同步做好乡村的本土人才选拔、培育与引进工作。一是“选拔”，要将农村德才兼备的管理、技术人才等选拔出来，让能干事、能成事的优秀人才真正参与到乡村建设中来，充分发挥中流砥柱作用。二是“培育”，要做到让乡村人才源源不断并持续更新，不会出现人才断层，并缓解暂时性的专业人才引进困难问题，依靠本土人才补给补齐乡村振兴的人才短板。三是“引进”，面对乡村目前治理、经济发展等问题，迫切需要引进大量优秀人才投身于农业农村现代化建设，而引进的关键在于，要坚持政府引导与市场推动有机结合，探索并完善人才服务乡村的多元模式，从而建立系统高效的人才激励机制。

在脱贫攻坚向乡村振兴的过渡阶段，要充分认识到乡村振兴的长期性，急功近利反而会收效甚微。事实上，在脱贫攻坚期由于注重短期成效，已经引发了一些问题，个别地区在扶贫过程中，过度追求高绩效而忽视精神脱贫，反而加剧贫困户的“精神贫困”。[①] 同时，相较于脱贫攻坚，乡村振兴所涵盖的范围更广、要求更高，机械式的指标化推动方式难以满足乡村振兴的任务需求，如文明乡风的培育，强调速度的推进手段只会降低质量，乡村群众长期以来生活方式闲散、认同风俗习惯等，决定了强制性的行政、法律手段在文化建设上的低效性，因而需要利用环境氛围进行长期的潜移默化，使文化润物于无声，才能更好地守住优秀传统文化和“乡情乡愁”。因此，乡村振兴的推动要循序渐进，尊重经济社会发展规律，根据对不断变化的社会形势的科学预测，制定中长期发展规划，逐步实现“产业兴旺、生态宜居、乡风文明、治理有效、生活富裕”的要求。

---

① 方菲、吴志华：《双重脱嵌：精准扶贫政策的基层实践困境解析——基于湖北省X镇的调查》，《学习与实践》2019年第1期。

参考文献

[1] 樊胜岳、周立华、马永欢:《宁夏盐池县生态保护政策对农户的影响》,《中国人口·资源与环境》2005 年第 3 期。

[2] 周飞舟:《从汲取型政权到“悬浮型”政权——税费改革对国家与农民关系之影响》,《社会学研究》2006 年第 3 期。

[3] 王俊文:《当代中国农村贫困与反贫困问题研究》,湖南师范大学出版社 2010 年版。

[4] 折晓叶、陈婴婴:《项目制的分级运作机制和治理逻辑——对“项目进村”案例的社会学分析》,《中国社会科学》2011 年第 4 期。

[5] 渠敬东:《项目制:一种新的国家治理体制》,《中国社会科学》2012 年第 5 期。

[6] 国家统计局住户调查办公室:《中国农村贫困监测报告》(2011),中国统计出版社 2012 年版。

[7] 范小建:《中国农村扶贫开发纲要(2011—2020)》,中国财政经济出版社 2012 年版。

[8] 李培林、王晓毅:《生态移民与发展转型:宁夏移民与扶贫研究》,社会科学文献出版社 2013 年版。

[9] 马良灿:《项目制背景下农村扶贫工作及其限度》,《社会科学战线》2013 年第 4 期。

[10] 李小云:《我国农村扶贫战略实施的治理问题》,《贵州社会科

学》2013 年第 7 期。

[11] 郭佩霞、邓晓丽:《中国贫困治理历程、特征与创新》,《贵州社会科学》2014 年第 3 期。

[12] 邓维杰:《精准扶贫的难点、对策和路径选择》,《农村经济》2014 年第 6 期。

[13] 汪三贵、郭子豪:《论中国的精准扶贫》,《贵州社会科学》2015 年第 5 期。

[14] 葛志军、邢成举:《精准扶贫：内涵、实践困境及其原因阐释——基于宁夏银川两个村庄的调查》,《贵州社会科学》2015 年第 5 期。

[15] 唐丽霞、罗江月、李小云:《精准扶贫机制实施的政策和实践困境》,《贵州社会科学》2015 年第 5 期。

[16] 王瑞芳:《精准扶贫：中国扶贫脱贫的新模式、新战略与新举措》,《当代中国史研究》2016 年第 1 期。

[17] 宫留记:《政府主导下市场化扶贫机制的构建与创新模式研究——基于精准扶贫视角》,《中国软科学》2016 年第 5 期。

[18] 韩俊:《关于打赢脱贫攻坚战的若干问题的分析思考》,《行政管理改革》2016 年第 8 期。

[19] 李博:《项目制扶贫的运作逻辑与地方性实践——以精准扶贫视角看 A 县竞争性扶贫项目》,《北京社会科学》2016 年第 3 期。

[20] 王雨磊:《数字下乡：农村精准扶贫中的技术治理》,《社会学研究》2016 年第 6 期。

[21] 陈文胜:《脱贫攻坚的战略机遇与长效机制》,《求索》2017 年第 6 期。

[22] 韩广富、刘心蕊:《习近平精准扶贫精准脱贫方略的时代蕴意》,《理论月刊》2017 年第 12 期。

[23] 黄承伟:《党的十八大以来脱贫攻坚理论创新和实践创新总结》,《中国农业大学学报》(社会科学版)2017年第5期。

[24] 黄承伟、袁泉:《论中国脱贫攻坚的理论与实践创新》,《河海大学学报》(哲学社会科学版)2018年第2期。

[25] 张琦、刘欣:《加强"精神扶贫",助推脱贫攻坚质量提升》,《国家治理》2018年第5期。

[26] 戈艳霞:《打赢脱贫攻坚战的根本遵循——学习〈习近平扶贫论述摘编〉》,《人民论坛》2019年第5期。

[27] Coady, D., M. Grosh & J. Hoddinott 2004, *Targeting of Transfers in Developing Countries: Review of Lessons and Experience.* Washington, DC: World Bank.

[28] Conning, J. & M. Kevane 2002, Community-Based Targeting Mechanisms for Social Safety Nets: A Critical Review. *World Development* 30.

[29] Ellis, F. 2000, *Rural Livelihoods and Diversity in Developing Countries*. Oxford University Press.

[30] Krantz, L. 2001, *The Sustainable Livelihood Approach to Poverty Reduction*. SIDA, Division for Policy and Socio-Economic Analysis 44.

[31] McKague, K. 2012, *Christine Oliver: Enhanced Market Practices:Poverty Alleviation for Poor Producers in Developing Countries*, University of California, Berkeley 1.

[32] Makdissi, P. & Q. Wodon 2004, Measuring Poverty Reduction and Targeting Performance Under Multiple Government Programs. *Review of Development Economics* 8.

[33] Pachauri, S. 2011, Measuring Energy Poverty, *Energy Policy* 1.

[34] Park, A., S. Wang & B. Wu 2002, Regional Poverty Targeting in China. *Journal of Public Economics* 86.

[35] Wu, Z. & C. Enjiang 2010, Poverty Alleviation in the People's Republic of China The Implications for Sino-African Cooperation in Poverty Reduction, *African Development Review* 22.

[36] Yanguas, P.& D. Hulme 2015, Barriers to Political Analysis in Aid Bureaucracies: From Principle to Practice in DFID and the World Bank. *World Development* 74.

后 记

受国务院扶贫办全国扶贫宣传教育中心委托，华中师范大学承担了盐池县脱贫攻坚案例总结研究项目。

2018 年 12 月，课题组赴宁夏回族自治区盐池县进行了实地调查，通过集中座谈、问卷调查、实地走访等形式，获得了大量第一手资料。2019 年 1 月，课题组完成了研究成果初稿。之后，经过征求盐池县意见，听取全国扶贫宣传教育中心意见及专家评审意见，课题组补充搜集了相关资料，进行了三轮修订，最终于 2019 年 6 月形成研究成果定稿。

研究成果立意、编写重点、各章节框架结构及最终定稿由课题组组长陆汉文教授、徐晓军教授确定，研究工作的具体组织由徐晓军教授承担。江立华教授对全书的框架设计提出了诸多宝贵建议，彭扬帆讲师协助徐晓军教授承担了研究成果初稿统稿和文字校对工作，张楠楠作为课题组联络人做了大量沟通、协调工作。全书各章初稿的执笔人分别是：第一章（徐伟清）、第二章（李胜蓝）、第三章（彭扬帆）、第四章（刘飞）、第五章（范长煜）、第六章（张楠楠）、第七章（徐晓军）、第八章（张楠楠、徐晓军）。

整个研究工作在国务院扶贫办全国扶贫宣传教育中心的指导下完成，相关实地调研得到盐池县委县政府的大力支持，得到盐池县扶贫办、盐池县委宣传部等部门的积极协助，得到众多乡村干部和农户的密切配合。全国扶贫宣传教育中心主任黄承伟研究员（已调任中国扶贫发展中心主任）

和干部培训处骆艾荣处长、阎艳女士为研究工作的开展及成果出版付出了大量心血！借此机会，谨向这些单位和个人致以衷心感谢！

虽然是课题组尽心尽力的产物，但此项成果仍难免不足之处，敬请同行专家和广大读者不吝指正！

本书编写组

2019 年 7 月